es 1027
edition suhrkamp
Neue Folge Band 27

Seit dem Aufstieg der neuzeitlichen Wissenschaft im 17. Jahrhundert wird die Mythologie oft als Produkt abergläubischer und primitiver Geister verworfen. Erst neuerdings entsteht ein volleres Verständnis der Natur des Mythos und seiner Rolle in der menschlichen Geschichte. In den in diesem Band enthaltenen fünf Vorträgen faßt Claude Lévi-Strauss die Einsichten zusammen, die er bei seiner lebenslangen Beschäftigung mit Mythen und dem Versuch, ihre Bedeutung für die menschliche Erkenntnis zu entdecken, gewonnen hat. Ergänzt werden diese Vorträge durch eine Reihe von Gesprächen, in denen Lévi-Strauss sowohl Detailprobleme eingehender analysiert als auch generelle Probleme der Untersuchung von Mythen diskutiert.

Von Claude Lévi-Strauss erschienen im Suhrkamp Verlag:
Das Ende des Totemismus (1965). Strukturale Anthropologie (1967). Das wilde Denken (1968). Mythologica I. Das Rohe und das Gekochte (1971). Mythologica II. Vom Honig zur Asche (1972). Mythologica III. Der Ursprung der Tischsitten (1973). Mythologica IV. Der nackte Mensch (1975). Rasse und Geschichte (1972). Strukturale Anthropologie II (1975). Traurige Tropen (1978). Die elementaren Strukturen der Verwandtschaft (1980).

Der Herausgeber: *Adelbert Reif,* geboren 1936 in Berlin, ist Verlagslektor und Wissenschaftspublizist in Wien; Mitarbeiter zahlreicher Zeitungen und Zeitschriften in der Bundesrepublik Deutschland und in der Schweiz.

Claude Lévi-Strauss

Mythos und Bedeutung

Fünf Radiovorträge

Gespräche mit Claude Lévi-Strauss
Herausgegeben von
Adelbert Reif

Suhrkamp

edition suhrkamp 1027
Neue Folge Band 27

Satz: LibroSatz, Kriftel
Druck: Ebner Ulm
Umschlagentwurf: Willy Fleckhaus.
Printed in Germany.

Inhalt

Mythos und Bedeutung

Fünf Radiovorträge von Claude Lévi-Strauss

Die Massey-Vorträge 1977

Seit dem Aufkommen der Wissenschaft im 17. Jahrhundert haben wir die Mythologie immer wieder als das Produkt abergläubischer und primitiver Geister zurückgewiesen. Erst in der heutigen Zeit kommen wir zu einem besseren Verständnis für das Wesen und die Rolle des Mythos in der menschlichen Geschichte. In diesen fünf Vorträgen legt der berühmte Ethnologe Claude Lévi-Strauss die Einsichten seiner lebenslangen Bemühung vor, die er auf die Interpretation von Mythen und den Versuch, ihre Bedeutung für das menschliche Denken zu ermitteln, verwandt hat.

Die Vorträge wurden unter dem Titel *»Myth and Meaning«* im Rahmen von *»Ideas«*, einer Rundfunkreihe des CBC, im Dezember 1977 gesendet. Sie sind aus mehreren längeren Gesprächen zwischen Lévi-Strauss und Carole Orr Jerome, Redakteurin im Pariser Büro des CBC, zusammengestellt worden. Die Programme wurden von Geraldine Sherman, der stellvertretenden Redakteurin von *»Ideas«*, organisiert und von Bernie Lucht produziert.

Um auch einen Teil des Materials aufnehmen zu können, das aus Zeitgründen in den Originalsendungen nicht verwendet wurde, sind die Vorträge für die Drucklegung erweitert worden. Der gesprochene Text wurde nur geringfügig bearbeitet, um ihn den strengeren Konventionen der Schriftsprache anzugleichen. Im folgenden sind die Hauptfragen wiedergegeben, die Carole Orr Jerome an Lévi-Strauss stellte und die zur Gestaltung der Vortragsreihe beitrugen:

Kapitel eins

Viele Ihrer Leser glauben, daß Sie den Versuch unternähmen, uns zum mythischen Denken zurückzuführen, daß wir etwas sehr Kostbares verloren hätten und daß wir versuchen müßten, es wiederzugewinnen. Heißt das nun, daß wir die Wissenschaft und das moderne Denken in den Wind schreiben und zum mythischen Denken zurückkehren müssen?

Was ist Strukturalismus? Wie sind Sie auf die Idee des strukturalen Denkens gekommen?

Sind, wenn es Bedeutung geben soll, Ordnung und Regeln erforderlich? Kann es im Chaos Bedeutung geben? Was meinen Sie damit, daß Ordnung der Unordnung vorzuziehen sei?

Kapitel zwei und drei

Es gibt Menschen, die sagen, daß das Denken der sogenannten Primitiven dem wissenschaftlichen Denken nachstehe. Sie sagen, es stehe ihm nicht aufgrund seiner besonderen Ausdrucksweise, sondern deswegen nach, weil es wissenschaftlich gesehen falsch sei. Wie würden Sie das *primitive* Denken mit dem *wissenschaftlichen* Denken vergleichen?

Aldous Huxley sagte in *»Die Pforten der Wahrnehmung«*, daß die meisten von uns nur einen bestimmten Teil ihrer geistigen Fähigkeiten gebrauchten, und daß die übrigen vollkommen brachlägen. Meinen Sie, daß wir bei dem Leben, das wir heute führen, unsere geistigen Fähigkeiten weniger gebrauchen als die von Ihnen beschriebenen Menschen, die mythisch dachten?

Die Natur bietet uns eine mannigfaltige Welt, und wir neigen immer dazu, weniger die Ähnlichkeiten in der Entwicklung unserer Kulturen, als deren Unterschiede aufzugreifen. Meinen Sie, daß wir uns einem Punkt nähern, wo wir damit beginnen können, einige der zwischen uns bestehenden Trennungen aufzuheben?

Kapitel vier

Wir kennen das alte Problem des Forschers, der allein durch seine Anwesenheit seinen Forschungsgegenstand verändert. Sehen wir uns unsere Mythensammlungen an: Haben sie eine eigene Bedeutung und eine eigene Ordnung, oder ist die Ordnung von den Ethnologen, die diese Erzählungen zusammengetragen haben, hergestellt worden?

Wie unterscheiden sich mythologisches Denken und Geschichte, was ihre begriffliche Gestaltung betrifft? Ist es so, daß die mythologische Fassung einer Erzählung auf historische Tatsachen zurückgreift, sie dann umgestaltet und auf andere Weise verwendet?

Kapitel fünf

Können Sie ganz allgemein etwas über die Beziehung zwischen Mythos und Musik sagen?

Sie haben behauptet, daß sowohl der Mythos wie die Musik von der Sprache herstammen, sich jedoch in verschiedene Richtungen entwickelt hätten. Was meinen Sie damit?

Einleitung

Ich werde über etwas sprechen, was ich bereits in meinen Büchern, Aufsätzen usw. beschrieben habe, doch unglücklicherweise vergesse ich immer alles, was ich geschrieben habe, in dem Augenblick, in dem es beendet ist. Das wird vermutlich noch zu einigem Ärger führen. Ich glaube jedoch, daß es auch seine Bedeutung hat, da ich nämlich nicht das Gefühl habe, meine Bücher selbst geschrieben zu haben. Eher habe ich das Gefühl, daß ich eine Durchgangsstelle für meine Bücher bin; sobald sie durch mich hindurchgegangen sind, fühle ich mich leer, und nichts bleibt zurück.

Sie werden sich vielleicht daran erinnern, daß ich schrieb, die Mythen würden im Menschen gedacht, ohne daß er etwas davon weiß. Dieser Satz wurde von meinen englischsprechenden Kollegen häufig erörtert und kritisiert, weil er empirisch gesehen, nach ihrer Auffassung, völlig sinnlos ist. Für mich aber beschreibt er eine wirkliche Erfahrung, da er genau ausdrückt, wie ich die Beziehung zu meiner Arbeit begreife. Das heißt, meine Arbeit wird in mir gedacht, ohne daß ich davon weiß.

Ich habe nie ein Gefühl meiner persönlichen Identität gehabt, habe es auch jetzt nicht. Ich komme mir vor wie ein Ort, an dem etwas geschieht, an dem aber kein *Ich* vorhanden ist. Jeder von uns ist eine Art Straßenkreuzung, auf der sich Verschiedenes ereignet. Die Straßenkreuzung selbst ist völlig passiv; etwas ereignet sich darauf. Etwas anderes, genauso

Gültiges, ereignet sich anderswo. Es gibt keine Wahl, es ist einfach eine Sache des Zufalls.

Ich maße mir keinesfalls an, daß ich deshalb, weil ich so denke, zu dem Schluß berechtigt bin, die ganze Menschheit müsse so denken. Ich glaube jedoch, daß die besondere Art und Weise, wie ein Wissenschaftler oder ein Schriftsteller denkt und schreibt, einem jeden von ihnen einen neuen Blick auf die Menschheit eröffnet. Und die Tatsache, daß ich persönlich gerade diese Idiosynkrasie habe, berechtigt mich vielleicht dazu, auf etwas hinzuweisen, was gültig ist, wobei die Art und Weise, wie dieser oder jener Kollege denkt, einen anderen Blick auftun mag, der ebenso gültig ist.

1. Das Zusammentreffen von Mythos und Wissenschaft

Ich möchte mit einem persönlichen Bekenntnis beginnen. Es gibt eine Zeitschrift, die ich, obwohl ich nicht alles verstehe, allmonatlich von der ersten bis zur letzten Zeile gewissenhaft lese. Es handelt sich um den *»Scientific American«*. Ich bin ganz versessen darauf, über alles, was in der modernen Wissenschaft an neuesten Erkenntnissen gewonnen wird, so gut wie nur möglich informiert zu sein. Meine Einstellung zur Wissenschaft ist also nicht negativ.

Zweitens glaube ich, daß es einige Dinge gibt, die wir verloren haben und die wir vielleicht versuchen sollten wiederzugewinnen. Ich bin mir nicht sicher, ob sich diese Dinge in der Welt, in der wir leben, und mit dem wissenschaftlichen Denken, dem wir folgen müssen, genauso wiedergewinnen lassen, als seien sie nie verlorengegangen. Wir können jedoch versuchen, uns ihrer Existenz und ihrer Bedeutung bewußt zu werden.

Drittens habe ich das Gefühl, daß sich die moderne Wissenschaft keineswegs von diesen verlorengegangenen Dingen wegbewegt, sondern sich mehr und mehr bemüht, sie wieder in den Bereich der wissenschaftlichen Erklärung hineinzunehmen. Die eigentliche Spaltung, die Trennung von Wissenschaft und dem, was wir auf der Suche nach einer passenden Bezeichnung (auch wenn diese Bezeichnung ungenau bleibt) mythisches Denken nennen können, diese

Trennung erfolgte im 17. und 18. Jahrhundert. Damals, zur Zeit Bacons, Descartes', Newtons und anderer, mußte sich die Wissenschaft gegen die alten mythisch und mystisch denkenden Generationen durchsetzen. Man glaubte, daß die Wissenschaft nur dann bestehen könne, wenn sie der alten Welt der Sinne den Rücken kehrte – jener Welt, die wir sehen, riechen, tasten und wahrnehmen. Die Welt der Sinne war eine trügerische, die wirkliche Welt dagegen eine Welt mit mathematischen Eigenschaften, nur mit Hilfe des Intellekts erfahrbar und im vollkommenen Widerstreit zu den falschen Eindrücken der Sinne. Das war vermutlich eine notwendige Unterscheidung, lehrt uns doch die Erfahrung, daß es dem wissenschaftlichen Denken dank dieser Trennung – dieses Schismas, wenn Sie so wollen – möglich war, sich zu konstituieren.

Nun habe ich den Eindruck (natürlich spreche ich nicht als Naturwissenschaftler – ich bin weder Physiker noch Biologe oder Chemiker), daß die heutige Wissenschaft im Begriff ist, diese Spaltung zu überwinden, und daß die Sinneserfahrungen wieder stärker in die wissenschaftliche Erklärung einbezogen werden als etwas, dem eine Bedeutung, eine Wahrheit innewohnt und das erklärt werden kann.

Nehmen Sie zum Beispiel die Welt der Gerüche. Wir waren gewohnt, sie für eine vollkommen subjektive, außerhalb der Wissenschaft liegende Welt zu halten. Heute können uns die Chemiker sagen, daß jeder Geruch und jede Geschmacksrichtung eine bestimmte chemische Zusammensetzung hat, und die Gründe nennen, warum uns manche Gerüche und Geschmacksrichtungen subjektiv so vorkommen, als hätten sie etwas gemeinsam, und warum andere uns ganz unterschiedlich erscheinen.

Nehmen wir ein anderes Beispiel. Seit der Zeit der Griechen bis ins 18., sogar 19. Jahrhundert gab es in der Philosophie eine selbst heute noch nicht ganz erloschene große Diskussion über den Ursprung der mathematischen Ideen – der Idee der Linie, der Idee des Kreises, der Idee des Dreiecks. Im großen und ganzen waren zwei klassische Theorien vorherrschend: Die eine stellte den Geist als *tabula rasa* vor, der zu Beginn nichts enthält und alles erst durch Erfahrung aufnimmt; daß es uns trotzdem möglich ist, die Idee des Kreises abstrakt zu fassen, rührt von der Betrachtung einer Vielzahl runder, wenn auch niemals vollkommen runder Gegenstände her. Die zweite klassische Theorie geht auf Plato zurück, der behauptete, daß diese Ideen des Kreises, des Dreiecks oder der Linie vollkommen sind, dem Geist eingeboren, und daß wir sie, auch wenn uns die Wirklichkeit niemals einen vollkommenen Kreis oder ein vollkommenes Dreieck vor Augen führt, eben deshalb, weil sie dem Geist vorgegeben sind, auf die Wirklichkeit gleichsam projizieren können.

Heute lehren uns Wissenschaftler auf dem Gebiet der Neurophysiologie des Auges, daß die Nervenzellen der Netzhaut und des übrigen Systems hinter der Netzhaut spezialisiert sind: Bestimmte Zellen reagieren nur auf gerade Linien, einige davon auf vertikale, andere auf horizontale, wieder andere auf diagonale, andere Zellen dagegen nur auf die Beziehung zwischen Hintergrund und Hauptfigur, und so weiter. Die Lösung des gesamten Problems Erfahrung *contra* Geist scheint demnach – und ich vereinfache sehr stark, weil es für mich zu schwierig ist, das in einer fremden Sprache auszuführen – in der Struktur des Nervensystems zu liegen, also nicht in der Struktur des Geistes oder in der Erfahrung, sondern irgendwo im Bereich zwischen Geist und Erfahrung, in der Art und Weise, wie unser Nervensystem beschaffen ist, und wie es zwischen Geist und Erfahrung vermittelt.

Vermutlich gibt es ganz tief in meinem eigenen Geist etwas, das es wahrscheinlich macht, daß ich schon immer war, was man heutzutage einen Strukturalisten nennt. Meine Mutter erzählte mir, daß ich, als ich ungefähr zwei Jahre alt war und natürlich noch nicht lesen konnte, behauptete, lesen zu können. Und als ich gefragt wurde, woher ich das wisse, soll ich geantwortet haben, daß ich beim Betrachten der Ladenschilder – z. B. *boulanger* (Bäcker) oder *boucher* (Metzger) – etwas lesen könne, weil das, was der Schrift nach, vom Graphischen her, augenscheinlich ähnlich war, nichts anderes als »bou« heißen konnte, die gemeinsame Anfangssilbe von *boucher* und *boulanger*. Wahrscheinlich macht genau das und nichts anderes den strukturalistischen Ansatz aus; es ist die Suche nach dem Invarianten oder nach den invarianten Elementen unter den Verschiedenheiten an der Oberfläche.

Diese Suche war vermutlich mein ganzes Leben hindurch eines meiner beherrschendsten Interessen. Als Kind interessierte ich mich eine Zeitlang besonders für Geologie. Auch in der Geologie stellt sich das Problem, in der ungeheueren Mannigfaltigkeit der Landschaften das Invariante zu erfassen, d. h., eine Landschaft auf eine endliche Anzahl von Schichtungen und geologischen Vorgänge zu reduzieren. Später, als Heranwachsender, verwandte ich einen großen Teil meiner Freizeit darauf, Opernkostüme und Opernausstattungen zu entwerfen. Das Problem ist hier genau dasselbe: nämlich, in einer Sprache – der Sprache der graphischen Kunst und der Malerei – etwas auszudrücken, was auch in der Musik und im Libretto vorkommt, das heißt die invariante Eigenschaft eines sehr komplexen Systems von Codes (musikalischer Code, literarischer Code, künstlerischer Code) zu erfassen. Das Problem besteht im Auffinden dessen, was ihnen allen gemeinsam ist. Man könnte es ein Übersetzungsproblem nennen: das, was in einer Sprache – oder in einem Code, wenn Sie lieber wollen, aber Sprache reicht aus – ausgedrückt ist, in einer anderen Sprache zum Ausdruck zu bringen.

Der Strukturalismus oder all das, was mit diesem Namen so bezeichnet wird, ist als etwas völlig Neuartiges und seinerzeit Revolutionäres angesehen worden. Ich halte das in doppelter Hinsicht für falsch. Zum einen ist der Strukturalismus, selbst im Bereich der Geisteswissenschaften, keineswegs neu. Wir können diese Denkrichtung von der Renaissance bis ins 19. Jahrhundert und bis in unsere Zeit genau verfolgen. Aber es ist noch aus einem anderen Grund falsch: Was wir in der Linguistik, in der Ethnologie oder in verwandten Fächern als Strukturalismus bezeichnen, ist nichts weiter als eine blasse Imitation dessen, was die *hard sciences*, wie Sie es im Englischen wohl nennen, immer schon betrieben haben.

Der Wissenschaft stehen nur zwei Verfahrensweisen zur Verfügung: Sie arbeitet entweder reduktionistisch oder strukturalistisch. Reduktionistisch verfährt sie dann, wenn sich feststellen läßt, daß höchst komplexe

Phänomene einer bestimmten Ebene auf einfachere Phänomene anderer Ebenen reduzierbar sind. So gibt es zum Beispiel im Leben vieles, was auf physikochemische Prozesse reduziert werden kann, wodurch es sich zum Teil, wenn auch nicht vollständig, erklären läßt. Wenn wir es aber mit Phänomenen zu tun haben, die sich aufgrund ihrer Komplexität nicht auf Phänomene einer niedrigeren Stufe reduzieren lassen, dann können wir uns ihnen nur dadurch nähern, daß wir die Beziehungen betrachten, in denen sie zueinander stehen, das heißt dadurch, daß wir zu verstehen suchen, wie ihr Ausgangssystem beschaffen ist. Genau das haben wir in der Linguistik, in der Ethnologie und in verschiedenen anderen Bereichen immer zu tun versucht.

Allerdings stehen der Natur – lassen Sie mich »Natur« der Einfachheit halber personalisieren – nur eine begrenzte Anzahl von Verfahren zur Verfügung, und die Verfahren, die sie auf einer Ebene der Wirklichkeit anwendet, müssen auf anderen Ebenen wiederkehren. Ein gutes Beispiel dafür ist der genetische Code: Als die Biologen und Genetiker vor dem Problem standen, das von ihnen Entdeckte zu beschreiben, konnten sie bekanntlich nichts anderes tun, als sich der Sprache der Linguisten zu bedienen und von Sätzen, Betonung, Punkten und ähnlichem zu sprechen. Ich meine nun keineswegs, daß es sich dabei um die gleiche Sache handelt. Natürlich ist das nicht der Fall. Aber das Problem, das sich auf zwei verschiedenen Ebenen der Wirklichkeit stellt, ist das gleiche.

Es liegt mir völlig fern, die Kultur auf die Natur reduzieren zu wollen – wie es im ethnologischen

Sprachgebrauch heißt –, gleichwohl handelt es sich bei dem, was wir auf der Ebene der Kultur beobachten, *formal* (keineswegs substantiell) um die gleichen Phänomene. Zumindest können wir das Problem, das auf der Ebene der Natur besteht, auch für den geistigen Bereich feststellen, obwohl natürlich das Kulturelle sehr viel komplexer ist und nach einer sehr viel größeren Anzahl von Variablen verlangt.

Ich versuche nicht, eine Philosophie zu formulieren, nicht einmal eine Theorie. Von Kindheit an hat mich das – nennen wir es – Irrationale gestört, und ich habe mich immer darum bemüht, eine Ordnung hinter dem zu finden, was sich uns als Unordnung zeigt. Ich bin ganz zufällig Ethnologe geworden; nicht etwa, weil ich mich für die Ethnologie interessierte, sondern weil ich der Philosophie entkommen wollte. Ebenfalls rein zufällig erlaubte es das französische Ausbildungssystem zu einer Zeit, da die Ethnologie noch kein eigenständiges universitäres Lehrfach war, daß jemand, der Philosophie studiert hatte und Philosophie lehrte, zur Ethnologie flüchten konnte. Ich flüchtete zu ihr und stand sofort vor einem Problem: es gab rund um die Welt eine Unmenge von Heiratsregeln, die vollkommen sinnlos aussahen, und diese Tatsache war um so irritierender, als es dann, wenn sie tatsächlich sinnlos waren, für jedes Volk andere Regeln geben mußte, auch wenn die Anzahl der Regeln trotzdem mehr oder minder begrenzt sein mochte. Sollte diese Absurdität immer wieder auftauchen und eine andere Absurdität ebenfalls, dann müßte es sich um etwas handeln, das nicht vollkommen absurd sein konnte, da es sonst nicht wiederkehren würde.

Das war also mein erster Orientierungsversuch: eine Ordnung hinter dieser scheinbaren Unordnung zu finden. Und als ich nach dieser Arbeit an den Verwandtschaftssystemen und Heiratsregeln meine Aufmerksamkeit – wiederum zufällig und keineswegs mit Absicht – der Mythologie zuwandte, traf ich dort genau auf das gleiche Problem. Mythenerzählungen sind oder erscheinen willkürlich, sinnlos, absurd; dennoch tauchen sie überall in der Welt immer wieder auf. Eine *phantastische* Schöpfung des Geistes, die nur an einem Ort vorkäme, wäre einzigartig; man würde sie nirgendwo sonst wieder finden. Ich wollte herausfinden, ob es eine Ordnung hinter dieser augenscheinlichen Unordnung gibt – mehr nicht. Und ich behaupte nicht, daß man zu endgültigen Ergebnissen kommen kann.

Es ist meiner Ansicht nach vollkommen unmöglich, Bedeutung ohne Ordnung zu konzipieren. Es gibt etwas sehr Eigentümliches in der Semantik: Das Wort *Bedeutung (meaning)* ist wahrscheinlich das Wort in der Sprache, dessen Bedeutung die meisten Probleme stellt. Was bedeutet *bedeuten*? Die einzig mögliche Antwort scheint mir zu sein, daß »bedeuten« die Eigenschaft jeder Art von Daten bezeichnet, in eine andere Sprache übersetzt werden zu können. Ich meine nicht in eine andere Sprache wie das Französische oder das Deutsche, sondern in andere Worte auf anderen Ebenen. Letzten Endes liefert eine solche Übersetzung das, was man von einem Wörterbuch erwartet: die Bedeutung des Wortes in anderen Worten, die dem Wort oder dem Ausdruck, den man verstehen möchte, auf einer etwas anderen Ebene isomorph sind. Was aber wäre eine Übersetzung ohne Regeln? Man würde sie überhaupt nicht verstehen. Da man nicht einfach ein Wort durch irgendein anderes Wort oder einen Satz durch irgendeinen anderen Satz ersetzen kann, braucht man Übersetzungsregeln. Von Regeln sprechen und von Bedeutung sprechen, läuft auf dasselbe hinaus; und wenn wir uns die geistigen Anstrengungen der Menschheit in der ganzen Welt, soweit sie verzeichnet worden sind, ansehen, so ist ihr gemeinsamer Nenner immer die Errichtung irgendeiner Ordnung. Insofern dies ein Grundbedürfnis des menschlichen Geistes nach Ordnung zum Ausdruck bringt – und da der menschliche Geist letztlich nur ein Teil des Universums ist –, ist dieses Bedürfnis wahrscheinlich halb vorhanden, weil im Universum eine bestimmte Ordnung herrscht und das Universum kein Chaos ist.

Was ich damit sagen will, ist, daß es schon lange eine Trennung – eine notwendige Trennung – zwischen dem wissenschaftlichen Denken und der, wie ich es nenne, Logik des Konkreten gibt, das heißt der Beobachtung und Verwendung von Sinneserfahrungen im Gegensatz zu Bildern, Symbolen und ähnlichem. Wir sind womöglich Zeugen des Augenblicks, da diese Trennung vielleicht aufgehoben oder rückgängig gemacht wird, weil die moderne Wissenschaft in der Lage zu sein scheint, nicht nur in ihrem herkömmlichen Bereich Fortschritte zu machen – immer weiter vorwärts zu drängen, aber stets auf dem gleichen schmalen Pfad –, sondern gleichzeitig den Pfad zu verbreitern und sehr viele Probleme wieder aufzunehmen, die sie bisher beiseite gelassen hat.

Nun könnte man mich vielleicht kritisieren und sagen, ich sei *szientistisch* oder ein blinder Anhänger der Wissenschaft, der die Ansicht vertritt, daß die Wissenschaft einfach alle Probleme zu lösen vermag. Das glaube ich nun ganz bestimmt nicht, zumal ich mir nicht vorstellen kann, daß der Tag kommen wird, an dem die Wissenschaft vollendet sein wird. Es wird immer neue Probleme geben, und in dem Maße, in dem die Wissenschaft heute Probleme lösen kann, die vor einem Jahrzehnt oder vor einem Jahrhundert noch für philosophisch gehalten wurden, werden neue Probleme auftauchen, die es bisher noch nicht gab und die man sich bisher auch nicht als Probleme gestellt hat. Zwischen der Antwort, die die Wissenschaft uns zu geben vermag, und der neuen Frage, die diese Antwort hervorruft, wird stets eine Kluft bestehen bleiben. Insofern bin ich also nicht *szientistisch*. Die Wissenschaft wird uns niemals alle Antworten geben können. Wir können uns allerdings bemühen, die Anzahl und die Qualität der Antworten, die wir geben können, langsam anzuheben. Das aber können wir, so meine ich, nur mit Hilfe der Wissenschaft.

2. »Primitives« Denken und »zivilisiertes« Denken

Das Denken jener Völker, die wir fälschlich *primitive* zu nennen gewohnt sind – wir wollen sie eher als *schriftlose* Völker bezeichnen, weil damit, so glaube ich, das wirklich unterscheidende Merkmal zwischen ihnen und uns benannt wird –, ist auf zwei verschiedene Weisen interpretiert worden, die beide meiner Ansicht nach gleichermaßen falsch sind. Die erste hielt ein solches Denken für weniger ausgebildet. In der gegenwärtigen Ethnologie kommt jedem als Beispiel dafür sofort das Werk Malinowskis in den Sinn. Ich muß sogleich betonen, daß ich die größte Hochachtung vor Malinowski habe und ihn für einen sehr bedeutenden Ethnologen halte; ich möchte seinen Beitrag auf keinen Fall schmälern. Dennoch war Malinowski der Ansicht, daß das Denken der von ihm untersuchten Menschen sowie allgemein das Denken jener schriftlosen Populationen, die den Hauptgegenstand der Ethnologie ausmachen, ausschließlich von den Grundbedürfnissen des Lebens bestimmt war oder ist. Weiß man einmal, daß ein Volk, welches es auch sein mag, durch die Suche nach dem Lebensnotwendigen bestimmt wird – Beschaffung der Nahrung, Befriedigung des Geschlechtstriebs usw. –, dann kann man auch seine sozialen Institutionen, seine Glaubensvorstellungen, seine Mythologie und ähnliches erklären. Diese in der Ethnologie weitverbreitete Auffassung ist im allgemeinen als Funktionalismus bekannt.

Die andere Strömung beruft sich weniger auf den niedrigeren Stand jenes Denkens als darauf, daß es sich dabei um eine grundlegend andere Art des Denkens handelt. Für diesen Ansatz steht das Werk von Lévy-Bruhl, nach dessen Auffassung der Grundunterschied zwischen *primitivem* Denken – ich setze *primitiv* immer in Anführungszeichen – und modernem Denken darin besteht, daß das erstere vollständig von Gefühlen und mystischen Vorstellungen durchdrungen ist. Während Malinowski das Utilitaristische betont, legt die andere Auffassung den Akzent auf das Emotionale und Affektive. Ich dagegen habe hervorgehoben, daß das Denken schriftloser Völker in Wirklichkeit einerseits uneigennützig ist oder sein kann (darin unterscheide ich mich von Malinowski) und andererseits (und darin unterscheide ich mich von Lévy-Bruhl) vom Intellekt bestimmt ist oder sein kann.

In *»Das Ende des Totemismus«* und *»Das wilde Denken«* habe ich z. B. zu zeigen versucht, daß jene Menschen, von denen wir gewöhnlich meinen, sie stünden ausschließlich unter dem Zwang des Überlebenstriebs und könnten unter sehr harten materiellen Bedingungen gerade noch existieren, durchaus zu uneigennützigem Denken fähig sind, d. h. daß sie das Bedürfnis oder den Wunsch haben, die sie umgebende Welt, deren Natur und ihre eigene Gesellschaft zu verstehen. Und um dieses Ziel zu erreichen, gehen sie mit Hilfe des Intellekts vor, genauso wie ein Philosoph, in gewissem Maße sogar ein Wissenschaftler es tun würde.

Das ist meine Grundhypothese.

Ich möchte von vornherein ein mögliches Mißverständnis ausräumen. Wenn man sagt, daß ein Denken uneigennützig oder vom Intellekt bestimmt sei, so soll das keineswegs heißen, daß es dem wissenschaftlichen Denken gleich ist. Es bleibt selbstverständlich etwas anderes als das wissenschaftliche Denken und steht auch in gewisser Hinsicht hinter ihm zurück. Es bleibt insofern anders, als es bestrebt ist, auf dem kürzesten Wege zu einem allgemeinen Verständnis des Universums zu gelangen, und zwar nicht nur zu einem allgemeinen, sondern auch zu einem *totalen*. Das heißt, es handelt sich um eine Art des Denkens, die beinhaltet, daß man, solange man nicht alles versteht, nichts erklären kann. Damit steht es in vollkommenem Gegensatz zum wissenschaftlichen Denken, das Schritt für Schritt vorgeht und dabei versucht, für ganz begrenzte Phänomene Erklärungen zu liefern; erst dann wendet es sich anderen Phänomenen zu, und so fort. Das wissenschaftliche Denken ist, wie schon Descartes sagte, bestrebt, das Problem in so viele Teile zu zerlegen, wie zu seiner Lösung erforderlich sind.

Der totalitäre Anspruch des wilden Denkens unterscheidet sich also grundsätzlich von den Vorgehensweisen des wissenschaftlichen Denkens. Der entscheidende Unterschied besteht natürlich darin, daß dieser Anspruch nicht eingelöst wird. Wir können mit Hilfe des wissenschaftlichen Denkens die Natur beherrschen – auf diesen Punkt brauche ich nicht näher einzugehen, er ist klar genug –, wohingegen der Mythos dem Menschen selbstverständlich keine größere Macht über seine Umwelt zu verschaffen vermag. Was er ihm dagegen verschafft – und das ist äußerst wichtig –, ist die Illusion, daß er das Universum verstehen könne und es auch tatsächlich versteht. Natürlich ist das nur eine Illusion.

Wir sollten jedoch nicht vergessen, daß wir, die wir wissenschaftlich denken, nur einen sehr begrenzten Teil unserer geistigen Kräfte in Anspruch nehmen. Wir gebrauchen nur das, was unser Beruf, unsere Tätigkeit oder die momentane Situation von uns verlangen. Befaßt sich jemand zwanzig Jahre oder mehr mit der Wirkungsweise von Mythen und Verwandtschaftssystemen, so benutzt er diesen Teil seiner geistigen Kräfte. Wir können jedoch nicht verlangen, daß wir uns alle für dieselben Dinge interessieren. Deshalb gebraucht jeder von uns nur einen bestimmten Teil seiner geistigen Kräfte für das, was er tun muß und was ihn interessiert.

Heutzutage benutzen wir unsere geistigen Fähigkeiten weniger und zugleich mehr als in der Vergangenheit; außerdem sind es auch nicht mehr genau die gleichen geistigen Fähigkeiten wie früher. Von unseren Sinnesorganen machen wir beispielsweise sehr viel weniger Gebrauch. Als ich die erste Fassung der *»Mythologica«* schrieb, fand ich mich einem Problem gegenüber, das mir völlig rätselhaft war. Es schien so, als ob ein bestimmter Stamm den Planeten Venus bei vollem Tageslicht sehen könnte, etwas, das ich für ganz unmöglich und unglaubhaft hielt. Berufsastronomen, denen ich diese Frage vorlegte, bestätigten mir natürlich, daß wir ihn nicht sehen. Dennoch sei es nicht völlig ausgeschlossen, daß einige Völker, die die vom Planeten tagsüber ausgestrahlte Lichtmenge kennen, ihn sehen könnten. Später sah ich alte Navigationsbücher durch, die unserer eigenen Zivilisation entstammen, und es scheint, als seien die früheren

Seefahrer sehr wohl in der Lage gewesen, den Planeten bei vollem Tageslicht zu erkennen. Mit geschulten Augen könnten wir das wahrscheinlich auch heute noch.

Mit dem Wissen über Pflanzen und Tiere geht es uns genauso. Schriftlose Völker kennen ihre Umwelt und jeden einzelnen Bestandteil phantastisch präzise. Dies alles haben wir verloren, aber wir haben es nicht umsonst verloren. Wir sind heute beispielsweise in der Lage, ein Auto zu fahren, ohne in jedem Augenblick zermalmt zu werden, oder am Abend unseren Fernsehapparat oder das Radio einzuschalten. Das setzt eine Ausbildung von geistigen Fähigkeiten voraus, die die *primitiven* Völker nicht haben, weil sie sie nicht brauchen. Ich bin der Ansicht, daß sie mit ihren Möglichkeiten die Qualität ihres Denkens hätten ändern können, daß das jedoch für ihre Lebensweise und ihr Verhältnis zur Natur nicht erforderlich war. Man kann nicht alle geistigen Fähigkeiten, die die Menschheit besitzt, gleichzeitig ausbilden. Man kann nur von einem kleinen Ausschnitt Gebrauch machen, und dieser Ausschnitt ist je nach der Kultur verschieden. Nur darum geht es.

Eines der vielen Ergebnisse der ethnologischen Forschung ist wohl die Erkenntnis, daß der menschliche Geist, ungeachtet der Kulturunterschiede zwischen den verschiedenen Teilen der Menschheit, überall der gleiche ist und die gleichen Fähigkeiten besitzt. Darüber, so glaube ich, besteht überall Einigkeit.

Ich glaube nicht, daß Kulturen systematisch oder methodisch versucht haben, sich voneinander abzugrenzen. Hunderttausende von Jahren hindurch war die Zahl der Menschen auf der Erde nicht sehr groß. Kleine Gruppen lebten isoliert, und so war es nur natürlich, daß sie eigene Merkmale entwickelten und sich von anderen zu unterscheiden begannen. Es steckte keine Absicht dahinter, es war einfach das Ergebnis jener Bedingungen, die über einen sehr langen Zeitraum den Ausschlag gaben.

Nun möchte ich keinesfalls den Gedanken aufkommen lassen, als sei das an sich etwas Schädliches oder als sollten diese Unterschiede aufgehoben werden. Unterschiede sind im Gegenteil etwas äußerst Fruchtbares. Nur durch Unterschiede war ein Fortschritt möglich. Was uns gerade heute bedroht, ist wahrscheinlich etwas, das wir Überkommunikation nennen könnten, das heißt das Bestreben, an einem einzigen Fleck auf der Welt genau wissen zu wollen, was in allen anderen Weltteilen vor sich geht. Damit eine Kultur eine wirkliche Identität haben und etwas schaffen kann, müssen sie und ihre Angehörigen sich der eigenen Originalität, in gewissem Maße sogar der eigenen Überlegenheit über andere gewiß sein. Nur unter den Bedingungen einer Unterkommunikation ist es ihr möglich, irgendetwas hervorzubringen. Uns droht heute die Gefahr, zu reinen Konsumenten zu werden, zwar alles von jedem Fleck der Erde und aus jeder Kultur konsumieren zu können, aber jede Originalität zu verlieren.

Wir können uns heute leicht eine Zeit vorstellen, in der es nur noch eine Kultur und eine Zivilisation auf der ganzen Erde geben wird. Ich glaube nicht, daß das eintreten wird, weil es immer gegenläufige Tendenzen gibt – zum einen in Richtung auf eine Homogenisierung und zum anderen in Richtung auf neue

Unterscheidungen. Je homogener eine Zivilisation wird, desto offensichtlicher werden die inneren Trennungslinien, und was auf der einen Seite erreicht wurde, geht auf der anderen sofort wieder verloren. Das ist nur eine persönliche Meinung, da ich keinen eindeutigen Beweis für das Wirken dieser Dialektik habe. Ich kann mir jedoch nicht vorstellen, wie die Menschheit ohne innere Mannigfaltigkeit wirklich leben könnte.

Betrachten wir einmal einen Mythos aus Westkanada: Er handelt vom Rochen, der den Versuch unternimmt, den Südwind zu besiegen oder sich untertan zu machen, und Erfolg dabei hat. Die Erzählung spielt in einer Zeit, da es noch keine Menschen auf der Erde gab, das heißt einer Zeit, da Tiere und Menschen nicht wirklich unterschieden, die Lebewesen noch halb Mensch halb Tier waren. Sie alle wurden in ganz extremem Maße von den Winden geplagt: Die Winde, besonders die bösen Winde, wehten nämlich immerzu und machten ihnen das Fischen oder das Muschelsammeln am Strand unmöglich. So beschlossen sie, gegen die Winde zu kämpfen; sie wollten sie zwingen, sich gemäßigter zu verhalten. Es kam zu einem Feldzug, an dem verschiedene menschliche Tiere und Tiermenschen teilnahmen, darunter der Rochen, der eine wichtige Rolle bei der Gefangennahme des Südwinds spielte. Der Südwind wurde erst dann wieder freigelassen, nachdem er versprochen hatte, nicht mehr wie bisher ohne Unterlaß, sondern nur noch ab und zu oder zu bestimmten Jahreszeiten zu wehen. Seither weht der Südwind nur noch zu bestimmten Jahreszeiten oder nur an jedem zweiten Tag; während der übrigen Zeit können die Menschen ihren Tätigkeiten nachgehen.

Nun, die Geschichte hat sich nie zugetragen. Unsere Aufgabe besteht jedoch nicht darin, uns mit der Feststellung, sie sei einfach widersinnig oder nur das Phantasieprodukt delirierenden Denkens, zu begnügen. Wir müssen sie ernst nehmen und uns die Frage stellen: warum der Rochen und warum der Südwind?

Wenn man den mythischen Stoff, so wie er erzählt wird, aufmerksam betrachtet, so bemerkt man, daß der Rochen aufgrund ganz genauer Merkmale handelt. Sie sind zweifacher Art: Zunächst ist er ein Fisch, der, ebenso wie alle anderen Flachfische, an der Unterseite schlüpfrig und an der Oberseite rauh ist. Die andere Eigenschaft, die es dem Rochen beim Kampf gegen andere Tiere ermöglicht, erfolgreich zu entkommen, besteht darin, daß er von oben oder von unten betrachtet sehr groß wirkt, von der Seite jedoch sehr dünn. Ein Gegner könnte meinen, daß es ein Einfaches sei, mit dem Pfeil auf einen Rochen zu schießen und ihn zu töten, weil er so groß ist. Aber genau in dem Moment, in dem der Pfeil auf das Ziel gerichtet ist, kann sich der Rochen plötzlich drehen oder zur Seite gleiten lassen und nur sein Profil zeigen, auf das man natürlich nicht zielen kann, und so entkommt er. Der Rochen wird also deswegen gewählt, weil er ein Tier ist, das je nach Blickwinkel, wenn man es kybernetisch ausdrücken will, nur mit *ja* oder *nein* antworten kann. Er kann zwei – diskontinuierliche – Zustände einnehmen, von denen der eine positiv, der andere negativ ist. Die Verwendung, die dem Rochen im Mythos zuteil wird, gleicht – obwohl ich den Vergleich nicht zu weit treiben möchte – dem der Elemente moderner Computer, die, insofern sie eine Reihe von *ja*- und *nein*-Antworten liefern, zur Lösung hochkomplizierter Probleme herangezogen werden können.

Während es empirisch gesehen offensichtlich unzutreffend und unmöglich ist, daß ein Fisch gegen den Wind antreten kann, ist es doch logisch geschen begreiflich, warum *Bilder* eingesetzt werden können, die der Erfahrung entlehnt sind. Das gerade macht die Originalität des mythischen Denkens aus; – daß es nämlich die Rolle des begrifflichen Denkens zu übernehmen vermag: Ein Tier, das als binärer Operator fungieren kann (wie ich es nennen würde), kann logisch betrachtet in Beziehung zu einem Problem stehen, das ebenfalls binär ist. Wenn der Südwind das ganze Jahr hindurch Tag für Tag weht, dann ist kein Leben für die Menschen möglich. Wenn er jedoch nur die Hälfte der Zeit weht – an einem Tag ja, am anderen Tag nein, usw. –, dann wird zwischen den Bedürfnissen der Menschen und den Bedingungen, die in der natürlichen Welt herrschen, eine Art Kompromiß möglich.

Logisch gesehen besteht also zwischen einem Tier wie dem Rochen und dem Problem, das der Mythos zu lösen versucht, eine Affinität. Auch wenn die Geschichte wissenschaftlich betrachtet nicht stimmt, so bleibt doch festzuhalten, daß wir die genannte Eigenschaft des Mythos erst dann verstehen konnten, als es in der wissenschaftlichen Welt die Kybernetik und Computer gab und es uns mit ihrer Hilfe möglich wurde, binäre Operationen zu verstehen, die das mythische Denken schon vorher in ganz anderer Weise an konkreten Gegenständen oder Lebewesen vorgenommen hatte. Es besteht also wirklich keine Trennung zwischen Mythologie und Wissenschaft. Erst der gegenwärtige Stand des wissenschaftlichen Denkens versetzt uns in die Lage zu verstehen, was in diesem Mythos enthalten ist, dem gegenüber wir völlig blind blieben, solange uns die Vorstellung der binären Operationen nicht geläufig war.

Nun möchte ich nicht, daß Sie denken, ich würde wissenschaftliche Erklärung und mythische Erklärung gleichsetzen. Ich meine, daß sich die Größe und Überlegenheit der wissenschaftlichen Erklärung nicht nur in den praktischen und geistigen Errungenschaften der Wissenschaft zeigt, sondern auch in der zunehmend beobachtbaren Tatsache, daß es der Wissenschaft über die Erklärung ihrer eigenen Gültigkeit hinaus möglich wird, auch das zu erklären, was in gewissem Maße bereits im mythologischen Denken gültig war. Es ist wichtig, daß wir für diesen qualitativen Aspekt mehr und mehr Interesse entwickeln, und daß die Wissenschaft, die vom 17. bis zum 19. Jahrhundert eine rein quantitative Ausrichtung hatte, auch die qualitativen Aspekte der Wirklichkeit mit einzubeziehen beginnt. Dies wird uns ganz sicher dazu befähigen, einen großen Teil dessen, was im mythologischen Denken enthalten ist und was wir bisher als bedeutungslos und widersinnig abzutun geneigt waren, zu verstehen. Eine solche Einstellung wird uns zu der Einsicht verhelfen, daß zwischen Leben und Denken nicht jene absolute Kluft besteht, die der philosophische Dualismus des 17. Jahrhunderts als gegeben hinstellte. Wenn wir zu der Einsicht gelangen, daß das, was in unserem Denken vorgeht, etwas ist, das sich nicht substantiell oder fundamental vom Grundphänomen des Lebens unterscheidet, und wenn wir außerdem zu der Erkenntnis kommen, daß zwischen der Menschheit einerseits und all den anderen Lebewesen andererseits – nicht nur den Tieren, sondern auch den Pflanzen – keine unüberbrückbare Kluft besteht, dann werden wir vielleicht zu mehr, sagen wir, Weisheit gelangen, als wir uns zutrauen.

3. Hasenscharten und Zwillinge: Die Spaltung eines Mythos

Unser Ausgangspunkt wird diesmal die merkwürdige Beobachtung sein, von der Pater P. J. de Arriaga, ein spanischer Missionar in Peru, zu Ende des 16. Jahrhunderts machte und die er in seinem Buch *»Extirpacion de la Idolatria del Peru«* (Lima 1621) veröffentlicht hat. Er berichtete, daß in Zeiten bitterster Kälte die Priester in einem bestimmten Teil des damaligen Peru alle jene Einwohner zusammenriefen, von denen man wußte, daß sie mit den Füßen voran auf die Welt gekommen waren, oder die eine Hasenscharte hatten oder Zwillinge waren. Sie wurden beschuldigt, für die Kälte verantwortlich zu sein, weil sie, wie man sagte, Salz und Pfeffer gegessen hatten, und es wurde ihnen befohlen, Reue zu zeigen und ihre Sünden zu bekennen.

Der Glaube, daß zwischen Zwillingen und atmosphärischer Unordnung ein Zusammenhang besteht, ist nun aber in der ganzen Welt, auch in Kanada, sehr weit verbreitet. Es ist wohlbekannt, daß die Küstenindianer von Britisch-Kolumbien Zwillingen besondere Kräfte zuschrieben – gutes Wetter bringen, Stürme vertreiben und anderes mehr. Doch darum geht es mir jetzt nicht. Mir fällt vielmehr auf, daß alle Mythensammler – z. B. auch Frazer, der Arriaga mehrmals zitiert – nie die Frage gestellt haben, warum Menschen mit Hasenscharten und Zwillinge einander ähnlich sein sollen. Das eigentliche Problem besteht meiner Ansicht nach darin herauszufinden: warum Hasenscharten? Warum Zwillinge? Und warum werden Hasenscharten und Zwillinge nebeneinandergestellt?

Zur Lösung des Problems müssen wir wie so manches Mal von Südamerika nach Nordamerika springen; ein nordamerikanischer Mythos wird uns nämlich den Schlüssel zu dem südamerikanischen liefern. Viele Leute haben mich für diese Vorgehensweise getadelt und behauptet, Mythen einer bestimmten Bevölkerung könnten nur im Rahmen der Kultur dieser Bevölkerung interpretiert und verstanden werden. Diesen Einwand kann ich in mehrerer Hinsicht entkräften.

Zunächst erscheint es mir ziemlich offensichtlich, daß die Bevölkerung von Nord- und Südamerika vor Kolumbus viel größer war, als man bisher angenommen hat, was in den vergangenen Jahren auch von der sogenannten Berkeley-Schule bestätigt worden ist. Und eben weil sie viel größer war, liegt es auf der Hand, daß diese großen Populationen einen gewissen Kontakt zueinander gehabt haben müssen und Glaubensvorstellungen, Praktiken und Bräuche sozusagen durchsickerten. In gewissem Maße wußte jede Bevölkerung immer, was in der benachbarten vorging. Zweitens kommen Mythen wie die hier behandelten nicht isoliert vor, einmal in Peru und dann in Kanada, sondern wir begegnen ihnen in den dazwischenliegenden Gebieten immer wieder. Sie sind in Wirklichkeit panamerikanische Mythen und nicht in verschiedenen Teilen des Kontinents vereinzelt auftretende Mythen.

Nun gab es sowohl bei den Tupinamba, den alten

Küstenindianern Brasiliens zur Zeit der Entdeckung, als auch bei den Indianern in Peru einen Mythos, der berichtete, wie es einem sehr armen Wesen mit List gelang, eine Frau zu verführen. In der bekanntesten Version, die der französische Mönch André Thevet im 16. Jahrhundert gesammelt hat, heißt es, daß die verführte Frau Zwillingssöhne gebar: Der eine stammte von ihrem rechtmäßigen Gatten, der andere von dem Verführer, bei dem es sich um den Trickster handelt. Die Frau war unterwegs, um den Gott zu treffen, der ihr Mann werden sollte, als der Trickster dazwischentritt und sie glauben macht, *er* sei der Gott; daher wird sie vom Trickster schwanger. Als sie später ihrem zukünftigen Gatten begegnet, wird sie auch von diesem schwanger und bringt später Zwillinge zur Welt. Da nun die unechten Zwillinge verschiedene Väter haben, haben sie auch gegensätzliche Charakterzüge: Der eine ist tapfer, der andere ein Feigling; der eine ist der Beschützer der Indianer, der andere der Beschützer der Weißen; der eine versorgt die Indianer mit Gütern, während der andere für viele unglückliche Begebenheiten verantwortlich ist.

Zufällig treffen wir nun in Nordamerika auf genau den gleichen Mythos, besonders im Nordwesten der Vereinigten Staaten und in Kanada. Doch im Vergleich zu den südamerikanischen Versionen weisen jene aus Kanada zwei bedeutsame Unterschiede auf. Bei den Kootenay beispielsweise, die in den Rocky Mountains leben, geht der Geburt der Zwillingsbrüder, von denen der eine später die Sonne, der andere der Mond wird, nur eine einzige Befruchtung voraus. Und bei anderen Indianern aus der Sprachfamilie der Salish in Britisch-Kolumbien – bei den Thompson und den Okanagan – kommen zwei Schwestern vor, die von zwei offenbar verschiedenen Personen betrogen werden. Eine jede gebärt einen Sohn. Dies sind nun zwar keine echten Zwillinge, da sie von verschiedenen Müttern geboren wurden, aber sie sind Zwillingen insofern ähnlich, als sie – jedenfalls moralisch und psychologisch gesehen – unter genau denselben Bedingungen zur Welt kamen.

Diese Versionen sind im Hinblick auf das, was ich zu zeigen versuche, die wichtigeren. Die Salish-Version schwächt den Zwillingscharakter der Heroen ab: Die Zwillinge sind keine Brüder, sie sind Cousins; nur die Bedingungen, unter denen sie geboren werden, sind genau parallel. Die grundlegende Absicht bleibt dennoch die gleiche, denn nirgendwo sind die beiden Heroen echte Zwillinge. Sie sind – selbst in der südamerikanischen Version – die Söhne verschiedener Väter und haben gegensätzliche Charakterzüge, die sowohl in ihrem eigenen Betragen wie im Verhalten ihrer Nachfahren zum Ausdruck kommen.

Wir können also sagen, daß in allen Fällen die Kinder, die als Zwillinge bezeichnet werden oder die man, wie in der Kootenay-Version, für Zwillinge hält, später verschiedene Abenteuer erleben, durch die sie, wenn ich so sagen darf, entzwillingt werden. Diese Entzweiung von Personen, die zu Anfang als Zwillinge vorgestellt werden – sei's als echte Zwillinge, sei's Zwillingen ähnlich –, ist ein grundlegendes Merkmal aller Mythen sowohl in Südamerika wie in Nordamerika.

In der Salish-Version des Mythos gibt es ein sehr merkwürdiges Detail, das äußerst wichtig ist. Wie Sie sich erinnern, kommen in dieser Version überhaupt keine Zwillinge vor, da es sich um zwei Schwestern handelt, die beide unterwegs sind, um einen Gatten zu finden. Eine ihrer Großmütter hatte ihnen gesagt, daß sie ihre Gatten an bestimmten Merkmalen erkennen würden. Beide werden dann von den Tricksters, denen sie auf ihrem Weg begegnen, zu dem Glauben verleitet, daß sie die Gatten seien, die sie heiraten sollen. Eine jede verbringt die Nacht mit einem Trickster, und beide Frauen bringen später einen Sohn zur Welt.

Nach dieser unseligen Nacht in der Hütte des Tricksters trennt sich die ältere Schwester von der jüngeren und besucht ihre Großmutter – eine Bergziege und auch eine Art Magierin, denn sie weiß im voraus vom Kommen ihrer Enkelin und schickt ihr den Hasen zur Begrüßung entgegen. Der Hase versteckt sich unter einem Baumstamm, der mitten auf den Weg gefallen ist, und als das Mädchen ein Bein hebt, um über den Stamm zu steigen, kann der Hase ihre Geschlechtsteile sehen und macht einen sehr unpassenden Scherz. Das Mädchen ist wütend, es schlägt mit seinem Stock nach ihm und spaltet ihm die Nase. Darum haben die Tiere der Hasenfamilie jetzt gespaltene Nasen und gespaltene Oberlippen, die wir, eben wegen dieser anatomischen Eigentümlichkeit der Kaninchen und Hasen, beim Menschen Hasenscharte nennen.

Mit anderen Worten: Die ältere Schwester steht im Begriff, den Körper des Tieres zu spalten. Wäre die Spaltung zu Ende geführt worden – hätte sie nicht bei der Nase innegehalten, sondern auch noch den Körper und den Schwanz zerteilt –, dann hätte sie aus einem Einzelwesen Zwillinge gemacht, das heißt zwei Individuen, die vollkommen gleich oder identisch wären, weil sie beide Teil eines Ganzen sind. In diesem Zusammenhang ist es sehr wichtig, nach der Vorstellung zu fragen, die die amerikanischen Indianer in ganz Amerika von Zwillingen hatten. Was wir vorfinden, ist der verbreitete Glaube, daß Zwillinge als Folge einer inneren Spaltung der Körpersäfte entstehen, die sich später verfestigen und zum Kind werden. Bei einigen nordamerikanischen Indianern z. B. ist es schwangeren Frauen verboten, sich im Schlaf zu schnell umzudrehen, weil sich die Körpersäfte dabei teilen und sie dann Zwillinge zur Welt bringen könnten.

Auch ein Mythos der Kwakiutl von der Vancouver-Insel sollte hier erwähnt werden. Er erzählt von einem kleinen Mädchen, das wegen seiner Hasenscharte von allen gehaßt wird. Ein Ungeheuer, eine übernatürliche Menschenfresserin, taucht auf und stiehlt alle Kinder, auch das kleine Mädchen mit der Hasenscharte. Sie steckt sie alle in einen Korb, um sie nach Hause zu tragen und zu fressen. Das kleine Mädchen wird als erstes hineingesteckt, befindet sich also auf dem Boden des Korbs. Es gelingt ihm, ihn mit einer Muschelschale, die es am Strand aufgelesen hat, aufzuschneiden. Das Ungeheuer trägt den Korb auf dem Rücken, so kann das Mädchen herausfallen und als erstes weglaufen. Es fällt *mit den Füßen voran* heraus.

Die Stellung des hasenschartigen Mädchens und die des Hasen im zuvor genannten Mythos sind genau symmetrisch: Wenn der Hase sich unter dem Stamm auf dem Weg versteckt, hockt er unter der Heldin und befindet sich also dieser gegenüber genau in der Stellung, als wäre er von ihr geboren und mit den Füßen voran entbunden worden. So sehen wir, daß es überall in dieser Mythologie eine tatsächliche Beziehung gibt zwischen Zwillingen einerseits und einer Geburt mit den Füßen voran oder Stellungen, die metaphorisch damit identisch sind, andererseits. Damit erhellt sich auch deutlich die von Pater Arriaga aus Peru berichtete Verknüpfung von Zwillingen, Menschen, die mit den Füßen voran auf die Welt gekommen sind, und solchen mit Hasenscharten, jene Verknüpfung, von der wir ausgegangen sind.

Die Tatsache, daß die Hasenscharte als ein Ansatz zu Zwillingen aufgefaßt wird, kann zur Lösung eines Problems beitragen, das besonders für Ethnologen, die in Kanada arbeiten, grundlegend ist: Warum haben die Ojibwa und andere Indianer aus der Sprachfamilie der Algonkin zur höchsten Gottheit, an die sie glaubten, gerade den Hasen erwählt? Es wurden verschiedene Erklärungen vorgebracht: der Hase sei ein wichtiger, wenn nicht gar wesentlicher Bestandteil ihrer Nahrung gewesen; der Hase laufe sehr schnell und sei deswegen ein Vorbild für jene Fähigkeiten gewesen, die den Indianer eigen sein sollen, und so fort. Keine dieser Erklärungen ist wirklich überzeugend. Überzeugender erscheint mir, vorausgesetzt meine vorangegangenen Interpretationen stimmen, das Folgende: 1. Innerhalb der Familie der Nagetiere ist der Hase das größere, ins Auge fallendere, wichtigere Tier, er eignet sich daher zum Repräsentanten der Familie der Nagetiere; 2. Alle Nagetiere weisen eine anatomische Eigentümlichkeit auf: Sie sind teilweise gespalten, wodurch sie dem Ansatz nach zu Zwillingen werden.

Wenn es im Leib der Mutter Zwillinge oder sogar

noch mehr Kinder gibt, so hat das im Mythos gewöhnlich sehr ernste Folgen: Um nämlich herauszufinden, wem die Ehre des Zuerst-Geboren-Werdens zufällt, beginnen die Kinder – auch wenn es nur zwei sind –, miteinander zu kämpfen und zu wetteifern. Das eine, böse, schreckt auch vor einer Abkürzung nicht zurück, wenn ich so sagen darf, um als erstes geboren zu werden; es nimmt nicht den natürlichen Weg, sondern spaltet den Leib der Mutter, um daraus zu entkommen.

Das ist, meine ich, eine Erklärung dafür, warum ein Mit-den-Füßen-voran-Geborensein mit Zwillingen in Verbindung gebracht wird, weil bei der Geburt von Zwillingen eines der Kinder im Konkurrenzkampf, nur ja als erstes auf die Welt zu kommen, die Mutter zerstört. Sowohl Zwillinge als auch eine Geburt mit den Füßen voran sind Anzeichen für einen gefährlichen Geburtsvorgang; ich könnte es auch eine Geburt von Heroen nennen, denn das Kind ergreift die Initiative und wird zu einer Art Heros, bisweilen auch zu einem mörderischen Heroen. Doch es vollbringt eine sehr wichtige Tat. Das erklärt, warum in mehreren Stämmen sowohl Zwillinge als auch Kinder, die mit den Füßen voran zur Welt gekommen sind, getötet werden.

Das wirklich Wesentliche daran ist, daß wir in der gesamten amerikanischen Mythologie – und, wie ich meine, in der Mythologie überall in der Welt – Gottheiten oder übernatürliche Wesen antreffen, denen die Rolle von Vermittlern zwischen den Mächten oben und der Menschheit unten zufällt. Sie können auf verschiedene Weise zur Darstellung kommen: So finden wir beispielsweise Gestalten des messianischen

Typus oder auch himmlische Zwillinge. Dabei zeigt sich, daß der Hase in der Mythologie der Algonkin genau zwischen dem Messias – d. h. einem einzigen Vermittler – und den himmlischen Zwillingen liegt. Er ist kein Zwillingspaar, repräsentiert jedoch Zwillinge im Ansatz. Er ist noch immer ein vollständiges Einzelwesen, hat aber eine Hasenscharte – ist also auf halbem Weg, zum Zwilling zu werden.

Das erklärt auch, warum der Hase als Gott in dieser Mythologie einen zwiespältigen Charakter hat, der Kennern und Ethnologen zu schaffen machte: Manchmal erscheint er als sehr weise Gottheit, der die Aufrechterhaltung der Ordnung im Weltall obliegt, und manchmal als lächerlicher Clown, der von einem Mißgeschick ins andere stolpert. Auch das wird am besten verständlich, wenn wir die Tatsache, daß die Algonkin den Hasen gewählt haben, damit erklären, daß er ein Wesen ist, das weder beschaffen ist wie a) eine einzelne Gottheit, die den Menschen wohl will, noch wie b) Zwillinge, von denen der eine gut und der andere böse ist. Da er noch nicht völlig in zwei Teile geteilt, noch nicht zu Zwillingen geworden ist, können die beiden entgegengesetzten Eigenschaften in ein und derselben Gestalt vereint bleiben.

4. Wenn der Mythos Geschichte wird

Dieses Thema konfrontiert den Mythologen mit zwei Problemen. Das eine ist ein sehr wichtiges theoretisches Problem; wenn wir uns nämlich das Material ansehen, das hinsichtlich Nord- und Südamerika sowie andere Teile der Welt veröffentlicht wurde, so scheint der Mythenstoff von zweierlei Art zu sein. Manchmal haben die Ethnologen Mythen gesammelt, die eigentlich eher wie Flickwerk wirken, wenn ich so sagen darf; unzusammenhängende Erzählungen sind ohne ersichtlichen Bezug aneinandergereiht. In anderen Fällen, z. B. was das Gebiet der Vaupé in Kolumbien betrifft, liegen uns sehr kohärente mythologische Erzählungen vor, durchweg in Kapitel aufgeteilt, die ganz logisch aufeinander aufbauen.

Zum anderen stellt sich die Frage: Welche Bedeutung kommt einer Sammlung zu? Sie kann zweierlei Bedeutung haben, etwa daß eine kohärente Ordnung den Urzustand wiedergibt, einer Sage vergleichbar, und daß immer dann, wenn wir Mythen als unverbundene Elemente vorfinden, dies das Ergebnis eines Zerfalls- und Auflösungsprozesses ist; wir finden nur zerstreute Elemente eines vormals sinnvollen Ganzen. Oder aber wir stellen die Hypothese auf, daß der unverbundene Zustand der archaische war und daß die Mythen von einheimischen Weisen und Philosophen, die es nicht überall, sondern nur in einigen bestimmten Gesellschaften gibt, in eine Ordnung gebracht wurden. Die Bibel zum Beispiel stellt uns vor genau das gleiche Problem: Es sieht so aus, als ob ihr Rohmaterial unverbundene Elemente waren, die gelehrte Philosophen zusammengestellt haben, um eine fortlaufende Erzählung daraus zu machen. Es wäre äußerst wichtig herauszufinden, ob wir es bei den von den Ethnologen untersuchten schriftlosen Völkern mit einem ähnlichen Fall zu tun haben wie mit der Bibel oder ob es sich hier um etwas völlig anderes handelt.

Dieses zweite Problem ist, obwohl ebenfalls theoretisch, eher praktischer Natur. Früher, sagen wir im 19. und zu Anfang des 20. Jahrhunderts, wurde das ethnologische Material zum größten Teil von Ethnologen, d. h. von Außenstehenden gesammelt. Natürlich standen ihnen in vielen Fällen – und besonders in Kanada – einheimische Mitarbeiter zur Seite. Nehmen wir zum Beispiel Franz Boas, dem ein Kwakiutl, George Hunt, assistierte (strenggenommen war er kein Kwakiutl, da er der Sohn eines schottischen Vaters und einer Tlingit-Mutter war, doch er wuchs bei den Kwakiutl auf und identifizierte sich vollkommen mit deren Kultur). Bei den Tshimshian arbeitete Boas zusammen mit Henry Tate, einem gebildeten Tshimshian, und Marius Barbeau mit William Benyon, der ebenfalls ein gebildeter Tshimshian war. So war zwar die Mitarbeit Einheimischer von Anfang an gewährleistet, aber dennoch bleibt festzuhalten, daß sowohl Hunt und Tate wie auch Benyon unter Anleitung von Ethnologen arbeiteten, d. h., daß sie selbst Ethnologen wurden. Natürlich kannten sie die Legenden und Überlieferungen ihres eigenen Clans und ihrer eigenen Sippe am besten, aber interessierten sich auch für die Daten anderer Familien, anderer Clans usw.

Wenn wir uns die riesigen Sammlungen indianischer Mythen ansehen, etwa die *»Tshimshian Mythology«* von Boas und Tate, oder die Kwakiutl-Texte, die von Hunt gesammelt und von Boas herausgegeben, veröffentlicht und auch übersetzt wurden, sehen wir, daß die Daten mehr oder weniger den gleichen Aufbau aufweisen, wie ihn die Ethnologen nahegelegt haben: Am Anfang stehen kosmologische und kosmogonische Mythen und erst sehr viel später kommt all das, was als legendäre Überlieferung und Familiengeschichten aufgefaßt werden kann.

Es hat sich also ergeben, daß die von den Ethnologen begonnene Aufgabe heute von den Indianern selbst in die Hand genommen wird, und zwar für die verschiedensten Zwecke, z. B. um den Indianerkindern in der Grundschule Unterricht in der eigenen Sprache und Mythologie zu ermöglichen. Das ist im Augenblick sehr wichtig. Ein anderer Zweck ist der, mit Hilfe der legendären Überlieferung Ansprüche gegenüber den Weißen zu bekräftigen – territoriale Ansprüche, politische Ansprüche und so fort.

Es ist also äußerst wichtig festzustellen, ob zwischen den Überlieferungen, die von Außenstehenden gesammelt wurden, und denjenigen, die von den Einheimischen selbst so gesammelt wurden, *als ob* sie von Außenstehenden gesammelt worden wären, ein Unterschied besteht, und wenn ja, welcher. Kanada ist, wie ich meine, in einer glücklichen Lage, da Bücher über seine Mythologie und seine legendären Überlieferungen von indianischen Fachleuten selbst zusammengestellt und veröffentlicht worden sind. Das hat schon früh begonnen: Pauline Johnsons *»Legends of Vancouver«* erschienen vor dem ersten Weltkrieg; dann kamen die Bücher von Marius Barbeau heraus. Barbeau war zwar nun kein Indianer, aber er hat versucht, historisches und halbhistorisches Material zu sammeln und sich zum Sprecher seiner indianischen Informanten zu machen; er legte sozusagen seine eigene Version dieser Mythologie vor.

Weitaus interessanter sind jedoch Bücher wie *»Men of Medeek«*, das 1962 in Kitimat veröffentlicht wurde und angeblich die wörtliche Wiedergabe dessen ist, was Walter Wright, ein Häuptling der Tshimshian am mittleren Skeena, wörtlich berichtete, aber von einem anderen, einem weißen Feldforscher, der noch nicht einmal vom Fach war, aufgenommen worden ist. Und sogar noch wichtiger ist das kürzlich erschienene Buch von Häuptling Kenneth Harris, ebenfalls einem Tshimshian, das 1974 von ihm selbst herausgebracht wurde.

Mit Hilfe dieses Materials können wir also eine Art Experiment versuchen und das von den Ethnologen gesammelte Material mit demjenigen vergleichen, das von Indianern selbst gesammelt und publiziert worden ist. Ich sollte eigentlich nicht ›gesammelt‹ sagen, denn was uns mit diesen Büchern vorliegt, sind nicht die zusammen- und nebeneinandergestellten Überlieferungen mehrerer Familien, Clans oder Sippen, sondern in Wirklichkeit die Geschichte einer einzigen Familie oder eines einzigen Clans, die einer ihrer Nachkommen veröffentlicht hat.

Wir stehen nun vor folgendem Problem: Wo hört die Mythologie auf, und wo fängt die Geschichte an? Eine Geschichte ohne Archive – etwas für uns völlig

Neues – kennt selbstverständlich keine geschriebenen Dokumente, sondern nur eine verbale Tradition, die gleichzeitig Geschichte sein soll. Wenn wir nun die beiden Geschichtsdarstellungen, die vom mittleren Skeena, die Chief Wright gibt, und diejenige, die Chief Harris über eine Familie am oberen Skeena im Hazelton-Gebiet geschrieben und veröffentlicht hat, miteinander vergleichen, so finden wir sowohl Ähnlichkeiten wie Unterschiede. In der Darstellung von Chief Wright haben wir etwas vor uns, was ich die Genese einer Unordnung nennen möchte: Die Erzählung will eine Erklärung dafür liefern, warum ein bestimmter Clan, eine bestimmte Sippe oder eine bestimmte Gruppe von Sippen kurz nach ihrem Auftauchen zahllose Heimsuchungen, bekannte Perioden des Erfolgs und des Mißerfolgs durchlebt hat und schließlich ein schreckliches Ende fand. Es ist eine sehr pessimistische Erzählung, die Geschichte eines Untergangs. Bei Chief Harris dagegen herrscht eine ganz andere Auffassung vor, denn sein Buch scheint hauptsächlich darauf abzuzielen, den Ursprung einer sozialen Ordnung zu erklären, die die soziale Ordnung der Vergangenheit war und die, wenn ich so sagen darf, noch immer in den verschiedenen Namen, Titeln und Privilegien fortwirkt, die eine bestimmte Person in hervorragender Stellung innerhalb seiner Familie und seines Clans durch Erbschaft auf sich vereinigt. Deshalb sieht es so aus, als würde eine diachronische Abfolge von Ereignissen simultan auf die Leinwand der Gegenwart projiziert, um eine vorhandene und durch die Namens- und Privilegienliste einer bestimmten Person veranschaulichte synchronische Stück-für-Stück-Ordnung wiederherzustellen.

Beide Erzählungen, beide Bücher sind faszinierend und literarisch gesehen große Werke. Für den Ethnologen sind sie jedoch hauptsächlich deshalb interessant, weil sie die Merkmale einer Geschichte veranschaulichen, die von der unseren ganz verschieden ist. Geschichte, wie wir sie schreiben, gründet praktisch ausschließlich auf geschriebenen Dokumenten, während für diese beiden Geschichtsdarstellungen keine oder nur sehr wenige schriftliche Dokumente vorliegen. Bei dem Versuch, sie zu vergleichen, fällt mir nun auf, daß sie beide mit der Darstellung einer mythischen oder vielleicht auch historischen Zeit beginnen (ich weiß nicht, um welche Zeit es sich handelt, aber vielleicht wird die Archäologie diese Frage klären), als es am oberen Skeena nahe dem heutigen Hazelton eine große Stadt gab, deren Namen Barbeau mit Tenlaham transkribiert, sowie mit einem Bericht über die dortigen Ereignisse. In beiden Büchern wird praktisch das gleiche erzählt: Es wird berichtet, daß die Stadt zerstört wurde und daß die Überlebenden zur beschwerlichen Wanderschaft den Skeena entlang aufbrachen.

Hier könnte es sich natürlich um eine historische Begebenheit handeln, aber sobald wir die Art und Weise, wie sie erklärt wird, näher betrachten, bemerken wir, daß zwar die Grundform der Begebenheit, nicht aber ihre Einzelheiten gleich sind. So findet beispielsweise zu Anfang ein Kampf zwischen zwei Dörfern oder, nach der anderen Version, zwischen zwei Städten statt. Die Ursache des Kampfes war ein Ehebruch. Nun kann es aber heißen, daß entweder der Ehemann den Liebhaber seiner Frau tötete, oder daß die Brüder den Liebhaber ihrer Schwester töteten, oder daß der Ehemann seine Frau tötete, weil sie einen Liebhaber hatte. Wie Sie sehen, haben wir einen Erklärungszusammenhang vor uns. Die grundlegende *Struktur* ist gleich, nicht aber ihr *Inhalt*, er kann variieren. Es handelt sich um eine Art Mini-Mythos, wenn ich so sagen darf, weil er sehr kurz und sehr gedrängt ist; aber er behält immer noch die Eigenschaft des Mythos, da wir ihn in verschiedenen Umgestaltungen erkennen können. Ist ein Element transformiert, so müßten auch alle anderen Elemente entsprechend umgeordnet sein. Das ist der erste Aspekt, der mich an diesen Clan-Erzählungen interessiert.

Der zweite Aspekt ist, daß sie Geschichtsdarstellungen sind, die mit sehr vielen Wiederholungen arbeiten: Ein und derselbe Typus von Begebenheiten kann mehrere Male zur Darstellung unterschiedlicher Ereignisse verwendet werden. Es fällt z. B. auf, daß wir in den überlieferten Geschichten, die einerseits Chief Wright, und andererseits Chief Harris erzählen, auf Begebenheiten stoßen, die einander ähnlich sind, jedoch nicht am selben Ort stattfinden, nicht dieselben Menschen betreffen und sehr wahrscheinlich auch nicht in denselben historischen Zeitraum fallen.

Beim Lesen dieser Bücher entdecken wir, daß der Gegensatz zwischen Mythologie und Geschichte – jener einfache Gegensatz, den wir gewöhnlich machen – keineswegs eindeutig ist und daß es eine Zwischenstufe gibt. Die Mythologie ist statisch – wir sehen, daß ein und dieselben mythologischen Elemente immer neu kombiniert werden, aber gleichsam in einem geschlossenen System, im Gegensatz zur Geschichte, bei der es sich um ein offenes System handelt.

Der offene Charakter der Geschichte bleibt aufgrund der unzähligen Möglichkeiten gewahrt, nach denen die mythischen Grundeinheiten oder die explanatorischen Grundeinheiten, die ursprünglich mythisch waren, angeordnet und umgeordnet werden können. Damit wird deutlich, daß auch bei Verwendung des gleichen Stoffs, der eine Art gemeinsames Erbe oder gemeinsames Gut aller Gruppen, aller Clans oder aller Sippen ist, eine unabhängige Darstellung für jede einzelne Gruppe usw. möglich ist.

Das Irreführende an den alten ethnologischen Darstellungen rührt daher, daß sie aus der Tradition und den Glaubensvorstellungen, die einer Vielzahl verschiedener sozialer Gruppen zugehören, eine Art Einheitsbrei machten. Dadurch wurde ein grundlegendes Merkmal des Stoffes unserem Blick entzogen: daß nämlich jeder Erzählungstypus zu einer bestimmten Gruppe, zu einer bestimmten Familie, zu einer bestimmten Sippe oder zu einem bestimmten Clan gehört, deren sei's glückliches, sei's unglückliches Schicksal er erklären soll; oder er soll die Rechte und Privilegien, wie sie gegenwärtig vorliegen, rechtfertigen oder versuchen, den Ansprüchen auf Rechte, die verlorengegangen sind, Nachdruck zu verleihen.

Wenn wir auf wissenschaftliche Weise Geschichte betreiben wollen, betreiben wir dann wirklich etwas Wissenschaftliches oder bleiben wir mit dem Versuch, reine Geschichte zu betreiben, im Sattel unserer Mythologie? Es ist hochinteressant, wenn man beobachtet, wie ein Mensch, der als rechtmäßiger Erbe eine bestimmte Art der Mythologie oder der legendären Überlieferung seiner Gruppe vertritt – sei das nun in Nord- oder Südamerika oder sonstwo in der

Welt –, reagiert, wenn er die Version eines Angehörigen einer anderen Familie, einer anderen Sippe oder eines anderen Clans hört, die in einigen Punkten gleich, in anderen jedoch völlig unterschiedlich lautet. Uns mag es unmöglich vorkommen, daß zwei unterschiedliche Darstellungen zugleich wahr sein können, doch sie scheinen manchmal als wahr akzeptiert zu werden – mit dem einzigen Unterschied, daß die eine Darstellung für besser und genauer als die andere gehalten wird. Ein anderes Mal mögen beide Darstellungen als gleichermaßen gültig angesehen werden, weil die Unterschiede zwischen ihnen nicht als solche aufgefaßt werden.

Wir sind uns in unserem Alltagsleben überhaupt nicht bewußt, daß wir uns im Hinblick auf die unterschiedlichen Geschichtsdarstellungen aus der Feder unterschiedlicher Historiker in genau der gleichen Situation befinden. Wir achten nur auf das, was im Grunde ähnlich ist, und vernachlässigen die Unterschiede, die dadurch auftreten, daß die Historiker in der Art und Weise, wie sie die Daten bearbeiten und interpretieren, nicht übereinstimmen. Nimmt man die Darstellungen zweier Historiker unterschiedlicher Denktradition und unterschiedlicher politischer Richtung über ein Ereignis – die Amerikanische Revolution etwa, oder die Englische Revolution, der französisch-englische Krieg in Kanada oder die Französische Revolution –, so schockiert es uns nicht sonderlich, wenn sie uns nicht genau dasselbe berichten.

Daher habe ich den Eindruck, daß wir durch ein sorgfältiges Studium jener Geschichte (im allgemeinen Sinne des Wortes), die uns die heutigen indianischen Autoren von ihrer Vergangenheit zu geben versuchen, und indem wir diese Geschichte nicht als phantastische Darstellung betrachten, sondern sehr sorgfältig und unter Zuhilfenahme einer Art Bergungs-Archäologie vorgehen, welche jene Dörfer, auf die in den Geschichtsdarstellungen Bezug genommen wird, ausgräbt, am Ende zu einem besseren Verständnis dessen, was eine historische Wissenschaft wirklich ist, kommen können. Dazu gehört auch, daß wir so weit wie möglich zwischen den verschiedenen Darstellungen Verbindungen herstellen und herauszufinden versuchen, was wirklich miteinander korrespondiert und was nicht.

Ich neige zu der Ansicht, daß in unseren Gesellschaften die Geschichte die Mythologie abgelöst hat und deren Funktion erfüllt und es das Ziel der Mythologie in Gesellschaften ohne Schrift und ohne Archive ist, sicherzustellen, daß die Zukunft der Gegenwart und der Vergangenheit so treu wie möglich folgt (eine völlige Übereinstimmung ist wohl nie möglich). Für uns hingegen soll sich die Zukunft immer und zunehmend mehr von der Gegenwart unterscheiden, wobei bestimmte Unterschiede natürlich von unseren politischen Vorentscheidungen abhängen. Dennoch können wir die Kluft, die es in unserem Denken zwischen Mythologie und Geschichte in gewissem Maße gibt, wahrscheinlich dadurch überbrücken, daß wir Geschichtsdarstellungen untersuchen, die als keineswegs von der Mythologie getrennt, sondern als deren Fortführung begriffen werden.

5. Mythos und Musik

Die Beziehung zwischen Mythos und Musik, auf der ich im Einleitungsteil von *»Das Rohe und das Gekochte«* und auch im Schlußkapitel von *»Der nackte Mensch«* so sehr bestanden habe, war wahrscheinlich das Thema, das – insbesondere in der englisch sprechenden Welt, aber auch in Frankreich – die meisten Mißverständnisse hervorrief, weil man diese Beziehung für ganz und gar willkürlich hielt. Ich dagegen meinte, daß es nicht nur eine einzige Beziehung, sondern zwei verschiedene Arten von Beziehungen gäbe – eine der Ähnlichkeit und eine der Kontiguität – und daß es sich in Wirklichkeit um ein und dieselbe handelt. Aber das war mir nicht von Anfang an klar, und es war die Beziehung der Ähnlichkeit, die mir zuerst auffiel. Ich möchte versuchen, das folgendermaßen zu erklären.

Was den Aspekt der Ähnlichkeit betrifft, so vertrat ich die Ansicht, daß ein Mythos ebensowenig wie eine Musikpartitur als kontinuierliche Abfolge zu verstehen sei. Deshalb müßten wir, wenn wir versuchen, einen Mythos wie einen Roman oder eine Zeitung zu lesen, d. h. Zeile für Zeile, von links nach rechts, uns bewußt sein, daß wir den Mythos so nicht verstehen können. Wir müssen ihn stattdessen als ein Ganzes begreifen und gewahr werden, daß die eigentliche Bedeutung des Mythos nicht durch die Abfolge der Ereignisse, sondern – wenn ich so sagen darf – durch Ereignisbündel vermittelt wird, auch wenn diese Ereignisse an unterschiedlichen Stellen der Erzählung auftreten. Deshalb müssen wir den Mythos mehr oder weniger wie eine Orchesterpartitur lesen, nicht Notenlinie für Notenlinie, sondern in dem Bewußtsein, daß wir die ganze Seite zu erfassen haben und verstehen müssen, daß das, was in der ersten Notenlinie oben auf der Seite steht, nur dadurch seine Bedeutung erhält, daß wir es als wesentlichen Bestandteil dessen begreifen, was weiter unten auf der zweiten Notenlinie, der dritten Notenlinie und so fort steht. Wir dürfen also nicht nur von links nach rechts, sondern müssen gleichzeitig vertikal, von oben nach unten, lesen. Wir müssen begreifen, daß jede Seite ein Ganzes ist. Und nur dann, wenn wir den Mythos wie eine Orchesterpartitur behandeln, Notenzeile für Notenzeile geschrieben, können wir ihn als Ganzes begreifen und die Bedeutung eines Mythos erschließen.

Warum und auf welche Art und Weise ist das möglich? Es ist, so meine ich, der zweite Aspekt, der Aspekt der Kontiguität, der hierzu den entscheidenden Fingerzeig liefert. Als in der Renaissance und im Verlauf des 17. Jahrhunderts das mythische Denken – ich möchte nicht sagen: verschwand, aber – im westlichen Denken in den Hintergrund rückte, tauchten anstelle der Erzählungen, deren Aufbau noch immer dem Modell der Mythologie gefolgt war, die ersten Romane auf. Und genau zur gleichen Zeit erleben wir das Auftauchen der großen musikalischen Stile, die das 17., besonders aber das 18. und 19. Jahrhundert kennzeichnen.

Es scheint, als hätte die Musik ihre traditionelle Gestalt vollkommen verändert, um die – intellektuelle wie auch gefühlsmäßige – Rolle zu übernehmen, die das mythische Denken ungefähr im gleichen

Zeitraum aufgab. Wenn ich hier von Musik spreche, so muß ich den Ausdruck natürlich näher bestimmen. Die Musik, die die traditionelle Funktion der Mythologie übernahm, ist nicht die Musik schlechthin, sondern jene Musik, wie sie mit Frescobaldi im frühen 17. Jahrhundert und mit Bach im frühen 18. Jahrhundert in der westlichen Zivilisation aufkam, eine Musik, die ihren Höhepunkt mit Mozart, Beethoven und Wagner im 18. und 19. Jahrhundert erreichte.

Um das Gesagte zu erläutern, möchte ich ein konkretes Beispiel heranziehen; ich habe es Wagners Tetralogie *»Der Ring des Nibelungen«* entnommen. Eines der wichtigsten musikalischen Themen dieser Tetralogie ist jenes, das man auf französisch *la thème de la renonciacion à l'amour* nennt – das »Entsagungsmotiv«. Dieses Thema taucht, wie Sie wissen, zum ersten Mal in *»Rheingold«* auf und zwar in dem Moment, als Alberich von den Rheintöchtern erfährt, daß er das Gold nur erobern kann, wenn er aller menschlichen Liebe entsagt. Dieses höchst überraschende musikalische Motiv ist für Alberich ein Zeichen, es erklingt genau in dem Augenblick, als er sagt, er werde das Gold nehmen, der Liebe jedoch ein für allemal entsagen. All das ist ganz klar und einfach; die eigentliche Bedeutung des Themas ist: Alberich *entsagt* der Liebe.

Zum zweiten Mal taucht das Thema in auffallender und bedeutsamer Weise in der *»Walküre«* auf, und zwar bei einer Gelegenheit, wo man nur schwer versteht, warum. Genau in dem Augenblick, als Siegmund entdeckt, daß Sieglinde seine Schwester ist, sich in sie verliebt und im Begriff steht, sich mit ihr inzestuös zu verbinden, taucht durch das Schwert, das im Baum verborgen ist und das Siegmund aus ihm herausreißt, das Entsagungsmotiv wieder auf. Das ist nicht recht verständlich, entsagt doch Siegmund in diesem Augenblick keineswegs der Liebe – im Gegenteil, er lernt zum ersten Mal in seinem Leben zusammen mit seiner Schwester Sieglinde die Liebe kennen.

Ein drittes Mal erklingt das Thema im letzten Akt der *»Walküre«:* Wotan, der König der Götter, verurteilt seine Tochter Brünnhilde zu einem langen magischen Schlaf und umgibt sie mit Feuer. Zwar könnten wir annehmen, daß auch Wotan der Liebe entsagt, weil er seiner Liebe zur Tochter entsagt, aber das ist nicht sehr überzeugend.

Wie Sie sehen, begegnet uns hier genau das gleiche Problem wie in der Mythologie, das heißt, wir haben ein Thema – in diesem Fall ein musikalisches anstelle eines mythologischen –, das an drei verschiedenen Stellen einer sehr langen Geschichte auftaucht, einmal zu Beginn, einmal in der Mitte und einmal am Ende (wenn wir uns einfachheitshalber auf die ersten beiden Opern des *»Rings«* beschränken). Ich möchte zeigen, daß wir die rätselhafte Wiederkehr des Themas nur dann verstehen können, wenn wir die drei Ereignisse, wie verschieden sie auch immer erscheinen mögen, zusammenfassen, aufeinanderschichten und herauszufinden versuchen, ob sie als ein und dieselbe Begebenheit behandelt werden können.

Dabei stellt sich heraus, daß es in allen drei Fällen einen Schatz gibt, der von dem Ort, an dem er festgehalten wird, herausgeholt werden muß: das Gold, das in den Tiefen des Rheins versenkt ist; das Schwert, das im Baum – einem symbolischen Baum, Lebensbaum und Baum des Weltalls – verborgen ist; und die Frau Brünnhilde, die künftig einmal aus dem Feuer herausgeholt werden muß. Die Wiederkehr des Themas weist uns also darauf hin, daß Gold, Schwert und Brünnhilde eigentlich ein und dasselbe sind: das Gold als Mittel, Macht zu erringen, das Schwert als Mittel, Liebe zu erringen, wenn ich so sagen darf. Und die Tatsache, daß eine Art Verschmelzung zwischen dem Gold, dem Schwert und der Frau stattfindet, ist eigentlich die beste Erklärung dafür, warum das Gold am Ende der *»Götterdämmerung«* eben durch Brünnhilde wieder in den Rhein zurückkommt: Sie sind schon immer dasselbe gewesen, nur wurden sie aus unterschiedlichen Blickwinkeln betrachtet.

Auch andere Einzelheiten der Handlung werden verständlich: Alberich zum Beispiel kann, obwohl er der Liebe entsagte, später dank des Goldes eine Frau verführen, die ihm einen Sohn, Hagen, gebiert. Dank der Eroberung des Schwerts zeugt auch Siegmund einen Sohn, den späteren Siegfried. Die Wiederkehr des Themas zeigt uns also etwas, was in der Sage nie erklärt wird, daß es nämlich eine Zwillingsbeziehung zwischen Hagen, dem Verräter, und Siegfried, dem Helden, gibt. Sie stehen in einer sehr engen Parallelbeziehung. Damit wird auch klar, warum Siegfried und Hagen, oder richtiger, zuerst Siegfried in eigener Gestalt und dann als Hagen an verschiedenen Stellen im Verlauf der Erzählung Brünnhilde erobern wird.

Ich könnte in dieser Art und Weise noch sehr lange fortfahren, aber vielleicht reichen diese Beispiele aus, um die methodische Ähnlichkeit von Mythenanalyse und Musikverständnis deutlich zu machen. Beim Musikhören folgen wir letztlich einer Sache, die von einem Anfang zu einem Ende fortschreitet und sich in der Zeit entwickelt. Eine Symphonie z. B. hat einen Anfang, eine Mitte, ein Ende. Dennoch würde ich nichts von einer Symphonie begreifen und ihr keinerlei musikalisches Vergnügen abgewinnen, könnte ich nicht in jedem Augenblick das, was ich kurz vorher gehört habe, und das, was ich gerade jetzt höre, zusammenbringen und mir der musikalischen Gesamtheit bewußt bleiben. Man kann zum Beispiel das musikalische Prinzip von Thema und Variationen nur dann wahrnehmen und fühlen, wenn man sich bei jeder Variation an das zuvor gehörte Thema erinnern kann; jede Variation hat eine ihr eigentümliche Färbung, wenn man sie unbewußt einer vorausgegangenen Variation, die man bereits gehört hat, hinzufügen kann.

So findet im Geiste desjenigen, der Musik hört, sowie desjenigen, der einer mythischen Erzählung zuhört, eine Art ununterbrochene Rekonstruktion statt. Dabei handelt es sich nicht nur um eine globale Ähnlichkeit. Es sieht tatsächlich so aus, als habe die Musik damals, als sie die einzelnen Satzformen einführte, nur jene Strukturen wiederentdeckt, die bereits im Bereich des Mythos vorhanden gewesen waren.

Es ist zum Beispiel auffallend, daß die Fuge, die zu Bachs Zeit ihre feste Form erhielt, den Verlauf bestimmter Mythen getreu wiederholt, in denen zwei Personen oder zwei Personengruppen vorkommen. Wir wollen einmal vereinfachend annehmen, daß die eine gut, die andere böse sei. Die Erzählung, wie sie der Mythos darstellt, ist die der einen Gruppe, die vor der anderen Gruppe zu fliehen und sich in Sicherheit zu bringen sucht; eine Gruppe wird also von einer anderen Gruppe gejagt, wobei einmal die Gruppe A die Gruppe B einholen, ein anderes Mal die Gruppe B entfliehen kann – ganz wie in einer Fuge. Wir nennen das auf französisch *le sujet et la réponse*. Die Antithese oder Antiphonie zieht sich durch die gesamte Erzählung hindurch, bis beide Gruppen nahezu vollständig vermischt und durcheinander gebracht sind – das entspricht der Stretta in der Fuge. Dann erfolgt eine abschließende Lösung oder ein abschließender Höhepunkt dieses Konfliktes durch die Vereinigung jener beiden Prinzipien, die den ganzen Mythos hindurch einander gegenüberstanden. Es konnte sich dabei um einen Konflikt zwischen den oberen und den unteren Mächten, zwischen Himmel und Erde, zwischen der Sonne und den unterirdischen Mächten oder ähnliches mehr gehandelt haben. Die mythische Lösung der Vereinigung ist struktural den Akkorden sehr ähnlich, die ein Musikstück abschließen und beenden, denn auch sie stellen eine Vereinigung von Extremen dar, die diesmal zusammengeführt werden. Es läßt sich überdies aufzeigen, daß es Mythen oder Gruppen von Mythen gibt, deren Aufbau dem einer Sonate oder einer Symphonie, eines Rondos, einer Tokkata oder dem einer anderen jener vielen Satzformen gleicht, die von der Musik nicht eigentlich entdeckt wurden, sondern die die Musik unbewußt der Struktur des Mythos entlehnt hat.

Ich möchte Ihnen eine kleine Geschichte erzählen: Als ich *»Das Rohe und das Gekochte«* schrieb, entschloß ich mich, jeden Abschnitt des Bandes durch eine Satzform zu kennzeichnen und einen Abschnitt

»Sonate«, einen anderen *»Rondo«* und so fort zu nennen. Dann aber stieß ich auf einen Mythos, dessen Struktur ich zwar sehr gut verstehen, für dessen mythische Form ich jedoch keine entsprechende Satzform finden konnte. Deshalb rief ich meinen Freund, den Komponisten René Leibowitz an und legte ihm das Problem vor. Ich beschrieb ihm die Struktur des Mythos: Am Anfang stehen zwei vollkommen verschiedene Erzählungen, scheinbar ohne jede Beziehung zueinander, die sich fortschreitend verflechten und miteinander verschmelzen, bis sie am Ende nur noch ein einziges Thema bilden. Wie würden Sie ein Musikstück mit einer derartigen Struktur nennen? Nach einigem Nachdenken sagte er mir, daß es in der gesamten Musikgeschichte kein ihm bekanntes Musikstück gäbe, das eine solche Struktur habe. Deshalb gibt es keinen Namen dafür. Ein derart strukturiertes Musikstück war aber offensichtlich möglich: Einige Wochen später schickte er mir eine Partitur, die er komponiert hatte und deren Struktur der des Mythos, den ich ihm erzählt hatte, entlehnt war.

Nun, ein Vergleich zwischen Musik und Sprache ist eine sehr heikle Angelegenheit, da die Ähnlichkeiten in gewisser Hinsicht sehr groß sind, es andererseits aber auch sehr große Unterschiede geben kann. Zeitgenössische Linguisten haben uns beispielsweise gesagt, daß die Grundelemente der Sprache Phoneme seien – d. h. jene Laute, die wir ungenau durch Buchstaben wiedergeben –, denen an sich keine Bedeutung zukommt, die aber zusammengefügt werden, und dann eine Bedeutung erhalten. Ein Ton A, B, C, D usw. hat an sich keine Bedeutung; er ist nur eine Note. Erst durch den Zusammenschluß von Tönen kann

Musik entstehen. Daher könnte man vielleicht sagen, daß es in der Musik etwas gibt, was ich in Anlehnung an die Phoneme als dem Grundmaterial der Sprache im französischen *soneme* (im englischen vielleicht toneme) nennen würde. Es handelt sich hierbei also um eine Ähnlichkeit.

Faßt man jedoch den nächsten Schritt oder die nächste Ebene der Sprache ins Auge, so wird man feststellen, daß die Phoneme verbunden werden, um Wörter zu bilden, und Wörter wiederum werden verbunden, um Sätze zu bilden. In der Musik dagegen gibt es keine Wörter: Das Grundmaterial – die Töne – werden miteinander verbunden, aber man erhält sogleich einen *Satz,* eine Melodie. Während man also in der Sprache drei ganz verschiedene Ebenen hat – Phoneme, die zu Wörtern verbunden werden, Wörter, die zu Sätzen verbunden werden –, hat man zwar logisch gesehen in der Musik so etwas wie Phoneme, aber keine Ebene der Wörter: Man kommt unmittelbar zum Satz.

Nun kann man die Mythologie sowohl mit der Musik als auch mit der Sprache vergleichen, jedoch mit folgendem Unterschied: In der Mythologie gibt es keine Phoneme; die einfachsten Elemente sind die Wörter. Nehmen wir aber die Sprache zum Paradigma, so setzt sich dieses Paradigma erstens aus Phonemen, zweitens aus Wörtern und drittens aus Sätzen zusammen. In der Musik findet sich ein Äquivalent für die Sätze, aber kein Äquivalent für die Wörter. Im Mythos findet sich ein Äquivalent für die Wörter, ein Äquivalent für die Sätze, aber kein Äquivalent für die Phoneme. In beiden Fällen fehlt also eine Ebene.

Wollen wir die Beziehung zwischen Sprache, Mythos und Musik verstehen, so können wir das nur tun, indem wir die Sprache zum Ausgangspunkt nehmen. Dann läßt sich zeigen, daß beide, die Musik wie die Mythologie, von der Sprache abstammen, aber unterschiedliche Richtungen eingeschlagen haben; daß die Musik das Tonhafte hervorhebt, das bereits in der Sprache vorhanden ist, wohingegen der Mythos den Sinn, die Bedeutung betont, die ebenfalls in der Sprache verankert ist.

Es war Ferdinand de Saussure, der uns darauf aufmerksam gemacht hat, daß die Sprache aus unzertrennlichen Elementen besteht, Laut und Bedeutung. Und mein Freund Roman Jakobson veröffentlichte gerade kürzlich ein kleines Buch mit dem Titel *»Le Son et le Sens«* als den beiden untrennbaren Seiten der Sprache. Es gibt den Laut, der Laut hat eine Bedeutung; ohne Laut, der die Bedeutung zum Ausdruck bringt, kann es keine Bedeutung geben. In der Musik überwiegt das Lautliche, das Tonelement, im Mythos das Bedeutungselement.

Seit meiner Kindheit habe ich davon geträumt, Komponist oder wenigstens Dirigent zu werden. Ich habe mich als Kind sehr ernsthaft bemüht, für eine Oper, zu der ich bereits das Libretto geschrieben und das Bühnenbild gemalt hatte, auch die Musik zu komponieren, aber ich war dazu einfach nicht in der Lage, weil mir dafür etwas im Kopfe fehlt. Nur von der Musik und der Mathematik läßt sich, glaube ich, sagen, daß sie wirklich angeboren sind; man braucht eine gewisse genetische Ausrüstung, um sie zu betreiben. Ich erinnere mich ganz deutlich an das Dinner mit dem großen französischen Komponisten Darius

Milhaud in New York, wo ich während des Kriegs als Flüchtling lebte. Ich fragte ihn: »Wann ist Ihnen klar geworden, daß Sie Komponist werden würden?« Er beschrieb mir, daß er als Kind im Bett beim Einschlafen eine Musik vernahm und ihr zuhörte. Es war eine Musik, die zu keiner ihm bekannten einen Bezug hatte; später stellte er fest, daß das bereits seine eigene Musik gewesen war.

Seit mir aufgegangen ist, daß Musik und Mythologie sozusagen zwei von der Sprache gezeugte Schwestern sind, die auseinandergetrieben wurden und unterschiedliche Richtungen einschlugen – so wie in der Mythologie die eine Person nach Norden, die andere nach Süden geht, um einander nie wieder zu treffen –, hoffe ich, daß ich vielleicht, wenn es mir schon nicht mit Tönen gelingt, mit Bedeutungen komponieren kann.

Die von mir gezogene Parallele bezieht sich, wie ich bereits sagte, aber noch einmal hervorheben möchte, meines Wissens nur auf die westliche Musik, wie sie sich in den letzten Jahrhunderten entwickelt hat. Heute beobachten wir jedoch etwas, das logisch gesehen jenem Vorgang sehr ähnlich ist, als der Mythos als literarische Gattung verschwand und durch den Roman ersetzt wurde. Wir beobachten das Verschwinden des Romans überhaupt. Und es ist durchaus möglich, daß das, was im 18. Jahrhundert geschah, als die Musik die Struktur und die Funktion der Mythologie übernahm, sich heute wieder ereignet, und zwar in der Form, daß die sogenannte serielle Musik den Roman als Gattung eben in dem Augenblick ablöst, da dieser aus der literarischen Szene verschwindet.

Übersetzung von Brigitte Luchesi

Gespräche mit Claude Lévi-Strauss

Das wilde Denken*

Zur wissenschaftlichen Methode des Strukturalismus

Eine Diskussion mit Paul Ricœur, Marc Gaboriau, Michel Dufrenne, Jean-Pierre Faye, Kostas Axelos, Jean Lautman, Jean Cuisinier, Pierre Adot und Jean Conilh.

Ricœur: Es sind drei Fragen der Methoden, die ich an Sie richten möchte; alle drei betreffen die Möglichkeit, Ihre wissenschaftliche Methode, den Strukturalismus als Wissenschaft mit anderen Auffassungen zu verbinden, die nicht einem allgemeinen linguistischen Modell entlehnt sind, sondern die darin bestehen, in einem reflexiven oder einem spekulativen Denken dem Sinn nachzugehen, also mit dem, was ich als Hermeneutik bezeichnet habe. Die erste Frage bezieht sich auf die Vereinbarkeit oder Unvereinbarkeit der Methode mit anderen Auffassungen. Auf diese Methodenfrage wurde ich unmittelbar verwiesen, als ich über Ihre Beispiele nachdachte; ich habe mich gefragt, inwiefern der Erfolg Ihrer Methode nicht erleichtert wurde durch die Auswahl des geographischen und kulturellen Bereichs, auf den die Methode sich stützt, d. h. auf den Bereich des frühen Totemismus, der *totemistischen Illusion,* die sich gerade auszeichnet durch eine ungewöhnliche Vielfalt der syntaktischen Anordnungen und dafür eine große Ar-

* Stenographisches Protokoll der Abschlußsitzung der *Philosophischen Gruppe von »L'Esprit«* im Juni 1963 über *»Das wilde Denken«*.

mut der Inhalte; erklärt nicht dieser Kontrast den leichten, quasi restlosen Triumph des Strukturalismus?

Meine zweite Frage ist dann, ob es eine Einheit des mythologischen Denkens gibt, ob es nicht andere Formeln des mythologischen Denkens gibt, die sich dem Strukturalismus weniger leicht erschließen.

Dieser Zweifel führt mich zu einer dritten Frage: Wie verändert sich mit anderen Modellen die Beziehung Struktur-Ereignis, die Beziehung Synchronie-Diachronie? In einem System, wo die Synchronie am deutlichsten hervortritt, erscheint die Diachronie wie eine Störung, wie eine Schwäche. Ich denke an die von Ihnen zitierte Formel von Boaz über die Zerstörung der mythologischen Welten, die, kaum daß sie sich gebildet haben, wieder zerbrechen, weil ihre Festigkeit nur einen Augenblick lang währt, gewissermaßen nur in der Synchronie existiert. Ganz anders verhält es sich, wenn wir über die Gedankengebilde nachdenken, die nicht auf der Beziehung Diachronie-Synchronie, sondern Tradition-Ereignis beruhen. Diese dritte Frage berührt das Problem der Historizität, die Gegenstand Ihrer Diskussion mit Jean-Paul Sartre am Ende Ihres Buches »*Das wilde Denken*« ist.

Was mich angeht, so meine ich, man solle nicht zu rasch zur Diskussion der strukturalistischen *Philosophie* übergehen und länger bei der strukturalen *Methode* verweilen; ich schlage daher vor, daß wir die Diskussion der verschiedenen philosophischen Möglichkeiten, die Sie meines Erachtens in einer unentschiedenen Weise miteinander verbinden, für den Schluß vorbehalten – handele es sich nun um die

Erneuerung der dialektischen Philosophie oder im Gegenteil um eine Art allgemeiner Kombinatorik oder schließlich, wie Sie es nennen, um einen schlichten Materialismus, für den alle Strukturen Natur sind.

Lévi-Strauss: Gestatten Sie mir eine einleitende Bemerkung. Es besteht ein gewisses Mißverständnis, für das ich selbst verantwortlich bin, über die Stellung meines Buches *»Das wilde Denken«*[1] innerhalb meiner gesamten Arbeit. Sie ist in der Tat nicht *die letzte Stufe eines graduellen Prozesses der Verallgemeinerung, eine abschließende Systematisierung, ein Schlußstadium.*[2] Man kann das gewiß glauben, aber in Wirklichkeit handelt es sich um etwas anderes. So wie ich erklärt habe, daß *»Das Ende des Totemismus«*[3] ein Vorwort zum *»Wilden Denken«* ist, so ist *»Das wilde Denken«* ein Vorwort zu einem bedeutenderen Buch; da ich jedoch, als ich *»Das Ende des Totemismus«* schrieb, nicht sicher war, daß ich *»Das wilde Denken«* jemals beginnen würde, habe ich es vorgezogen, es nicht zu sagen, um nicht Gefahr zu laufen, mich desavouieren zu müssen. Es handelt sich also eher um eine Art Denkpause, eine Etappe, einen Moment, in dem ich mir die Zeit nehme, Atem zu schöpfen und wo ich mir erlaube, die umgebene Landschaft zu betrachten, eine Landschaft jedoch, die ich nicht betreten werde, die ich nicht betreten kann, nicht betre-

1 Claude Lévi-Strauss: La pensée sauvage. Paris 1962. Deutsch: Das wilde Denken. Frankfurt 1968.

2 Claude Lévi-Strauss spielt hier auf einen Aufsatz des Strukturalismus-Kritikers Paul Ricœur an, der kurz zuvor in der Zeitschrift *L'Esprit* abgedruckt worden war.

3 Claude Lévi-Strauss: Le Totémisme aujourd'hui. Paris 1962. Deutsch: Das Ende des Totemismus. Frankfurt 1965.

ten will: Jene philosophische Landschaft, die ich in der Ferne bemerke, die ich aber im Unbestimmten lasse, weil sie nicht auf meinem Fahrplan steht.

Nun aber, eine Pause zwischen was und was? Zwischen zwei Etappen eines und desselben Unternehmens, das man definieren könnte als eine Art Inventarium der geistigen Zwänge, einen Versuch, das Willkürliche auf eine Ordnung zurückzuführen, eine Notwendigkeit zu entdecken, die der Illusion der Freiheit innewohnt. In *»Die elementaren Strukturen der Verwandtschaft«*[4] hatte ich daher einen Bereich gewählt, der sich zunächst durch seinen inkohärenten und kontingenten Charakter auszuzeichnen schien und von dem ich versucht habe zu zeigen, daß er sich auf eine sehr kleine Zahl signifikanter Aussagen zurückführen ließ. Dieser erste Versuch war indessen insofern unzureichend, als im Bereich der Verwandtschaft die Zwänge nicht ausschließlich interner Natur sind. Damit meine ich, daß es nicht sicher ist, daß sie ausschließlich der Struktur des Geistes entspringen; sie können aus den Anforderungen des gesellschaftlichen Lebens und aus der Art herrühren, in der dieses seine Zwänge dem Denken aufträgt. Die zweite Etappe, die vollständig der Mythologie gewidmet sein wird, wird versuchen, dieses Hindernis zu umgehen, denn gerade im Bereich der Mythologie, wo der Geist sich anscheinend am freiesten seiner schöpferischen Spontaneität hinzugeben vermag, gerade hier wird es interessant sein, zu verifizieren, ob er bestimmten Gesetzen gehorcht. Was die Verwandt-

4 Claude Lévi-Strauss: Les structures élémentaires de la parenté. Paris 1949. Deutsch: Die elementaren Strukturen der Verwandtschaft. Frankfurt 1980.

schaft und die Heiratsregeln betrifft, so konnte man sich noch die Frage stellen, ob die Zwänge von außen oder von innen kämen; was die Mythologie betrifft, so wird ein Zweifel nicht mehr sein: Wenn der Geist in diesem Bereich gefangen und in all seinen Operationen determiniert ist, dann muß er es *a fortiori* überall sein.

Daher bin ich Paul Ricœur außerordentlich dankbar, daß er die Verwandtschaft hervorgehoben hat, die zwischen meinem Unternehmen und dem des *Kantianismus* bestehen könnte. Es handelt sich letzten Endes um eine Übertragung des *Kantianischen* Ansatzes auf den Bereich der Ethnologie, wobei der Unterschied besteht, daß man, statt die Introspektion zu verwenden oder über den Stand der Wissenschaft in der gegebenen Gesellschaft nachzudenken, in der der Philosoph lebt, sich an die Grenzen versetzt – durch die Erforschung dessen, was es an Gemeinsamem geben kann zwischen der Menschheit, die uns fernerzustehen scheint, und der Arbeitsweise unseres eigenen Geistes, indem man also versucht, grundlegende, für jedweden Geist verbindliche Merkmale aufzudecken.

Das war es, was ich vorausschicken wollte; ich gehe jetzt zu der ersten Frage über: Ob es für die Mythologie eine einheitliche Erklärung gibt. Von einem *Ultra* des *Wilden Denkens* hätte mir vorgeworfen werden können, daß ich die Bibel sowie die hellenische und auch eine ganze Reihe anderer Traditionen nicht in seinen Geltungsbereich einbezogen habe. Denn eines kann nur gelten: Entweder fallen diese Schöpfungen unter das mythologische Denken, und wenn man der Auffassung beipflichtet, daß die Methode für die Analyse dieses Denkens geeignet sei, muß man den

Schluß ziehen, daß sie auch für diese Schöpfungen gilt; oder man ist der Ansicht, die Methode sei in diesem Falle nicht anzuwenden, und schließt sie damit aus dem Bereich des mythologischen Denkens aus. Man sollte mir daher zubilligen, daß ich sie draußen gelassen habe.

Meine Haltung ist tatsächlich äußerst vorsichtig und abgewogen. Ich behaupte in keiner Weise, daß alles von dem, was wir sehr summarisch unter den Ausdruck des mythologischen Denkens – der Ausdruck erscheint mir noch zu eng – zusammenfassen können, auf einen einzigen Typus der Erklärung zurückzuführen ist. Ich habe versucht, eine Reihe von Dingen zu erforschen, von denen ich den Eindruck hatte, daß die strukturale Analyse auf sie anwendbar sei; ich habe jene Dinge studiert, aber ich habe mich sorgsam gehütet, weiter vorzugehen. Mein hervorragender englischer Kollege, Edmund Leach von der Universität Cambridge, hat sich den Spaß erlaubt, die strukturale Analyse auf die Bibel anzuwenden – in einem Aufsatz mit dem bezeichnenden Titel: *»Lévi-Strauss in the Garden of Eden«*. Die Arbeit ist sehr brillant und nur teilweise ein Spaß. Was mich betrifft, ich würde sehr zögern, etwas Derartiges zu unternehmen. Zunächst, weil das *»Alte Testament«,* das sicherlich mythologische Stoffe benützt, diese für einen anderen Zweck verwendet als den, der ursprünglich ihrer war. Ohne jeden Zweifel wurden sie von den Verfassern durch eine Interpretation entstellt; damit wurden jene Mythen einer intellektuellen Operation unterworfen. Man müßte also mit einer Vorarbeit beginnen, welche den mythologischen und archaischen Hintergrund zu untersuchen hätte, der der biblischen Literatur zugrunde liegt, was natürlich nur die Arbeit eines Spezialisten sein kann. Sodann meine ich, daß ein derartiges Unternehmen insofern einen *circulus vitiosus* enthält, als die Symbole nach meiner Ansicht niemals eine innere Bedeutung haben.

Ihr Sinn kann nur in ihrer *Stellung* liegen, er ist uns daher nicht in den Mythen selbst zugänglich, sondern nur durch den Bezug zum ethnographischen Kontext, d. h. zu dem, was wir vom Leben, den Techniken, den Riten und der sozialen Organisation der Gesellschaften wissen können, deren Mythen wir analysieren wollen. Im Falle des alten Judentums würden wir die paradoxe Situation antreffen, daß der ethnographische Kontext fast gänzlich unbekannt ist, es sei denn, daß wir ihn aus den biblischen Texten entnehmen. Unsere ganzen Hypothesen würden also auf der Voraussetzung des zu Beweisenden beruhen. Was ich soeben von der Bibel gesagt habe, läßt sich auf weitere mythologische Quellen ausdehnen: die großen Texte des alten Indiens, die Klassiker der japanischen Frühgeschichte, Kojiki und Nijongi, und sehr viele weitere Dinge. Es gibt also eine ganze Reihe von Stoffen, auf deren Bearbeitung ich verzichtet habe, und zwar – ich wiederhole es – einerseits, weil der ethnographische Kontext fehlt, andererseits, weil sie zuvor eine Exegese erfordern würden, die zu leisten der Ethnologe nicht in der Lage ist.

Sogar in der Mythologie, ich meine in der Mythologie des tropischen Amerika, stelle ich heterogene Schichten fest. Ich ziehe es daher vor, bestimmte Texte zumindest voräufig auszulassen, weil ihr innerer Aufbau auf andere Prinzipien zurückzugehen scheint; es gibt in Südamerika eine annähernd romanhafte, mit Mythen vermischte Literatur, die vielleicht der strukturalen Analyse zugänglich ist, dann aber einer veränderten und verfeinerten strukturalen Analyse, die ich im Augenblick nicht in Angriff nehmen möchte. Unter diesem Gesichtspunkt ist somit eine vorsichtige Haltung angezeigt; man geht an das heran, was man glaubt, mit einem guten Gewinn in Angriff nehmen zu können; den Rest stellt man für bessere Zeiten zurück, wenn die Methode ihre Prüfung bestanden haben wird. Eine derartige Zurückhaltung scheint mir das wesentliche einer jeglichen Unternehmung zu sein, die sich als wissenschaftlich versteht. Wenn man die Erforschung der Materie mit einer Kristallisationstheorie begonnen hätte, dann hätten viele Physiker zu Recht sagen können: Das sind nicht die einzigen Zustände der Materie, es gibt auch andere, von denen ihr nichts sagen könnt; darauf hätten die Kristallographen des Altertums zweifellos erwidert: Ja, aber es sind die deutlichsten Merkmale, bzw. die einfachsten, die uns so etwas wie eine Abkürzung zur Struktur eröffnen, und deshalb stellen wir die Frage, ob die Erforschung der Kristalle die gesamte Materie erklären kann oder ob es noch andere Dinge in Erwägung zu ziehen gilt, im Augenblick zurück.

Nun zu den Einwänden bezüglich der Philosophie, über die ich rasch hinweggehen werde, da Herr Ricœur wünscht, daß man sie vorläufig beiseite läßt; er hat deren unentschiedenen *Entwurf*-Charakter hervorgehoben. Ich bin völlig mit ihm einig. Ich habe nicht eine Philosophie machen wollen, ich habe nur versucht, mir zu meinem eigenen Nutzen die philosophischen Implikationen einiger Aspekte meiner Arbeit klarzumachen. Ich möchte nur nebenbei feststellen, daß ich dort, wo Herr Ricœur zwei vielleicht widersprüchliche Philosophien sieht – eine, die sich an den dialektischen Materialismus anlehnt und das Primat der Praxis akzeptiert, eine andere, die zum schlichten Materialismus tendiert – daß ich darin vielmehr zwei Stufen eines Gedankenganges sehe; all dem messe ich jedoch nur nebensächliche Bedeutung bei, und ich bin bereit, in diesem Punkt die Schelte der Philosophen auf mich zu nehmen.

Ich fühle mich gleichfalls in völliger Übereinstimmung mit Herrn Ricœur, wenn er – gewiß in kritischer Absicht – meine Position als *einen Kantianismus ohne transzendentales Subjekt* definiert. Dieser Mangel weckt bei ihm Vorbehalte, während ich mich durch nichts gehindert sehe, seine Formel zu akzeptieren.

Ich komme jetzt zu dem – wie mir scheint – grundlegenden Einwand, den Herrn Ricœur soeben noch einmal angeführt hat und der in seinem Text den folgenden bezeichnenden Wortlaut hat: »Es fügt sich, daß ein Teil der Zivilisation, nämlich gerade der, aus dem unsere Kultur nicht hervorgegangen ist, sich besser als jeder andere für die Anwendung der strukturalen Methode eignet«. Hier entsteht nun ein beträchtliches Problem. Geht es um einen inneren Gegensatz zwischen zwei Arten des Denkens und der Zivilisation oder nur um die relative Stellung des Beobachters, der gegenüber seiner eigenen Zivilisation nicht die Perspektiven einnehmen kann, die ihm gegenüber einer anderen Zivilisation als normal erscheinen? Anders gesagt, die Besorgnis von Herrn Ricœur, seine Überzeugung, daß, wollte ich meine

Methode auf die mythologischen Texte unserer eigenen Überlieferung anwenden (was zu tun ich übrigens sorgfältig vermeide), ich bemerken würde, daß ein Rest bleibt, ein nicht mehr zu reduzierender Rest, den aufzulösen mir unmöglich wäre ... Als ein Mitglied meiner Zivilisation, das diese mythologische Tradition verinnerlicht, mit ihr groß geworden ist, stimme ich dem gerne zu; ich frage mich jedoch, ob nicht ein beliebiger eingeborener Weißer, der das *»Wilde Denken«* lesen und beobachten würde, wie ich seine Mythen dort behandelt habe, genau dem gleichen Einwand zu Recht gegen mich erheben würde. Wenn Herr Ricœur den *Totemismus* und den *Kerygmatismus* einander gegenüberstellt (ein Wort, dessen Bedeutung bei den Philosophen und den Theologen von heute mir nicht bekannt ist, das aber, wenn ich es ethymologisch nehme, die Vorstellung eines Versprechens, einer Verkündigung enthält), dann möchte ich ihn fragen, was es *Kerygmatischeres* gibt als jene australischen totemistischen Mythen, die ebenfalls auf Ereignissen beruhen – dem Erscheinen des totemistischen Vorfahren in einem bestimmten Punkt des Gebiets und seinen Streifzügen, die jede Flur geheiligt haben und für jeden Eingeborenen den Gegenstand seiner besonderen Zuneigung bestimmen, welche dem Boden eine tiefe Bedeutung verleiht – Mythen, die zugleich, wenn man diesem Vorfahren nur treu bleibt, ein Glücksversprechen, eine Heilsversicherung, eine Gewißheit der Wiedergeburt darstellen. Derartige tiefe Gewißheiten finden sich bei all jenen, die ihre eigenen Mythen verinnerlichen, können jedoch von jenen, die sie von außen untersuchen, nicht wahrgenommen und müssen übergangen werden. So daß jene Art von Tauschhandel, die mir angeboten wird, zwischen einem Bereich, wo die strukturale Analyse allein herrschen würde, und einem anderen, wo sie beschränkte Vollmachten hätte, wenn ich also darauf eingehen würde, so frage ich mich, ob er mich nicht dazu verleiten würde, daß ich, wenn schon nicht die traditionelle Unterscheidung zwischen primitiver und zivilisierter Mentalität wiedereinführe, doch zumindest in beschränkter Weise, sozusagen in Miniaturformat, zwei Arten des *Wilden Denkens* unterscheide – eine, die vollständig unter die strukturale Analyse fällt, und eine andere, die etwas darüber hinaus enthält. Ich zögere, auf diesen Tauschhandel einzugehen, weil ich dabei mehr erhalten würde, als ich fordere.

Vielleicht habe ich es in meinem Buch nicht hinreichend deutlich gemacht: Das, was ich als *Wildes Denken* zu definieren versucht habe, läßt sich nicht als spezifisch wem auch immer zuschreiben, sei es nun irgendein Teil oder ein Typus der Zivilisation. Es hat überhaupt keinen prädikativen Charakter. Ich würde vielmehr sagen, daß ich mit dem *Wilden Denken* das System der Postulate und Axiome bezeichne, die zur Begründung eines Codes nötig sind, der es gestatten würde, unter dem geringsten möglichen Verlust *das andere* in *das unsere* und umgekehrt zu übersetzen, also die Gesamtheit der Bedingungen, unter denen wir einander am besten verstehen können; dabei bleibt natürlich stets ein Rest. Das *Wilde Denken,* so wie ich es verstehe, ist eigentlich nur der Ort der Begegnung, der Ausdruck eines Bemühens um Verständnis, in dem ich *mich* an *ihre, sie* an *meine* Stelle versetzte. Die seinem Wesen angemessensten Umschreibungen würden auf solche Begriffe zurückgreifen wie den geometrischen Ort, den gemeinsamen Nenner, das größte gemeinsame Vielfache usw. und damit die Vorstellung ausschließen, daß es etwas gibt, das wesensgemäß einem Teil der Menschheit zuzuschreiben ist und das *Wilde Denken* ausschließlich definiert. Ich fühle mich also eigentlich – und damit will ich abschließen – in völliger Übereinstimmung mit allem, was Herr Ricœur gesagt hat, abgesehen davon, daß ich meine, daß die von ihm postulierte grundsätzliche Differenz nicht in den Gedanken selbst, sondern in den unterschiedlichen Situationen begründet ist, in denen der Beobachter sich gegenüber diesen Gedanken befindet.

Ricœur: Wenn ich mich auf Ihre eigene Arbeit beziehen darf, dann kann mich eine derartige Vertauschung der Beobachter nicht ganz befriedigen; im Untersuchungsgegenstand selbst gibt es Differenzen, die nicht verschwinden werden, wenn Beobachter und Beobachteter ihre Rollen vertauschen. Im Bereich des klassischen Totemismus gibt es objektive Merkmale, die im Rahmen einer Kultur für ein optimales Verhältnis von Diachronie und Synchronie sorgen. Über den Unterschied zwischen zwei mythologischen Komplexen entscheidet also nicht der Standpunkt des Beobachters; sie unterscheiden sich von ein und demselben Standpunkt aus; der strukturalistische Ansatz erfaßt sie daher alle, jedoch mit unterschiedlichem Erfolg; am Ende meines Aufsatzes habe ich gezeigt, daß es keine natürliche Symbolik gibt, daß ein Symbolismus seine Funktion nur in einem Gedankengebilde, in einer Struktur haben kann; aus diesem Grunde wird man ohne Strukturalismus niemals eine Hermeneutik betreiben können. Was ich mich frage, ist, ob es nicht – in Abhängigkeit von dem Überwiegen des Synchronischen gegenüber dem Diachronischen – Abstufungen, wenn Sie so wollen, des Erfolges gibt, von denen es überhaupt abhängt, ob Sie Ihr Metier eines Strukturalisten ausüben können. Ich glaube nicht, daß das eine Frage des Beobachters ist: Nicht überall hat die Zeit die gleiche Bedeutung; gerade dort, wo Sie sagen können, daß die Synchronie stark und die Diachronie schwach sei, scheint mir das nicht das Ergebnis unserer Beobachterposition zu sein, sondern aus einer bestimmten Verfassung der von Ihnen untersuchten Gesamtheit hervorzugehen.

Lévi-Strauss: Das ist ganz richtig. Die Erklärung ist darin zu sehen, daß Sie das Adjektiv *totemistisch* in einem viel umfassenderen Sinne verstehen als ich. Als Ethnologe verwende ich den Ausdruck in einer technischen, eingeschränkten Bedeutung. Ich habe nämlich bemerkt, daß Sie eine Art Äquivalenz zwischen *totemistischem Denken* und *Wildem Denken* herstellen. Für mich ist das Verhältnis anders: Der Totemismus gehört zum *Wilden Denken* – das habe ich sehr betont –, aber das *Wilde Denken* geht weit über das religiöse und rechtliche System hinaus, das man übrigens fälschlicherweise unter der Bezeichnung Totemismus herausheben wollte. Wenn ich also von der *totemistischen Leere* der großen Zivilisationen Europas und Asiens spreche, dann will ich damit nicht sagen, daß dort nicht in anderer Form die Erkennungsmerkmale des *Wilden Denkens* aufträten. Die beiden Probleme liegen nicht auf der gleichen Ebene. Wenn Ihr Argument im Grunde nichts anderes besagt, als daß zwischen unserer Zivilisation und den Zivilisationen der schriftlosen Völker ein objektiver Unterschied besteht, daß nämlich die erstere die historische Dimension akzeptiert und die anderen sie verwerfen, dann sind wir uns einig, denn das habe ich immer betont. Ich glaube aber, daß wir in diesem Falle nicht mehr ganz von der gleichen Geschichte sprechen; jene Zeitlichkeit, die Sie als ein immanentes Merkmal bestimmter Formen des mythologischen Denkens einführen, hängt nicht notwendig mit der objektiven Historizität unserer westlichen Zivilisationen und der Art und Weise zusammen, in der diese ihre Entwicklung *historisiert* haben. Wir wissen von zahlreichen *historisierten* Mythen in der ganzen Welt; es ist z. B. äußerst beeindruckend, daß die Mythologie der *Zuni-Indianer* im Südwesten der Vereinigten Staaten von eingeborenen Theologen in einer Weise *historisiert* worden ist (das Ausgangsmaterial wurde übrigens nicht im gleichen Maße historisiert), die sich mit derjenigen anderer Theologen vergleichen läßt, welche von den Mythen der Vorfahren Israels ausgehen. Der Unterschied, den Sie machen, scheint mir daher nicht so sehr darauf zu beruhen, daß es *in der Mythologie* eine Geschichte gibt (denn sogar die am stärksten *totemistischen* australischen Mythen erzählen eine Geschichte, haben zeitlichen Charakter), sondern darauf, daß diese Geschichte entweder in sich geschlossen, durch den Mythos verriegelt oder wie eine Tür zum Zukünftigen offengelassen ist.

Ricœur: Halten Sie es für einen Zufall, wenn gerade die prähellenischen, indoeuropäischen und semitischen Grundlagen all jene Umdeutungen ermöglicht haben, die uns von den Philosophien, den Theologien usw. geliefert wurden? Liegt das nicht gerade an einem inhaltlichen Reichtum, der eine semantische und nicht mehr eine syntaktische Reflektion erfordert? Wenn wir von einer grundlegenden Einheitlichkeit des mythologischen Bereichs ausgehen, dann bedeutet das umgekehrt auch, daß man auf den Totemismus andere Methoden als die Ihre anwenden kann, daß man darüber nachdenken kann, was sie sagen, und nicht nur über die Art, wie sie es sagen, daß ihr Sagen angefüllt ist mit Sinn, daß es verborgene Philosophen enthält, daß man infolgedessen dem Hegel oder dem Schelling des *Totemismus* entgegensehen könnte.

Lévi-Strauss: Man hat es versucht. Es hat keine besonders guten Resultate gezeigt.

Ricœur: Kann ich aber noch von Sinn sprechen, wenn ich, indem ich sie verstehe, nicht mich selber besser verstehe? Wenn der Sinn nicht ein Teil des Selbstverständnisses ist, dann weiß ich nicht, was er ist.

Lévi-Strauss: Weil wir hier Gefangene der Subjektivität sind, können wir nicht gleichzeitig versuchen, die Dinge von innen und von außen zu verstehen; von innen können wir sie aber nur verstehen, wenn wir darin geboren, wenn wir tatsächlich darin sind. Der Versuch, eine – wenn ich so sagen darf – besondere Innerlichkeit in eine allgemeine Innerlichkeit zu übertragen, erscheint mir von vornherein fraglich. Hier besteht ein Punkt, in dem wir recht stark voneinander abweichen. Sie sagen, daß das *Wilde Denken* eine Wahl zugunsten der Syntax gegen die Semantik trifft; für mich gibt es keine Wahl. Es gibt keine Wahl insofern, als jene phonologische Revolution, die Sie mehrfach erwähnen, in der Entdeckung besteht, daß der Sinn stets aus der Kombination von Elementen resultiert, die selber nicht sinnvoll sind. Was Sie also suchen – und ich glaube Ihnen da nichts zu unterstellen, denn Sie sagen und fordern es sogar –, das ist ein *Sinn des Sinnes,* ein Sinn hinter dem Sinn; in meiner Perspektive ist der Sinn dagegen nie ein ursprüngliches Phänomen: Der Sinn ist immer auf etwas zurückzuführen. Anders gesagt, gibt es hinter jedem Sinn einen Unsinn, und das Gegenteil ist nicht wahr. Für mich ist die Bedeutung immer etwas Phänomenales.

Gaboriau: Es wurde ein wenig von der Geschichte, von der Diachronie gesprochen; ich möchte zu diesem Thema einige Fragen stellen, insbesondere zu den Problemen der *Diachronie.* Wie ist es möglich, daß eine bestimmte Gesellschaft sich im Laufe der Zeit verändert? In einigen Teilen Ihres Werkes – insbesondere in der *»Strukturalen Anthropologie«*[5] und im Vorwort zu *»Sociologie et anthropologie«*[6] von Mauss – betonen Sie nachdrücklich, daß die Faktoren der Transformation nicht in den für sich genommenen sozialen Systemen (Verwandtschaftssystem, Mythologie . . .), sondern in der Art ihrer Überlagerung und Verbindung zu suchen sind. Ihnen zufolge haben wir damit eine Reihe von Faktoren, die zu untersuchen sind, bevor man die äußeren Einflüsse ins Auge faßt. Ich möchte Sie um Aufklärung über jene erste Reihe von Faktoren bitten: Am Ende der *Strukturalen Anthropologie* führen Sie den Begriff der *Unterordnungsstruktur* ein; mir scheint jedoch, daß

5 Claude Lévi-Strauss: Anthropologie structurale. Paris 1958. Deutsch: Strukturale Anthropologie, Frankfurt 1967.

6 M. Mauss: Sociologie et anthropologie. Paris 1950

Sie unter diesem Begriff von zwei verschiedenen Dingen reden: Einerseits von den sozialen Ungleichheiten (Polygamie, Privileg usw.), während Sie andererseits mit diesem Ausdruck gelegentlich die Überlagerung der verschiedenen Systeme zu bezeichnen scheinen, die eine Gesellschaft bilden. Können Sie uns darüber etwas Näheres sagen?

Lévi-Strauss: Das sind zwei Fragen, nicht wahr? Zunächst die allgemeine Frage: Ich gestehe, daß ich mich nicht imstande fühle, sie zu beantworten. Ich glaube, daß die Ethnologie, die Soziologie, die Humanwissenschaften insgesamt nicht imstande sind, sie zu beantworten, weil die Gesellschaften sich weitgehend unter dem Einfluß äußerer Faktoren entwickeln, die in den Bereich der Geschichte und nicht in den der strukturalen Analyse gehören. Um also eine Theorie der Entwicklung der Gesellschaften zu bilden, müßte man eine sehr große Zahl von Gesellschaften beobachtet haben, die gegen jeglichen äußeren Einfluß abgeschirmt waren (und wenn ich von äußerem Einfluß spreche, meine ich nicht die Einwirkung anderer Gesellschaften, sondern die von biologischen und anderen Phänomenen), was offensichtlich unmöglich ist. Meinen Studenten sage ich oft, daß es keinen Darwin gegeben hätte, wenn es nicht zuvor einen Linné gegeben hätte; man hätte das Problem der Entwicklung der Arten nicht stellen können, wenn man nicht zuvor begonnen hätte, zu definieren, was unter einer Art zu verstehen ist, und eine Typologie aufzustellen. Nun sind wir aber weit davon entfernt, und vielleicht werden wir es nie erreichen, eine Taxinomie der Gesellschaften zu besitzen, die auch nur mit den Taxinomien vor Linné, etwa der von

Tournefort vergleichbar wäre. Das sind also Fragen, über die wir gewiß spekulieren können – das ist nicht ohne Nutzen –, über die wir jedoch niemals etwas sehr Ernstzunehmendes werden sagen können. Was die andere Frage betrifft, so entschuldige ich mich, wenn es in meinem Text eine Zweideutigkeit gibt. Ich meine jedoch, dort den Ausdruck *Strukturen der Unterordnung* eingeschränkt zu haben durch die Gegenüberstellung der *Strukturen des Austausches;* damit will ich sagen, daß es in der Gesellschaft zwei Haupttypen von Strukturen gibt: Die Strukturen des Austausches, die zweiseitig sind, und die Strukturen der Unterordnung, die einseitig und unumkehrbar sind. Es ist möglich, daß es irgendwo eine Unentschiedenheit zwischen dieser besonderen und der von Ihnen angezeigten Bedeutung gibt, sie lag jedoch nicht in meiner Absicht.

Gaboriau: Diese Unentschiedenheit ist da, vor allem, wenn man diesen Text mit anderen vergleicht – insbesondere dem Vorwort zu Mauss, wo Sie die Veränderungen der Gesellschaft zu erklären versuchen durch das Zusammenwirken der verschiedenen Systeme. Sie sprechen im besonderen davon, daß diese Systeme aufgrund ihrer Natur nie vollständig ineinander übersetzbar sind und daß eine Gesellschaft daher nie mit sich selbst identisch bleiben kann.

Lévi-Strauss: Ja, was wir herauszufinden versuchen, ist, auf welchem Wege innerhalb einer Gesellschaft, die auf eine bestimmte Anzahl übereinander geschichteter oder ineinander verschachtelter struktureller Gebilde reduziert ist, gewissermaßen Ungleichgewichtszustände entstehen, die erklären würden, warum eine

Gesellschaft, selbst wenn sie von äußeren Einflüssen abgeschirmt wäre, *sich* auf alle Fälle *bewegen* würde.

Dufrenne: Ich möchte auf das soeben angesprochene Problem der Beziehungen von Syntax und Semantik zurückkommen. Ich frage mich, ob Ihnen nicht Ihre eigenen Analysen in einem gewissen Maße widersprechen, wenn Sie sagen, gegenüber einem vormythologischen und nicht zu bezeichnendem Datum sei der Sinn für Sie immer etwas Abgeleitetes. Wenn Sie z. B. in der Analyse des *Mythos von Asdiwal*[7] zeigen, daß unter Berücksichtigung des Verhaltens der *Tsimshian-Indianer* und insbesondere der Frauen gegenüber dem Fisch schließlich der Mann mit dem Fisch gleichzusetzen ist, dann wirft das ein unerwartetes Licht auf den ganzen übrigen Mythos. Man hat den Eindruck, daß die vorangegangene Analyse, die mit Gegensatzpaaren wie Hoch-Tief, Osten-Westen, Meer-Berg usw. operierte, jenes schließliche Aufleuchten des Sinnes gewissermaßen vorbereitete, und daß der Sinn in diesem Falle viel mehr in einer Art unmittelbarer Bewußtwerdung gegeben und nicht das Resultat einer syntaktischen Analyse ist. Wenn es stimmt, daß – mathematisch gesehen – für ein wirklich formales Denken die Semantik gewissermaßen immer auf der Ebene der Syntax steht, daß sie dagegen in einer Analyse wie jener – oder auch in Ihrer Analyse des Ödipus, wo Sie überraschend zeigen, daß Ödipus Gleichheitszeichen *Klumpfuß* etwas an sich bedeutet, nämlich eine bestimmte Herkunft im Gegensatz zu einer anderen – der Syntax untergeordnet

7 Bezugnahme auf eine Analyse, die an der Ecole Pratique des Hautes Etudes in Paris, deren Forschungsdirektor Claude Lévi-Strauss war, vorgenommen wurde.

wird, dann frage ich mich, ob hier nicht so etwas wie eine Rache der Semantik an der Syntax vorliegt, eine Unmittelbarkeit einer Bedeutung, die logisch nicht hervorgebracht oder dargelegt wurde.

Lévi-Strauss: Ich habe den Eindruck, daß in den von Ihnen angeführten Beispielen der Sinn nicht unmittelbar wahrgenommen, sondern abgeleitet, aufgrund einer syntaktischen Analyse rekonstruiert wird. Wenn ich mich richtig erinnere, dann zeige ich an jener Stelle des *Liedes von Asdiwal,* daß eine bestimmte syntaktische Beziehung nicht umkehrbar ist (im Gegensatz zu dem, was in der Grammatik passiert, wo man ebensogut lesen kann: Peter tötet den Stier, wie auch: Der Stier tötet Peter). Aus der Tatsache, daß eine Aussage nur in einer Richtung formulierbar ist, ergibt sich, daß man bestimmte Hypothesen über die verborgene Methode des eingeborenen Denkens machen kann; schließlich bin ich es aber, der das als Hypothese äußert; ich glaube deshalb, daß es in hohem Maße *rekonstruiert* ist. Jetzt muß ich für Herrn Dufrenne und Herrn Ricœur hinzufügen, daß ich natürlich in keiner Weise – es wäre übrigens unmöglich – jenes Sinnverstehen ausschließe, auf das Herr Ricœur anspielt; die Differenz zwischen uns rührt vielleicht daher, daß dieses Sinnverstehen für mich eine ergänzende Methode ist, über die wir verfügen, um zu versuchen, nachträglich die Zuverlässigkeit unserer syntaktischen Operationen zu kontrollieren. Da wir *Humanwissenschaften* betreiben, da wir Menschen sind, die andere Menschen studieren, können wir uns den Luxus erlauben, daß wir versuchen, uns an ihre Stelle zu versetzen. Das ist jedoch der letzte Moment, die letzte Befriedigung, die wir uns gönnen, wenn wir uns die Frage stellen: Funktioniert das? Funktioniert das, wenn ich es an mir selbst versuche? Von der Methode her gesehen ist das Sinnverstehen infolge dessen in bezug auf die Hauptarbeit, die darin besteht, den Mechanismus eines objektivierten Denkens auseinanderzunehmen, etwas Sekundäres und Abgeleitetes; hier kann ich nichts besseres tun als den Wortlaut der Kritik von Herrn Ricœur zu wiederholen, weil sie mir nicht wie eine Kritik vorkommt – denn das ist ganz genau, was ich zu tun versuche.

Ricœur: Wenn der Sinn, den ich auf diese Weise verstanden habe, nicht das Verständnis erweitert, das ich von mir oder den Dingen habe, verdient er es nicht, als Sinn bezeichnet zu werden. Nun ist dergleichen jedoch ausgeschlossen, wenn die syntaktische Untersuchung sich von einem Hintergrund des Unsinns abhebt; denn was verstehen wir unter den Wörtern *Sinn* und *Unsinn,* wenn nicht Episoden eines Bewußtseins der Geschichte, das nicht nur die Subjektivität einer Kultur wäre, die eine andere Kultur betrachtet, sondern wirklich eine Stufe der Reflektion, die versucht, alles zu verstehen? Anders gesagt, was einen Sinn hat, sind die einzelnen Äußerungen, das Gesprochene, und nicht bloß die syntaktischen Gebilde, die ein Beobachter von außen sieht. Ich verstehe sehr gut – daß man – wenn man Wissenschaft betreiben will, sich darauf beschränken muß, sich mit Gebilden zu befassen, zu deren Beobachter man sich macht. Dadurch wird vermieden, daß man in das hineingerät, was ich als *hermeneutischen Zirkel* bezeichnet habe, der aus mir eines der historischen Segmente des Inhalts macht, welcher sich durch mich interpretiert; wenn ich *Humanwissenschaften* betreiben will, muß ich mich heraushalten; kann man aber noch von Sinn und Unsinn sprechen, wenn dieser Sinn nicht die Episode einer fundamentalen Reflektion oder einer fundamentalen Ontologie ist (ich treffe hier keine Entscheidung zwischen zwei großen Traditionen, jener Kants und jener Hegels)?

Lévi-Strauss: Ich glaube, Sie binden den Begriff der Rede an den Begriff der Person. Aber worin bestehen die Mythen einer Gesellschaft? Sie bilden die Rede dieser Gesellschaft, und zwar eine Rede, für die es keinen persönlichen Sprecher gibt: Eine Rede also, die man aufnimmt wie ein Linguist, der sich daran macht, eine kaum bekannte Sprache zu untersuchen, und der versucht, ihre Grammatik zu erstellen, ohne daß er sich darum kümmert, wer das Gesagte gesagt hat.

Ricœur: Aber wenn ich sie verstehe und mich dadurch nicht besser verstehe, kann ich dann noch von Sinn sprechen? Wenn der Sinn nicht ein Bestandteil des Selbstverständnisses ist, weiß ich nicht, was er ist.

Lévi-Strauss: Es erscheint mir ganz legitim, daß ein Philosoph, der das Problem als ein Problem der Persönlichkeit faßt, diesen Einwand macht; ich bin jedoch nicht verpflichtet, das gleiche zu tun. Was der Sinn für mich ist? Ein spezifischer Geschmack, den ein Bewußtsein wahrnimmt, wenn es eine Kombination von Elementen kostet, von denen keines für sich genommen einen vergleichbaren Geschmack bieten würde. Das ist, wie wenn ein Forscher, der im Laboratorium eine chemische Verbindung herstellen möchte und über viele Mittel verfügt, um den Erfolg herbeizuführen – den Spektrographen, die Reaktionen –, sich damit jedoch üblicherweise nicht begnügt, weil er auch weiß, daß er eine Zunge hat, deshalb kostet, da er den charakteristischen Geschmack kennt, und sagt: Ja, das ist es; der Ethnologe versucht ebenfalls, den Sinn zu verstehen, und seine objektiven Beweise durch die Intuition zu vervollständigen. Weil er ein mit Sensibilität und Intelligenz begabter Mensch ist, und weil er auch über dieses Mittel verfügt. Man versucht also, einen Sinn wiederherzustellen; man stellt ihn wieder her mit mechanischen Methoden, man fabriziert ihn, man schält ihn heraus. Und dann ist man gleichwohl ein Mensch: Man schmeckt ihn.

Faye: Ich möchte eine Frage bezüglich der zeitgenössischen Mythen stellen. Es geht um Bereiche der Sprache, in denen die Geschichte zum Mythos wird. Umgekehrt wie im Falle der historisierten Mythen sind es hier *Geschichten* (historische Interpretationen), die mythisiert wurden. Nehmen wir den Fall der nationalistischen Ideologien im Deutschland der Zeit zwischen den beiden Weltkriegen; ich finde, das ist ein *privilegierter* Bereich, auf den sich Ihre Kriterien anwenden lassen. Hier steht man gewissermaßen vor einem Nimbus der Sprache mit einem starken biologischen Gepräge, der den Formen der archaischen Mythologie sehr nahe steht und bei dem sich die Geschichte absolut zum Mythos verkehrt. Wenn man versucht, eine Karte dieser verschiedenen Sprachen zu erstellen, erhält man eine Art von Topologie, in der diese Sprachen sich sehr deutlich überschneiden. Auf der anderen Seite kann man sie auch als Bedeutungstransformationen auffassen, und in dieser Hinsicht bieten sie zwei hervorstechende Merkmale: Einerseits läßt jede dieser Transformationen eine umgekehrte Transformation zu; andererseits ergibt die Kombination oder die Zusammensetzung von zwei Transformationen *etwas* (eine Bedeutung), das wiederum zu jenem ideologischen Komplex gehört, ganz sicher, weil es sich um ein reaktionäres Denken handelt, das in sich geschlossen ist. Bei anderen Ideologien wird man dieses *Geschlossenheitsaxiom* vielleicht nicht finden – z. B. bei den Ideologien der Liberalen oder der marxistischen Linken. Bei der nationalistischen Ideologie, mit der der Nationalsozialismus in der Weimarer Republik auftritt, der sich damals selbst als *Nationale Bewegung* bezeichnete, findet man tatsächlich jene Geschlossenheit, die sich hervorragend für eine strukturale Analyse zu eignen scheint, wenn man das Wort Struktur in seiner algebraischen Bedeutung nimmt – als eine beliebige Gesamtheit, die eine Struktur besitzt, wenn sie mit einem wohldefinierten *Kompositionsgesetz* versehen ist.

Trotzdem tritt jetzt ein Problem auf, das manchmal unauflöslich wird, – das Problem eines *Restes,* der sich teilweise jener Formalisierung entzieht. Als Beispiel können wir ein einfaches Adjektiv nehmen, einen typisch ideologischen Ausdruck, der im Kontext der *Nationalen Bewegung* einen sehr bestimmten und von seinem ursprünglichen oder ethymologischen sehr entfernten *positionalen Sinn* angenommen hat; einen Ausdruck, der zwischen 1900 und 1945 gänzlich politisiert worden ist und dann fast vollständig aus dem deutschen Wortschatz verschwindet. Es ist der Ausdruck *völkisch.* Was bedeutet *völkisch?* Es leitet sich ab von dem Wort *Volk;* es müßte also bedeuten: Volkstümlich. Tatsächlich hat *völkisch* jedoch in einer *nationalsozialistischen* (oder im weiteren Sinne *nationalrevolutionären* oder *konservativ-revolutionären)* Konstellation einen ganz anderen Stellenwert angenommen. Es bedeutet etwas *Analoges* zu dem, was man im Französischen als *rassisch (raciste)* bezeichnen würde. Zugleich aber steht dieses Wort für seinen eigenen Ursprung, seine Etymologie; es enthält sozusagen eine Anspielung auf seinen ursprünglichen Sinn, da man das ihm zugrundeliegende Wort *Volk,* aus dem es abgeleitet wurde, unmittelbar erkennt. Entsprechende Unterscheidungen sind bei den Linguisten in der Semantik geläufig: Auf der einen Seite gibt es ein Sprachniveau, auf dem das Prinzip des Arbiträren, des Zeichens, voll wirksam ist, wo das linguistische Zeichen ganz und gar eine völlig konventionelle Tauschmünze innerhalb eines Kreislaufs ist, in dem man übereinkommt, ihm einen bestimmten (Stellen-)Wert zu geben; auf der anderen Seite bleibt das Zeichen jedoch gleichwohl unmittelbar mit dem verbunden, was einige Linguisten als seine etymologische Motivation bezeichnen – mit dem ursprünglichen *Motiv,* das es geschaffen hat, selbst wenn es die ursprüngliche Bedeutung verloren hat. So bedeutet *völkisch* nicht mehr volkstümlich, sondern *rassistisch;* nur nimmt man durch seine letzte Bedeutung hindurch gleichwohl die erste wahr, es gibt geradezu ein gewisses Spiel zwischen diesen Ebenen. Jenes Spiel hat in der politischen Sprache der deutschen Rechten sehr gut funktioniert und ein Übermaß an gefühlsmäßiger Teilnahme hervorgerufen. Dieses Spiel hat eine Reihe politischer Taschenspielertricks ermöglicht; der Hitlerismus hat nämlich mit jenem gewissen *linken* Gehalt des Wortes *Volk* gespielt, der in der etymologischen Bedeutung enthalten ist, und gleichzeitig den extrem-nationalistischen Gehalt des Rassismus zur Geltung gebracht.

Dieses besondere Beispiel wird es uns vielleicht ermöglichen, die Verflechtung der affektiven Beteiligung mit dem strukturalen System zu erfassen oder mindestens anzugehen; das ist ein Problem, das – wie mir scheint – in der Mythologie des Strukturalismus zeitweilig oder endgültig beiseite geschoben wurde, gewiß wegen der Bequemlichkeit und der langweiligen Wiederholungen, die sich in der Nachfolge Lévy-Bruhls in der Ethnologie breit gemacht haben. Vielleicht liegt jedoch im Gegenteil hier ein in der weiteren Analyse, auf einer nächsten Stufe sehr erregender Aspekt. Gerade in einem Fall wie dem des Nazismus wäre es wichtig zu wissen, wie ein scheinbar arbiträres, scheinbar verworrenes ideologisches System nicht nur sehr exakt *funktioniert,* eine letztlich sehr bestimmte soziale Rolle spielt, die eigentlichen Widersprüche der historischen und sozio-ökonomischen Situation zum Ausdruck bringt und die Logik der konfligierenden Interessen sichtbar macht, sondern auch eine derartige Beteiligung bewirkt, eine derartige *Woge der Begeisterung* auslöst.

Lévi-Strauss: Ich bin ganz mit Ihnen einig, daß – in formaler Hinsicht – nichts den Mythen der Gesellschaften, die wir exotisch oder schriftlos nennen, mehr gleicht, als die politische Ideologie unserer eigenen Gesellschaften. Wollte man versuchen, die Methode zu übertragen, so zweifellos nicht zunächst auf die religiösen Traditionen, sondern viel eher auf das politische Denken. Muß man nun ein bestimmtes politisches Denken dabei bevorzugen? Das zuzugeben, zögere ich sehr, mir scheint z. B., daß die *Mythologie* der französischen Revolution Belege für solche Zweideutigkeiten bietet, wie Sie sie angeführt haben. So hat etwa der Ausdruck *sans culotte* sich durchgesetzt, während sein ursprünglicher Sinn wahrscheinlich verloren ging und die Affinität mit *culot, culotté (dreist, frech)* für seinen Erfolg vielleicht eine größere Rolle spielt. Damit kommen wir wieder auf den gleichen Punkt zurück. Die Frage ist, ob die Wahrheit, die wir zu erlangen suchen, wahr ist durch das Bewußtsein und für das Bewußtsein, das wir von ihr haben, oder ob sie es außerhalb dieses Bewußtseins ist. Die Erforschung von innen, durch das Verstehen des Sinnes finde ich vollkommen legitim, nur betrachte ich jenes Verstehen, jene Interpretation, welche die Philosophen oder die Historiker von ihrer eigenen Mythologie geben, als eine bloße Variante jener Mythologie. Die Interpretation wird also wieder Gegenstand meiner Analyse, wird zum objektivierten Denken.

Ricœur: Ich habe nicht gesagt, der Sinn sei ein Sinn durch oder für das Bewußtsein; der Sinn ist zunächst das, was das Bewußtsein belehrt; die Sprache ist vor allem Vehikel des zu verstehenden Sinnes, und dieses Sinnpotential ist nicht reduzierbar auf mein Bewußtsein. Man muß nicht wählen zwischen dem Subjektivismus eines unmittelbaren Bewußtseins des Sinnes und der Objektivität einer formalisierten Bedeutung; zwischen beiden gibt es das, was der Sinn äußert, was der Sinn sagt, und dieses *Besagen* und *Meinen* scheint mir die andere Seite des Strukturalismus zu sein; aber wenn ich von der anderen Seite des Strukturalismus spreche, bezeichne ich damit nicht unbedingt einen Subjektivismus des Sinnes, sondern eine Dimension des Sinnes, die ebenfalls objektiv ist, jedoch von einer Objektivität, die nur für das Bewußtsein sichtbar wird, das den Sinn versteht. Dieses Verstehen ist vielmehr eine Erweiterung des Bewußtseins durch den Sinn als ein Ergreifen des Sinnes durch das Bewußtein. Deshalb würde ich der Struktur nicht die Subjektivität gegenüberstellen, sondern gerade das, was ich als Gegenstand der Hermeneutik bezeichne, d. h. die durch das schrittweise Verstehen eröffneten Sinndimensionen; die Frage stellt sich dann, ob alle Kulturen ebensoviel zu verstehen, zu besagen und zu bedenken bieten.

Lévi-Strauss: Ich mußte soeben – und nach dieser Abschweifung werde ich auf die Äußerung von Herrn Ricœur zurückkommen – von bevorzugten Beispielen reden; aber sind es wirklich bevorzugte Beispiele? Der Stoff enthält so viele Beispiele, daß er uns durch seinen Überfluß an Beispielen Kummer macht. Die äußerst günstige Lage, in der wir uns hinsichtlich der exotischen Gesellschaften befinden, besteht gerade darin, daß wir fast nichts wissen, und in diesem Mangel besteht gewissermaßen unsere Stärke: Wir werden auf wesentliche beschränkt . . .

Faye: Vielleicht wird sich die Frage der bevorzugten Beispiele erhellen lassen durch eine andere, die ich an Sie richten möchte. Bei Saussure gibt es in einem bestimmten Augenblick eine Unterscheidung zwischen dem reinen Zeichen und dem Symbol: Im Symbol steckt mehr als im Zeichen, denn das arbiträre des Zeichens ist nicht völlig wirksam. Es gibt so etwas wie eine Gegenwart des Natürlichen; es gibt so etwas wie einen natürlichen Gehalt, der an ihm haftet, es beschwert. Darin besteht mit Einschränkung der Unterschied zwischen der Mythologie und der Ideologie rationalistischen Typs wie jener der französischen Revolution oder der Arbeiterbewegung des 19. Jahrhunderts. Das Wort *sans culotte* (ohne Kniehosen) z. B. hat vollkommen die Verbindung zur Kniehose des Adels gelöst; man denkt kaum noch an die Kniehosen aus Seide; der Ausdruck hat tatsächlich eine semiologische Selbständigkeit gewonnen, er ist geläufig wie eine völlig *arbiträre* Münze. Es handelt sich – wie Sie soeben sagten – um abgeleitete Bedeutungen, abgeleitete Assoziationen, die ihre eigene Geltung erlangt haben, wie das Wort *culot (Dreistigkeit)*.

Lévi-Strauss: Das ist es: Das Zeichen hat sich ganz einfach in ein Symbol verwandelt.

Faye: Ja, aber es hat die Verbindung zum ursprünglichen Symbol verloren.

Lévi-Strauss: Aber nein; es war ein Zeichen und ist ein Symbol geworden.

Faye: Ja, aber das zweite Symbol ist ein wenig artifiziell, hat etwas gekünsteltes, während in den rückwärts gewandten politischen Mythologien vielleicht eher das zu finden ist, was man als Rückgriff auf die Nabelschnur bezeichnen könnte. Die politischen Zeichen der Linken oder des Liberalismus sind stärker *semiologisch* und weniger *symbolisch,* sind gewissermaßen auf dem Wege, der zu einem Denken *Kantianischen* (oder *Durkheimschen)* Typs führt, wobei das *Kantianische* Denken geschichtlich ein Nebenprodukt der liberalen Ideologie (und deren philosophische Legitimation) ist. Nimmt man dagegen ein an sich *wildes* politisches Denken, nimmt man Ideologien, die unmittelbarer auf Mythologien aufbauen, dann wird vielleicht sichtbar, daß ihr *wildes Denken* viel wilder ist als das Ihre ... Das bedeutet, daß es mehr von jenem Element der affektiven Beteiligung enthält ... Beteiligung meint hier jenes gewisse Doppelspiel des Zeichens, das einerseits in einem bestimmten strukturellen Kreislauf gültig ist und andererseits Bindungen zu einer *Natur* der Sprache bewahrt. Diese linguistische Natur ist natürlich problematisch. Die Hartnäckigkeit, mit der Heidegger immer wieder auf das Ursprüngliche der Sprache zurückkommt, ist ein vom Ansatz des Strukturalismus völlig verschiedener, der jedoch nicht unbegründet zu sein scheint. Denn gerade dort, wo er einer ideologischen Sprache zum Opfer fiel, hat sich gezeigt, daß er seine Sprachphilosophie irgendwie verifizierte ...

Axelos: Ich möchte eine Frage stellen, die mich sehr in Verlegenheit bringt, die mich noch mehr nach der Lektüre des *»Wilden Denkens«* in Verlegenheit bringt. Man kann sagen, daß es zwei Arten des genealogischen Denkens gibt: Ein naives genealogisches Denken, demzufolge die Dinge einander Generation auf Generation in der Raum-Zeit folgen, und ein spekulatives genealogisches Denken, z. B. das Hegels, demzufolge es eine genealogische Entwicklung gibt, eine Phänomenologie des Geistes, wobei jene genealogische Entwicklung nur die Entwicklung einer ursprünglichen und umfassenden Struktur ist, derjenigen der *Großen Logik*. Nach meiner bescheidenen Ansicht ist Hegel sozusagen der Vater der Strukturalismus und zugleich der erste, der das genetische Denken so stark aufgewertet hat. In der Genealogie muß man auch den Aspekt des Logos begreifen. Sie sprengen den begrenzten Rahmen eines primitiven Denkens einerseits und eines zivilisierten Denkens andererseits, das dort beginnen soll, wo jeder es beginnen lassen möchte, und Sie sprechen von einem umfassenden *Wilden Denken.* Nun stelle ich eine naive Frage, die mich vielleicht deshalb quält, weil sie naiv ist: Wo beginnt das *Wilde Denken* in der Raum-Zeit? Von welchem Augenblick an kann man von *Denken* sprechen?

Lévi-Strauss: Das ist eine großartige Frage, aber ich sehe nicht, warum man von mir erwartet, daß ich sie beantworten könne, denn hier handelt es sich um das Problem der Ursprünge der Menschheit, um das, was die Naturanthropologen als *Hominisation* bezeichnen. Seit wann hat es Wesen gegeben, die dachten? Ich weiß darüber nichts, und ich bezweifle, daß unsere Kollegen von der Naturanthropologie klare Vorstellungen über diesen Gegenstand haben. Mehr noch: Ich bezweifle sogar, daß wir theoretisch einen Moment in der Entwicklung erfassen können, wo der Mensch begonnen hat zu denken, und ich neige vielmehr zu der Annahme, daß das Denken vor den Menschen beginnt.

Lautman: Ich möchte noch einmal auf die Frage des Sinnes zurückkommen, denn wenn das Werk von Claude Lévi-Strauss mich beunruhigt, so eigentlich deshalb, weil er uns sagt, wir würden uns ausdrücken, während wir nicht glauben, uns auszudrücken. Meine Frage ist mehrstufig.

Zunächst habe ich in der *»Strukturalen Anthropologie«* eine gewisse Ambivalenz festgestellt, wenn Sie zeigen, daß die Methode des *Schamanen* strukturell der psychoanalytischen Behandlung gleicht – einerseits eine unausgesprochene Kritik der psychoanalytischen Behandlung, die insofern nichts Neues sei, als sie die Methode des *Schamanen* ist, andererseits eine Aufwertung, die ich jetzt, da Sie uns *»Das wilde Denken«* gegeben haben, viel besser verstehe, insofern, als für Sie die eine wie die andere als ein Ausdruck der Befreiung und als Mittel der Selbsterkenntnis des Menschen wertvoll ist. Wären Sie damit einverstanden, wenn man glaubt, Sie wollten uns in einem bestimmten Sinne zu dem Versuch anregen, eine kollektive Psychoanalyse auszubilden, die sich nicht mit den individuellen Strukturen von Herrn X und auch nicht mit den gesamten psychischen Strukturen einer Gesellschaft befaßt, sondern noch weiter auf das Organisationsmuster einer jeglichen Gesellschaft zurückgreift? So verstehe ich das große Interesse, das Sie – wie auch die moderne französische psychoanalytische Schule aus den gleichen Gründen – der Linguistik entgegenbringen; so zeigt uns etwa das Gesetz von Zinff, daß wir, wenn wir sprechen und glauben, frei zu sprechen, tatsächlich von Strukturen beherrscht sind, die dem Eindringen des Sinnes in unser eigenes Denken voraufgehen.

Die zweite Ebene der Frage gilt der Geschichte: In der kritischen Reflexion gegenüber dem Werk Jean-Paul Sartres, die Sie am Ende des *»Wilden Denkens«* vortragen, übergehe ich das, worin man offenbar mit Ihnen einig ist, und komme auf das, was Sie an der Geschichte kritisieren: Daß sie einen sehr beschränkten Code benützt; das Wesen ihres Codierungssystems besteht in der Chronologie; und das ist im Grunde eine wichtige, aber beschränkte Wissenschaft, denn Sie sagen, die Geschichte sei gleichwohl wichtig. Nun scheint mir, daß die Geschichte für Sie recht häufig eine Verdunkelung des Sinnes ist, daß der Sinn, wenn er überhaupt bedeutsam ist, sich viel eher in dem Augenblick äußert, da die Strukturen der Gesellschaft in ihrer ursprünglichen Kristallisation aufleuchten, als im Gang der Entwicklung, der ihnen aufgezwungen wird.

Um zum letzten Punkt zu kommen: Ich war sehr erstaunt, daß Sie auf den letzten Seiten des *»Wilden Denkens«* behaupten, die modernen Wege der Wissenschaft führten dazu, daß man sich der physischen Welt auf dem Umweg über die Kommunikation nähere. Sie legen dar, daß dieser Prozeß in der Tat der Prozeß des magischen Denkens sei, das den Zugang zur Natur stets durch die Interpretation gesucht hat; ich persönlich zögere nun vor dem Gedanken, die Wege der modernen Wissenschaft und die Praktiken der Magie gehörten zu ein und demselben Komplex. Sie haben sehr wohl gezeigt, daß im einen wie im anderen Falle eine strukturierte Gesamtheit da ist, aber – und da stimme ich nicht zu, wenn Sie in diesem Kapitel Heiting anführen – die strukturierten Systeme, die in jenen Gesellschaften wirken, sind völlig abgeschlossene strukturierte Systeme, während die axiomatischen Systeme des modernen Denkens grundsätzlich unabgeschlossene Systeme sind. Meines Erachtens hat dieser Gegensatz weiterreichende Konsequenzen, aber es wäre wohl zu kühn, wenn ich Sie bitten würde, die Sache weiter fortzusetzen.

Lévi-Strauss: Das sind schwere Probleme! Das erste, was die Psychoanalyse betrifft: Was ich versuche, ist eine Analyse der Bedeutung, aber warum sollte man sie als Psychoanalyse bezeichnen? Wie mir scheint, haben Sie soeben dargelegt, daß das Unbewußte wichtiger ist als das Bewußte. Lassen Sie mich es so sagen: Was ich auf meine Weise zu tun versuche, das ist, mich als Ethnograph an einem gemeinsamen Unternehmen zu beteiligen, in dem der Beitrag des Ethnographen eine bescheidene Stellung einnimmt – in dem Versuch, zu verstehen, wie der menschliche Geist funktioniert. Das ist also etwas, was wahrscheinlich teilweise – ich sage teilweise – parallel zu dem läuft, was die Psychoanalytiker tun, denn in der Psychoanalyse möchte ich zwei Aspekte unterscheiden: Einerseits die von Freud entwickelte Theorie des Geistes, die auf einer Kritik der Bedeutung beruht (und hier habe ich den Eindruck, daß der Ethnologe an Kollektiven das gleiche betreibt wie der Psychoanalytiker am Einzelnen); und andererseits eine Theorie der Heilbehandlung, die ich völlig außer acht lasse. Ich glaube nämlich keineswegs, daß der menschliche Geist durch die Analyse, die er an sich selbst vollzieht, verbessert wird; in dieser Hinsicht ist es daher keine Psychoanalyse, und schließlich ist es mir vollkommen gleichgültig, ob er sich bessert oder ob er sich nicht bessert. Was mich interessiert, ist, wie er funktioniert, und das ist alles. Soviel zum ersten Punkt.

Über den zweiten Punkt besteht, so fürchte ich, ein Mißverständnis, und es ist nicht das erste Mal, daß ich auf dieses Mißverständnis stoße. Im Grunde gibt es in diesem letzten Kapitel gar keine Kritik der Geschichte, in dem Sinne, daß nicht ich damit begonnen habe. Ich habe nichts gegen die Geschichte; ich habe den größten Respekt vor ihr; mit unendlichem Interesse und sogar mit Leidenschaft lese ich die Arbeiten der Historiker, und ich habe stets gesagt, man könne keine strukturale Analyse unternehmen, bevor man nicht alles von der Geschichte verlangt hat, was sie zu unserer Aufklärung beitragen kann, was leider nicht sehr viel ist, wenn es um schriftlose Gesellschaften geht. Ich habe lediglich versucht zu reagieren, oder mindestens habe ich mich aufgelehnt gegen eine Tendenz, die mir im heutigen philosophischen Frankreich sehr deutlich erschien, gegen die Anschauung, die historische Erkenntnis sei von einer anderen Erkenntnissen überlegenen Art. Ich habe mich also darauf beschränkt zu betonen, daß die Geschichte eine Erkenntnis wie die anderen sei, daß es eine Erkenntnis des Kontinuierlichen nicht geben könne, sondern nur eine solche des Diskontinuierlichen, und daß die Geschichte in dieser Hinsicht keine Ausnahme mache. Ich behaupte also nicht, der Code der Geschichte sei ärmer als irgendein anderer; das wäre eindeutig ungenau; es ist eben ein Code, und damit leidet die historische Erkenntnis an dem gleichen Gebrechen wie jegliche Erkenntnis, was nicht bedeuten soll, daß sie nicht sehr wichtig sei. Sie knüpfen daran, wie mir scheint, einen kleinen Gesinnungsprozeß an (ich sage das ohne Bitterkeit), wenn Sie mir eine gewisse Tendenz zu der Auffassung zuschreiben, in ihren fest kristallisierten Institutionen fänden die Menschen besser Ausdruck als in ihrer historischen Entwicklung. Da stellen Sie ein sehr großes Problem, das wir mehrfach gestreift haben, auf das wir wahrscheinlich hätten eingehen sollen und das wir jetzt dank Ihnen anschneiden, das Problem der diachronischen Strukturen. Daß Ereignisse sich in der Zeit abspielen, ist schließlich noch keine hinreichende Begründung dafür, daß sie sich jeglicher strukturalen Analyse entzögen; dies wird damit bloß schwierigier. Die Position der Linguisten in diesem Punkt ist jedoch klar: Wie eine synchronische Linguistik lassen sie eine diachronische Linguistik zu. Diese stellt mehrere Probleme, von denen das größte darin besteht, daß man zunächst wiederkehrende Sequenzen in einer Entwicklung entdecken muß, die es nicht immer gestattet, vergleichbare Ausdrücke zu isolieren. Vielleicht wird es der Geschichte, unterstützt von der Soziologie, der Ethnographie und Gott weiß was noch, eines Tages gelingen, aber dieser Tag ist noch nicht gekommen. Das Problem der diachronischen Strukturen sollte man daher im Augenblick besser beiseite lassen; wir sollten uns den Aspekten zuwenden, die wir fest im Griff haben.

Nun zum dritten Punkt. Ich gebe zu – und von der Seite unserer Kollegen aus den exakten und Naturwissenschaften hat man mir schon den Vorwurf gemacht – daß es auf den letzten Seiten des *»Wilden Denkens«* ein wenig schlechte Lyrik gibt, ja, ich würde sogar sagen, ein wenig mehr als nötig gewesen wäre; trotzdem glaube ich nicht, daß ich irgendwann eine Äquivalenz zwischen dem modernen wissenschaftlichen Denken und dem magischen Denken behauptet hätte. Sie sagen selbst, das eine ist abgeschlossen und das andere ist unabgeschlossen; ich glaube, das habe ich fast mit den gleichen Worten im ersten Kapitel meines Buches geschrieben, wo ich sage, das Zeichen bewerkstellige die Reorganisation des Ganzen, während der Begriff die Eröffnung des Ganzen bewerkstelligt. Wenn ich eine Äquivalenz zwischen der modernen Wissenschaft und der Magie aufstellen wollte, würde man mich sicher auslachen, und zwar zu Recht. Worauf ich nur hinweisen wollte, ist, daß die moderne Wissenschaft in ihrem Fortschreiten durch sich selbst und in sich selbst eine gewisse Reihe von Dingen wiederentdeckt, die es ihr gestatten, das magische Denken toleranter zu beurteilen, als sie es bisher getan hat.

Cuisinier: Die Schwierigkeit, die strukturale Linguistik auf die Diachronie anzuwenden, ist sicherlich groß. Es gibt jedoch einen Fall, wo man seit nicht geringer Zeit bemüht ist, analoge Analysen auf die Diachronie anzuwenden, und zwar in der politischen Ökonomie. Das Interesse an der Untersuchung von Fluktuationstypen, an der Feststellung großer Perioden, an der Abgrenzung bestimmter Formen von Sequenzen ist in diesem Bereich entstanden und gewachsen. Für das 19. Jahrhundert verfügt man nämlich über eine große Menge guter statistischer Informationen, und man hat sich bemüht, auf empirischem Wege aus diesen Materialien die hauptsächlichen Fluktuationstypen herauszuarbeiten. Damit gibt es einen Fall – wahrscheinlich ist es ein privilegierter Fall –, wo die Abläufe charakteristisch durch die strukturale Analyse erfaßt werden und wo diese unbestreitbar zu gewissen Erfolgen führt. Ich glaube, der Grund dafür ist, daß die wirtschaftlichen Ereignisse sich sehr weitgehend der bewußten und willentlichen Kontrolle der menschlichen Subjekte, die sie berühren, entziehen. Vergleicht man etwa die Phänomene der Verwandtschaft und die wirtschaftlichen Phänomene, so steht man vor etwas Analogem, weil es Phänomene sind, die sich nur über lange Zeitperioden erfassen lassen, Phänomene auch, bei denen das bewußte Eingreifen des Menschen außerordentlich schwierig ist. Gerade in solchen Fällen haben strukturale Analysen sowohl in der Synchronie wie in der Diachronie wahrscheinlich die bemerkenswertesten Erfolge zu verzeichnen. Es ist gewiß kein Zufall, wenn die Wirtschaftswissenschaft mit Techniken wie der volkswirtschaftlichen Gesamtrechnung, dem Nationalbudget und den input-output-Matrizen die strukturale Analyse zu einer außerordentlichen Verfeinerung hat entwickeln können. Der Erfolg und die Verfeinerung der Analyse in der Anwendung auf die Strukturen der Verwandtschaft und auf die wirtschaftlichen Strukturen ist eine erkenntnistheoretische Tatsache, aus der man gewiß lernen kann.

Lévi-Strauss: Ja, ich glaube auch, daß man daraus Lehren ziehen kann, und zwar nicht ganz optimistische Lehren insofern, als die wirtschaftlichen Phänomene ein ausnehmend günstiges Beispiel sind und wir zunächst eine Gesellschaft betrachten, in der sie seit langem eine wesentliche Rolle gespielt haben; andererseits ist das Tempo der periodischen Wiederkehr sehr rasch; in einem oder in anderthalb Jahrhunderten haben sich sehr viele Dinge ereignet und dabei eine Reihe von wiederkehrenden Erscheinungen, die man feststellen kann; schließlich ist unsere kapitalistische Gesellschaft so beschaffen, daß all diese Erscheinungen direkt oder indirekt in Dokumenten ihren Niederschlag gefunden haben; daher lassen sie sich rekonstruieren. Bei der Sprache – und obwohl die diachronische Linguistik große Erfolge zu verzeichnen hat – ist das schon viel schwieriger, weil es eine Menge Dinge gibt in der Entwicklung der Sprache, die sich uns völlig entziehen, weil sie in dem Augenblick, als man sie beobachten konnte, nicht aufgezeichnet worden sind und keine oder fast keine Spuren hinterlassen haben. Wir haben nicht immer das Glück, günstige Phänomene zu finden.

Adot: Sie haben Ihr Buch Merleau-Ponty gewidmet, und auf der anderen Seite hat man mich darauf hingewiesen, der Ausdruck des *Wilden Geistes* finde sich bei Merleau-Ponty. Gibt es eine Beziehung zwischen Ihrem Denken und seinem?

Lévi-Strauss: Dazu würde ich sagen, daß die Beziehung gewiß keine gegenseitige ist, insofern, als Merleau-Ponty in dem, was er geschrieben hat, und in unseren Gesprächen viel stärker als ich das Gefühl hatte, daß das, was ich machte, ein Teil seiner Philosophie sei; wahrscheinlich wegen einer gewissen, möglicherweise vorläufigen Unvereinbarkeit in der Art, wie der Ethnologe und der Philosoph die Probleme fassen. Der Philosoph stellt einen gewissen Anspruch, den ich nicht im geringsten kritisiere, wenn ich ihn herausstelle, aber lassen Sie mich ihn aussprechen – den Anspruch: Alles oder nichts. Er ist unmittelbar darum besorgt, wie eine Position in anderen Bereichen sich auswirkt; er möchte, daß die Kohärenz nachläßt, erhebt einen grundlegenden Einwand, während der Ethnologe um das Morgen weniger besorgt ist. Er versucht, ein Problem zu lösen, und danach ein anderes, und danach ein drittes. Wenn zwischen den philosophischen Implikationen dieser drei Versuche ein Widerspruch auftritt, wird er sich deshalb nicht quälen, denn für ihn ist die philosophische Reflexion ein Mittel, nicht ein Zweck.

Conilh: In Ihrem Buch legen Sie dar, daß das abendländische Denken stets vom *Wilden Denken* angezogen worden sei. Ich frage mich daher, ob das von Ihnen gestellte Problem nicht das folgende ist: Geben wir nicht eigentlich jedes Mal, wenn wir eine Interpretation der Wilden versuchen, ihnen einen Sinn, um uns selbst zu verstehen? Ich sehe, wenn die Schriftsteller im 18. Jahrhundert vom guten Wilden sprechen, einen Bezug zu den Fragen, die Sie sich stellten. Ich sehe, daß man in der bürgerlich-kolonialistischen Epoche eine Vorstellung vom Primitiven antrifft, die ihn als *inferior (prälogisch)* darstellt. Ich finde es bemerkenswert, daß heute Ökonomen, ja sogar Romanschriftsteller ebenfalls von Strukturalismus reden und in Ihrem Buch auftreten. Anders gesagt: Bilden Sie nicht eine Philosophie aus, und sogar eine Philosophie unserer Epoche? Wenn es aber so ist, kann ich diese Philosophie verwerfen und das primitive Denken anders verstehen, indem ich es auf einer anderen Stufe nehme, etwa der Stufe der Symbole, und ihm einen anderen Sinn geben. Kurz: Besteht unser Problem in einer Klassifikation oder in einer Sinngebung?

Lévi-Strauss: Ich glaube in der Tat, daß der Reiz, den die Ethnologie selbst für Laien hat, zum Teil darin begründet ist, daß ihr Forschen im Wesen unserer Gesellschaft, deren Dramen sie zum Teil mit umfaßt, einen mächtigen Antrieb hat. Allerdings muß man einen Unterschied machen: Worin bestand schließlich der Antrieb zur Ausbildung der Astronomie? Es waren Fragen theologischer Art oder auch der Wunsch, Horoskope zu stellen und das Kriegs- oder Liebesglück der Mächtigen dieser Welt zu sichern. Die wirklichen Gründe ihrer Bedeutung liegen jedoch nicht hier; sie liegen in Ergebnissen, die ihren Nutzen auf einer anderen Ebene haben. Ich denke daher nicht, daß es zwischen diesen beiden Aspekten irgendeinen Widerspruch gibt. Wir können sehr wohl zugeben, daß es nicht rein wissenschaftliche Gründe sind, aus denen wir Ethnologie betreiben oder uns für Ethnologie interessieren; sollte es die Ethnologie eines Tages verdienen, daß man ihr eine Rolle in der Konstituierung der Wissenschaften vom Menschen zuerkennt, so wird das gleichwohl aus anderen Gründen sein.

Ricœur: Vielleicht könnten wir uns gerade in jenem Bereich verständigen, in den Ihr Werk einmündet. Ist Ihre Philosophie für Sie eine persönliche, flüchtige, nicht ganz ernsthafte Angelegenheit, oder meinen Sie, es gäbe eine strukturalistische Philosophie, die mit der strukturalen Methode zusammengeht? Im ersteren Falle wäre Ihr Werk philosophisch neutral, ließe es uns vor der Verantwortung, auf eigene Gefahr und Rechnung zu wählen . . .

Lévi-Strauss: Nein, das zu behaupten, wäre heuchlerisch; aber hier spreche ich nicht mehr als der Wissenschaftler, der zu sein ich versuche, wenn ich mich um die Lösung ethnologischer Probleme bemühe, sondern als ein Mensch, der von der Philosophie geformt wurde und unweigerlich mehr oder weniger Philosoph bleiben mußte. Mit diesem Vorbehalt gestehe ich, daß die in meiner Forschung implizierte Philosophie die flachste und beschränkteste jener Philosophien ist, die Sie, Herr Ricœur, in Ihrem Aufsatz skizziert haben, als Sie der Frage nach der philosophischen Orientierung des Strukturalismus nachgegangen sind und festgestellt haben, es seien mehrere vorstellbar. Ich wäre also nicht erschüttert, wenn man mir zeigen würde, daß der Strukturalismus auf die Restauration einer Art von Vulgärmaterialismus hinausliefe. Im übrigen aber weiß ich viel zu genau, daß die Richtung der Entwicklung des modernen philosophischen Denkens zuwiderläuft, als daß ich mir nicht selbst eine mißtrauische Haltung auferlegen würde: Ich lese den Wegweiser und verbiete mir selbst, den Weg zu beschreiten, den er mir weist . . .

Ricœur: Ich würde vielmehr meinen, daß jene implizite Philosophie in Ihre Arbeit hineinreicht, in der ich eine extreme Ausprägung des modernen Agnostizismus sehe; für Sie gibt es keine *Botschaft* – nicht im Sinne der Kybernetik, sondern im kerygmatischen Sinne; Sie verzweifeln am Sinn, aber Sie retten sich durch den Gedanken, daß die Menschen, wenn sie schon nichts zu sagen haben, es mindestens so deutlich sagen, daß man Ihre Rede zum Ausgangspunkt des Strukturalismus machen kann. Sie retten den Sinn, aber es ist der Sinn des Unsins, das bewundernswerte syntaktische Arrangement einer Rede, die nichts sagt. In Ihnen sehe ich die Verbindung von Agnostizismus und einer Superintelligenz der Syntagma. Das macht sie zugleich faszinierend und beunruhigend.

Übersetzung von Britta Reif-Willenthal

Wie arbeitet der menschliche Geist?*

Ein Gespräch mit Raymond Bellour

Bellour: Wie stufen Sie jene Arbeit ein, die Sie unter dem Titel »*Mythologica*« unternommen haben?

Lévi-Strauss: Wie bei allen meinen bisherigen Bemühungen geht es darum, zu verstehen, wie der menschliche Geist arbeitet. Ich habe das Studium der südamerikanischen Mythologie aus mehreren Gründen gewählt. Zunächst deshalb, weil sie mir bekannt ist. Zweitens, weil ich sie für sehr schön halte und ich der Auffassung bin, daß man sie der Öffentlichkeit zugänglich machen und sie interpretieren soll. Schließlich habe ich dieses Problem gewählt, weil man zu oft geglaubt hat, daß sich der Mensch in der Mythologie ganz und gar seiner schöpferischen Phantasie hingibt, und sie also seiner Willkür überlassen ist. Wenn es aber gelingt, zu zeigen, daß auf diesem Gebiet, das einen Grenzcharakter besitzt, etwas existiert, das Ähnlichkeiten mit Gesetzen hat, kann man daraus schließen, daß solche Gesetze auch anderswo und vielleicht überall bestehen.

Bellour: Ich vermute, daß die Begrenzung Ihres Forschungsbereiches mit der induktiven Intention Ihrer Äußerungen verbunden ist.

Lévi-Strauss: Man müßte den alten Mißbrauch der

* Aus: »Les Lettres françaises«, Nr. 1165 vom 12. Januar 1967.

vergleichenden Mythologie meiden, die sich mit oberflächlichen Analogien zufrieden gab, um irgend etwas mit irgend etwas zu vergleichen. Ich wollte eine Tiefenanalyse eines umfangreichen, aber begrenzten Gebietes vornehmen, in dem man fordern und beweisen kann, daß außer den Ähnlichkeiten in der mythischen Idee ein ganzes Netz von tiefen historischen und geographischen Beziehungen besteht, auf die sich die Analogien stützen. Aber wenn die Methode etwas wert ist, so läßt sie auch zu, daß man das südamerikanische Spezialgebiet verlassen und zu einer allgemeinen Erkenntnis kommen kann.

Bellour: Was verstehen Sie darunter?

Lévi-Strauss: Eine fühlbare Erkenntnis, die der Mensch aus den Mechanismen seines Denkens erlangen kann. Die Mythologie ist ein Weg, dies in Erfahrung zu bringen, aber es ist nicht der einzige. Ich möchte weitergehen und sagen: Wenn die Methode, die ich anzuwenden versuche, für die Mythologie fruchtbar ist, dann müßte sie sich auch auf andere Formen der Aktivität des menschlichen Geistes anwenden lassen, etwa auf die Poesie, die Musik und die Malerei. Die Mythologie stellt aufgrund der ihr eigenen Bedingungen, ihrer Überlieferung und ihrer Rezeption einen besonderen Fall dar. Zweifellos entsteht jeder Mythos durch eine Erzählung, die eines Tages zum ersten Mal von irgend jemandem vorgetragen wird. Aber wir können uns dieses Problem ersparen, denn die Mythen kommen, sind sie erst einmal da, von niemandem mehr, und man wiederholt sie so, wie man glaubt, sie gehört zu haben.

Bellour: Wenn man Ihre Bücher betrachtet – oder vielmehr Ihr Buch, denn es handelt sich ja um die fortschreitende Variation eines Themas –, dann drängt sich als eine der ersten Fragen folgende auf: Woher kommt der Text der Mythen, die man dort liest, welche Rolle spielt der Autor bei diesen Erzählungen, über die der Leser ersten Zugang gewinnt?

Lévi-Strauss: Die Mythen sind gewöhnlich sehr lang. Viele wurden in ihrer ursprünglichen Sprache gesammelt und mit Hilfe von Informanten übersetzt. Die Erzählung ist manchmal voll von Wiederholungen, verliert sich, es gibt alle möglichen Zufälle. Das Ideal wäre gewesen, die Texte in ihrer Totalität wiederherzustellen; aber man wäre zu Büchern von mehreren tausend Seiten Umfang und somit an die Grenze der Lesbarkeit gekommen. Man mußte also zusammenfassen, ohne Wichtiges auszulassen. Ich mußte diese Technik erlernen: Es ist eine überaus komplizierte intellektuelle Übung. Sie ist indes sehr nützlich, denn im Laufe einer solchen Arbeit gelingt es, das Wichtige vom Unwichtigen zu unterscheiden. Die Teile meines Buches, die nur aus zusammengetragenen Erzählungen zu bestehen scheinen, haben eine anhaltendere Arbeit verlangt, als diejenigen, in denen ich in meinem eigenen Namen spreche.

Bellour: Das kann man verstehen, denn die Leidenschaft, von der man getrieben wird, die Mythen zu lesen, dürfte größtenteils auf diese Arbeit des Lesens und Schreibens, diese *Präinterpretation,* zurückzuführen sein, die man als ersten Maßstab Ihrer Beziehung zum Mythos ansehen kann.

Lévi-Strauss: Ich lese die Mythen mit dem größten Vergnügen. Wenn ich an die großen Vorgänger denke – wie Frazer oder Lévy-Bruhl –, die diesen intimen Kontakt mit dem Stoff des Mythos als den unfruchtbarsten Teil der Arbeit betrachteten, scheint mir, daß eine totale Transformation der Ethnologie stattgefunden hat. Ich glaube, daß sie zu einem großen Teil dem Surrealismus zugeschrieben werden kann. Das heißt, ich versuche nicht, als Schriftsteller zu schreiben; ich möchte vielmehr in diese wahllose Anhäufung von Mythen eine Ordnung bringen.

Bellour: Aber es ist gerade dieses schwere Stück Arbeit, wodurch eine erstaunlich ausgeglichene Architektur zwischen dem Mythos und dem erklärenden Kommentar entsteht, und die Interpretation erst ermöglicht wird.

Lévi-Strauss: Dies ist ein Teil meiner musikalischen Konzeption, die ich mir von den Mythen gemacht habe, ein Teil des Gegensatzes, den ich zwischen *Melodien, Rezitativen* und *Intermedien* immer berücksichtigen wollte.

Bevor ich mit *»Das Rohe und das Gekochte«*[1] begann, habe ich zehn Jahre lang Vorlesungen und Seminare über die Analyse des Mythos gehalten. Ich versuchte, den Mythos auf verschiedene Weise zu fassen. Im Laufe dieses Herumtastens hat sich nach einer beachtlichen Zahl von mündlichen Skizzen eine bestimmte Architektur herausgelöst. Was die Komposition selbst betrifft, so entfaltet sie sich immer in mehreren Dimensionen gleichzeitig. Der Grund, warum ich von einem Mythos eher ausgehe als von einem anderen, ist weitgehend subjektiv. Schließlich streckt die Analyse wie ein Tintenfisch ihre Fangarme in die verschiedensten Richtungen. Der Mythos wird

1 Claude Lévi-Strauss: Mythologiques I. Le cru et le cuit. Paris 1964. Deutsch: Mythologica I. Das Rohe und das Gekochte. Frankfurt 1971.

zunächst durch eine ethnographische Dokumentation untermauert, die ihn in eine lebendige Erfahrung stellt. Aber nachdem man einen bestimmten Mythos mit einer lokalen Erfahrung verbunden hat, sucht man ihn mit anderen Mythen zu verbinden, sofern man gewisse gemeinsame Strukturen vermutet. Von diesem Punkt ausgehend wiederholt man das Verfahren für alle Völker, deren Mythen man untersucht hat. Gewisse Besonderheiten des mythischen Stoffes lösen sich heraus. Dann fängt man wieder von vorne an, filtert den mythischen Stoff und sammelt sorgfältig alles, was im Sieb der Interpretation zurückgeblieben ist. Dieses Verfahren wiederholt man mehrere Male, bis man alles aufgearbeitet hat, was der Mythos enthält. Die Prozedur erinnert ein wenig an die Formation von Kristallen in einer gesättigten Flüssigkeit. Aus einem Zweig sprießen senkrechte Zweige, senkrecht zu diesen sprießen wieder Zweige, bis sich in den verschiedenen Richtungen eine Art Baum entwickelt. Sobald alles erstarrt, hat man den Eindruck, am Gipfel des Möglichen angekommen zu sein. Das Verfahren entsteht nicht aus einem vorher gefaßten Plan: Die Mythen rekonstruieren sich selbst durch meinen Eingriff. Ich versuche das Tor zu sein, durch das die Mythen gehen müssen.

Bellour: Daher zweifellos die große Begeisterung des Nichtspezialisten bei der Lektüre, die für ihn aber immer wieder *enttäuschend* ist.

Lévi-Strauss: Wenn Sie ein Kaleidoskop nehmen und dieses lange Zeit drehen, dann werden Sie das Gefühl haben, daß Anordnungen sich bilden und wieder zerstört werden. Aber am Ende von hundert Verschiebungen werden Sie im ganzen gesehen den

Eindruck haben, daß nichts geschehen ist, trotz der logischen Strenge aller dieser geringfügigen Veränderungen. Wenn Sie Fachmann sind, werden Sie ins Detail gehen, indem Sie Natur, Form und Farben eines jeden in den Apparat eingeschlossenen Gegenstandes berücksichtigen, und zu verstehen suchen, wie bestimmte Bewegungen andere Anordnungen nach sich ziehen: Das ist eine langsame und minutiöse Arbeit, die genauso schwierig für den Leser wie für den Autor ist. Auch wenn Sie kein Fachmann sind, glaube ich, daß sich aus dieser Reihe von Verschiebungen etwas von ganz allein herausschält: Die Macht des Begriffes Symmetrie, eine gewisse Übereinstimmung zwischen der ästhetischen Befriedigung, die Ihnen das Schauspiel hinter der Scheibe gibt, und dem Eindruck, daß jede Veränderung durch Gesetze bestimmt wird. Wenn es sich nicht um Glasscheiben, sondern um Strukturen des menschlichen Geistes handelt, wird Ihre Art, die Mechanismen des menschlichen Geistes zu erlernen, eine andere sein. Das erfordert eine Art Askese, denn die Entzifferung ist lang und beschwerlich. Ich möchte indessen glauben, daß derjenige, der diese Dialektik ganz in sich aufnimmt, aus ihr mehr oder weniger verändert in seinem geistigen Sein hervorgeht.

Bellour: Wie ist das Ganze geordnet, und in welchem Verhältnis steht es zu Ihren vorhergehenden Arbeiten?

Lévi-Strauss: Das ganze Unternehmen ist ein Versuch, zu verstehen, wie sich die Indianer der beiden Amerika den Übergang von der Natur zur Kultur vorstellen. Das ist das fundamentale Problem der Ethnologie, ja sogar jeder Philosophie vom Menschen. In *»Die elementaren Strukturen der Verwandtschaft«*[2] war ich noch versucht, den Gegensatz Natur – Kultur als in der Ordnung der Dinge begründet zu sehen, der damit eine Eigenschaft der Wirklichkeit zum Ausdruck brächte. Seitdem bin ich unter dem Einfluß von neueren Erkenntnissen in der Tierpsychologie und in den Naturwissenschaften dazu übergegangen, Begriffe der Kulturordnung einzuführen: z. B. den der genetischen Information aus der Biologie und den der Spieltheorie aus der Physik. Es scheint mir heute, daß der Gegensatz Natur – Kultur weniger eine Eigenschaft des Wirklichen widerspiegelt, als vielmehr eine Antinomie des menschlichen Geistes: Der Gegensatz ist nicht objektiv, es sind die Menschen, die das Bedürfnis haben, ihn zu formulieren. Er stellt vielleicht eine Vorbedingung zur Entstehung der Kultur dar. Ich glaube verstanden zu haben, daß bei den südamerikanischen Indianern dieser Gegensatz überall durch das Verhältnis von *roh* und *gekocht* ausgedrückt ist, und das gab mir die These für den ersten Band der *»Mythologica«*. Eine Bestätigung erhielt ich von einem amerikanischen Kollegen, der die Sprache dieser Völker kennt. Er hat in der Tat beobachtet, daß bei ihnen jeder Übergang von einem sozialen Status zu einem andern durch ein Wort ausgedrückt wird, das ein *Kochen* bezeichnet.

Als ich diesen Bereich erkundete, nahm ich aber bald wahr, daß die Begriffe *roh* und *gekocht* nicht ausreichten, da auch *weniger als Rohes* und *mehr als Gekochtes* existiert. Deshalb stieß ich auf *Honig* und

2 Claude Lévi-Strauss: Les structures élémentaires de la parenté. Paris 1949. Deutsch: Die elementaren Strukturen der Verwandtschaft. Frankfurt 1980.

Tabak andererseits.[3] Als ich dieses Begriffspaar entdeckte, taten sich mir weitere Möglichkeiten auf; die auf zwei Ebenen liegen: Zum einen veranschaulichen der *Honig* und der *Tabak* keine statischen Zustände wie das *Rohe* und das *Gekochte,* sondern ein dynamisches Ungleichgewicht. Die Bedeutung des *Honigs* vermittelt einen stetigen Abstieg zur Natur hin, der *Tabak* ein Aufwärtssteigen zum Übernatürlichen. Zum anderen sind die Mythen nun nicht mehr in Begriffen des Raumes, durch den Gegensatz von hoch und tief definiert, sondern in Begriffen der Zeit. Dadurch kommt das System der Periodizität mit hinein. Schließlich und vor allem sah ich hinter der Logik der Eigenschaften eine tieferliegende Logik erscheinen, die der Formen. Hier haben Sie die dialektische Bewegung, die die beiden ersten Bände miteinander verbindet: Der Übergang von einer räumlichen zu einer zeitlichen Mythologie, von einer Logik der sichtbaren Eigenschaften zu einer Logik der Formen.

Der dritte Band *»Der Ursprung der Tischsitten«*[4] befaßt sich mit der mythischen Widerspiegelung der Periodizität. Darin soll gezeigt werden, wie das Denken der Eingeborenen Kontinuum und Diskontinuum in der Ordnung der Zeit thematisiert. Dabei kommt es zu einer weiteren Veränderung: Wurden die Mythen in den ersten beiden Bänden unter dem Aspekt der Küche und ihrer Umgebung analysiert, so werden sie es hier unter dem Aspekt der guten Manie-

3 Claude Lévi-Strauss: Mythologiques II. Du miel aux cendres. Paris 1966. Deutsch: Mythologica II. Vom Honig zur Asche. Frankfurt 1972.

4 Claude Lévi-Strauss: Mythologiques III. L'origine des manières de table. Paris 1968. Deutsch: Mythologica III. Der Ursprung der Tischsitten. Frankfurt 1973.

ren. Dieser Band mündet zweifellos in eine den Mythen innewohnende Moral.

Gleichzeitig gibt es noch einen weiteren Punkt, der in diesem Buch von mir berücksichtigt wird. Die Grenzen der Verstehbarkeit eines mythischen Systems werden hier erreicht. Will man gewisse südamerikanische Mythen interpretieren, auf die die lokalen Fakten kein Licht werfen, dann ist es notwendig, *das Paradigma zu erweitern* und nach Nordamerika zu schauen. Die Erweiterung ist also doppelt zu sehen: Von Kochkünsten zu einer häuslichen Moral, von Südamerika nach Nordamerika. Folglich ist der vierte Band *»Der nackte Mensch«*[5] Nordamerika gewidmet. Hier findet man dieselben Mythen wieder, die den Ausgangspunkt für *»Das Rohe und das Gekochte«* lieferten, allerdings in veränderter Form, dem anderen Erdteil entsprechend, sowie den ökonomischen und technischen Unterschieden. Der Kreis schließt sich: In den nördlichen Gebieten von Nordamerika findet man ein Äquivalent zu dem, was man im Herzen Südamerikas beobachtet hat. Gleichzeitig stellt sich heraus, daß der Grund für die Unterschiede zwischen den Mythen, die den gleichen Ursprung haben, in den Infrastrukturen liegt, in den Beziehungen, die jede menschliche Gemeinschaft mit ihrer Umwelt unterhält.

Bellour: So entschieden Sie sich auch in bezug auf Zeit und Raum auf das Gebiet der amerikanischen Indianer konzentriert haben mögen, so suchen Sie trotz allem mehr oder weniger zahlreiche und prolongierte *Auswege;* so in *»Das Rohe und das Gekochte«* in

5 Claude Lévi-Strauss: Mythologiques IV. L'homme nu. Paris 1971. Deutsch: Der nackte Mensch. Frankfurt 1975.

Richtung der französischen Bräuche für Ihre Analysen des *charivari* und der astronomischen Semantik; in »*Vom Honig zur Asche*« in Richtung der orientalischen Mythologie über den Umweg des wunderschönen japanischen Mythos vom *weinerlichen Baby;* in der »*Strukturalen Anthropologie*«[6] in bezug auf den *Ödipusmythos*. Messen Sie diesen verschiedenartigen Einbrüchen eine besondere Bedeutung bei, und sollen sie die Idee suggerieren, daß die Mythologie in den Grenzen einer einzigen Struktur interpretiert werden könne?

Lévi-Strauss: Ich möchte diese Frage offen lassen und vorläufig kein Urteil fällen: Gibt es mehrere Mythologien oder eine einzige? Man wird es sehen. Die Einbrüche, die ich mir erlaube, haben zweifachen Charakter: Zunächst den der Provokation. Ich wollte anregen, daß Menschen, die auf anderen Gebieten arbeiten, sich dieselben Fragen stellen, ohne ihnen die Antwort zu suggerieren. Zweitens habe ich von Zeit zu Zeit und in privilegierten Fällen das Gefühl, an fundamentale Wahrheiten heranzukommen. Dann muß man sofort eine rasche Stichprobe auf einem ganz anderen Gebiet machen, das einer Art Kontrollerfahrung dient.

Bellour: Man hat Ihnen verschiedentlich Ihre Haltung der Geschichte gegenüber vorgeworfen. Im *Marxismus im 20. Jahrhundert*[7] beklagt z. B. Roger Garaudy die theoretische Kluft zwischen der Methode der Ethnologie und der der Geschichte. In einer

6 Claude Lévis Strauss: Anthropologie structurale. Paris 1958. Deutsch: Strukturale Anthropologie. Frankfurt 1967.

7 Roger Garaudy: Marxisme du XXème siècle. Paris-Genf 1966. Deutsch: Marxismus im 20. Jahrhundert. Hamburg 1969.

Nummer von *»L'Arc«*[8] behauptet Sartre, daß der Strukturalismus, so wie Sie ihn praktizieren und verstehen, *viel zum gegenwärtigen Mißkredit der Geschichte beigetragen hat.*

Lévi-Strauss: Ich habe es mit Gemeinschaften zu tun, die sich keine Geschichte wünschen: Das ist ihr Problem. Sie wollen sich nicht in einer geschichtlichen, sondern in einer periodischen Zeit sehen, die sich wie der regelmäßige Wechsel von Tag und Nacht selbst ein Ende setzt. Das besagt, daß ich nicht im geringsten der Geschichte gegenüber eine negative Haltung habe, wie man mir nachsagt. Ich befürchte lediglich bei den Anhängern der Richtung, die man *Geschichte um jeden Preis* nennen könnte und die ihr Problem über jedes andere stellen, einen Mystifizismus und Anthropozentrismus. Man muß sich im Hinblick auf die Geschichte immer fragen, ob es nur eine einzige gibt, die in der Lage ist, die Gesamtheit des menschlichen Werdens zu erfassen, oder ob es nicht eine große Zahl von lokalen Entwicklungen gibt, die nicht nach ein und demselben Schema zu beurteilen sind. Daß die Geschichte an einem bewohnten Ort der Erde, zu einer bestimmten Epoche der innere Motor ökonomischer und sozialer Entwicklungen geworden ist, gebe ich zu. Doch handelt es sich dabei um eine innere Kategorie dieser Entwicklung und nicht um eine gleichzeitig die ganze Menschheit umfassende Kategorie. Man kann allgemein den marxistischen Standpunkt für das akzeptieren, was in Westeuropa vom 14. Jahrhundert bis heute geschehen ist. Aber ich glaube nicht, daß man ihn auf alle Phasen der menschlichen Entwicklung

8 L'Arc, Nr. 30, 1966

anwenden kann. Marx hat das auch nicht geglaubt, wie er oft genug geäußert hat.

Wenn ein Architekt ein Haus zerstört oder aufbaut – ich verwende dieses Bild, um ihm seine Rechte an der revolutionären Aktivität zu bewahren – bekennt er seinen Glauben an die euklidische Geometrie; in Ordnungen von für ihn unmeßbarer Größe hört sie jedoch auf, wahr zu sein. Fordern zu wollen, daß das, was wir für wahr halten, es auch für alle und für immer sein könnte, scheint mir ungerechtfertigt und aus einer bestimmten Form von *Obskurantismus* entstanden zu sein. Das ist eine theologische Einstellung, und in der Geschichte der Philosophie fehlt es nicht an ähnlichen Beispielen. Ich wollte, daß man in den Humanwissenschaften eine relativistischere Haltung einnähme. Man fühlt manchmal jedoch das Bestreben, daß die Philosophie Untersuchungen, die positiv zu werden versuchen, in Beschlag nimmt, und man läßt sich nicht durch die Tatsache beirren, daß die Forschung simultan Wege einschlägt, die einander manchmal zu widersprechen scheinen, die aber gleichzeitig von ihrer besonderen Wirksamkeit Zeugnis ablegen. Dies ist vor allem der Grund meines Mißverständnisses mit verschiedenen Philosophen: Wie ich ihre Problematik für mein Gebiet zurückweise, so bilden sie sich ein, daß ich meine Problematik auf ihr Gebiet ausdehnen möchte, denn sie begreifen nicht, daß man seine Richtlinien jenen Ebenen entsprechend ändern kann, die man in der Wirklichkeit ins Auge faßt.

Bellour: Aber ist es nicht gerade der Wirkungskreis der Philosophie, daß sie keinen solchen besitzt, jedoch über alle nachdenkt?

Lévi-Strauss: Die Philosophen – lange Zeit genossen sie eine Art Privileg, indem man ihnen das Recht zusprach, über alles und bei jeder Gelegenheit zu reden –, müssen sich langsam damit abfinden, daß viele Untersuchungen der Philosophie entgleiten. Ich sage nicht, definitiv und für immer, denn vielleicht werden sie wieder zu ihr zurückkehren – es hieße seinen Glauben an die Geschichte zu bekennen, wenn man das Gegenteil behauptet – aber wir sind die Zeugen einer Art von Zerstückelung des philosophischen Bereichs. Die Forderung *alles oder nichts* aufrechtzuerhalten, würde zu einer Verkalkung der Wissenschaften vom Menschen führen.

Bellour: Sie sagen: *Dinge außerhalb der Philosophie.* Wenn diese Dinge vielleicht das wesentliche sind, heißt das, daß man der Philosophie tatsächlich nur die Verpflichtung und die Möglichkeit zu ihrer eigenen Geschichte läßt.

Lévi-Strauss: Das ist ein Problem für die Philosophen und nicht für mich. Es scheint mir nicht, daß die Philosophie jederzeit universelle Jurisdiktion hat.

Bellour: Was denken Sie über die gegenwärtige Tendenz, die Disziplinen einander anzunähern, die sich auf verschiedenen Gebieten offen zu den Methoden der Strukturalisten bekennen? Stehen wir hier Ihrer Meinung nach vor einem Einbruch, der eine extensive und definierte Verwendung des Wortes *Strukturalismus* rechtfertigt?

Lévi-Strauss: Ich habe nicht den Eindruck. Sie denken zweifellos an jene journalistische Manie, die darin besteht, den Namen von Lacan mit dem meinen zu verbinden; ich stelle mir vor, daß ihn das ebenfalls in Erstaunen versetzt. Unsere Arbeiten scheinen mir sehr voneinander abzuweichen, denn, während die eine sich von der Philosophie entfernt, kehrt die andere zu ihr zurück. Es ist wahr, daß die Regeln der Deontologie es dem Psychoanalytiker untersagen, in ihrer konkreten Mannigfaltigkeit seine klinische Erfahrung zu restituieren. Die Monographie ist für ihn eine schwierige Methode, da sie das wesentliche Material für unsere Forschungen bietet, und immer zur Verfügung steht, um die Gültigkeit der theoretischen Hypothesen zu kontrollieren. Der Ethnologe fühlt sich eher in seinem Element angesichts jener eigenartigen Objekte, der Gemeinschaften, die, lokalisiert in Zeit und Raum, in verschiedenen Zeitabschnitten von mehreren Forschern beobachtet worden sind, und deren Bräuche, Glauben und Institutionen sich ihm in einer gewissen gefestigten Form darbieten. Er verlangt nie, daß man ihm sofort glaubt.

Bellour: Sie haben also keineswegs den Eindruck einer reellen Konvergenz?

Lévi-Strauss: Nur zwischen den Ethnologen und den Linguisten. Wir sind davon überzeugt, daß unsere Arbeit eng verbunden ist. Die Mythen sind vor allem linguistische Existenzen, und die Mittel zur Kontrolle, über die die Linguistik verfügt, sind den unseren überlegen. Deshalb leisten wir ihr gerne den Treueeid. Wie die Linguisten studieren auch wir besondere Existenzen, und hier liegt wahrscheinlich der Grund für unsere Zusammenarbeit. Denn die Linguistik ist positiv geworden, als sie aufhörte, im abstrakten Bereich über die Natur der Sprache nachzugrübeln und daranging, konkrete Sprachen zu erforschen.

Bellour: Wie sehen Sie die Beziehungen zwischen

dem Strukturalismus, so wie Sie ihn verstehen, und der Literaturkritik?

Lévi-Strauss: Sicherlich wissen Sie, daß ich in Zusammenarbeit mit Roman Jakobson versucht habe, die strukturale Analyse auf ein Sonett von Baudelaire anzuwenden. Diese Arbeit ist beinahe unbeachtet geblieben. Ich glaube sogar, daß die Fachleute in dieser Arbeit eine Mystifikation sehen. Wir haben sie indes selbst sehr ernst genommen, und Jakobson weitet in einem Buch die Methode auf verschiedene Arten poetischer Beispiele aus, die wiederum verschiedenen Sprachen und Kulturkreisen entnommen sind. In den meisten literaturkritischen Arbeiten, die sich auf den Strukturalismus berufen, vermag ich allerdings keine strukturalistische Methode zu erkennen. Ebenso wie es keine strukturale Analyse ohne ständigen Rückgriff auf die Ethnographie geben kann, begreife ich nicht, wie man unter strukturalen Aspekten ein Werk studieren kann, ohne sich zuerst aller Informationen versichert zu haben, die Geschichte, Biographie, Philologie der Interpretation liefern können.

Außerdem, wenn man vorgibt, die Schöpfungen des menschlichen Geistes sehr genau zu kennen, dann doch nur insofern, als sie *geschlossene* Gegenstände sind. Von einem *offenen* Werk zu sprechen, führt in eine ganz andere Richtung. Die Verfechter der *neuen Kritik* schwanken fortwährend zwischen zwei Konzeptionen. Einerseits sehen sie im Werk, dessen innere Eigenschaften und dessen Struktur ebenso festgelegt sind, wie, sagen wir, diejenige eines großen organischen Moleküls, eine zweifellos sehr komplexe Konstruktion. Andererseits betrachten sie das Werk als eine Art Rorschach-Testbild, das keine eigene

Bedeutung hat, sondern nur diejenige, die ihm von jeder Epoche und von jedem Leser gegeben wird. Nur die erste Konzeption hat etwas mit dem Strukturalismus zu tun. Aber man wechselt von einer zur anderen, ohne sich darüber im klaren zu sein, daß beide miteinander vereinbar sind. Für mich ist der Gegensatz zwischen alter und neuer Kritik ziemlich konstruiert. Die Analyse literarischer Werke mit Hilfe der strukturalen Methode erhellt sehr viel, aber diese Methode erneuert und vervollständigt nur die traditionellen Mittel, sie macht sie nicht überflüssig. Wenn ich bei der Analyse der Mythen meinen Gegenstand durch historische, psychologische und biographische Auskünfte (selbst über die Person des Erzählers) zusätzlich erhellen konnte, hat mich das nie behindert, sondern mir im Gegenteil geholfen. Wenn diese verschiedenen Techniken zweideutig und manchmal sogar widersprüchlich erscheinen, dann deshalb, weil wir auf dem Gebiet der Wissenschaft vom Menschen noch in den Kinderschuhen stecken. Aber eine Untersuchung, die positiv sein will, erhebt keine Ausschließlichkeitsansprüche; vielmehr wendet sie alle nur erdenklichen Mittel an. Die Diskussion über *neue Kritik* zeigt wieder einmal mehr, daß man bei uns nichts eiliger hat, als jeden kaum erschlossenen Bereich einem pseudo-philosophischen Geschwätz auszusetzen.

Bellour: Man ahnt indessen in allem, was Sie schreiben, so etwas wie eine Ungeduld der Erkenntnis im philosophischen Sinn, die andererseits auf die Vielfalt der kulturellen Aspekte, von denen wir soeben sprachen, Antwort gibt.

Lévi-Strauss: Natürlich sind wir alle so sehr Philosophen, daß wir nicht umhin können, den normalen Verlauf unserer Arbeiten vorwegzunehmen, und insofern eine Philosophie schaffen, die lokal, partiell oder provisorisch bleiben kann, ohne sich durch ihre eigenen Schritte eingeengt zu fühlen. So erfüllt sie eine reale Funktion, die jedoch in bescheidenen Grenzen bleibt.

Bellour: Das nennen Sie in *»Das Rohe und das Gekochte«* die *kleine Wilddieberei.*

Lévi-Strauss: Ja, wenn Sie wollen. Ich beabsichtige nicht, eine allumfassende Erklärung zu geben. Ich bin durchaus bereit, zuzugeben, daß es für die Gesamtheit der menschlichen Handlungen Bereiche gibt, die strukturierbar sind, und andere, die es nicht sind. Ich wähle Klassen von Phänomenen und Gesellschaftstypen, bei denen sich die Methode lohnt. Denen, die sagen »es gibt anderes«, kann ich nur antworten: »Sehr gut. Es steht Ihnen frei.« Ich verlange nur, daß man nicht dem Dogmatismus verfällt. Was man machen kann, macht man dort, wo man es machen kann. Wenn man mir nach der Lektüre von *»Die elementaren Strukturen der Verwandtschaft«* zugesteht, daß man einen Heiratsbrauch besser als vorher versteht, oder nach der Lektüre von *»Das Rohe und das Gekochte«* einen Mythos besser als vorher, dann bin ich zufrieden. Ich fordere nicht, daß man daraus sofort endgültige Schlußfolgerungen über die eigentliche Natur des menschlichen Geistes zieht. Ich hoffe, einen bescheidenen Beitrag zu leisten, ein Schriftstück zu den Akten zu legen. Aber Hunderte von Forschern müßten sich über Jahre hinaus auf parallelen Wegen die Arbeit machen. Vielleicht kommt dann eine bündige Sache dabei heraus.

Entweder erreicht man, daß dieser Weg in den Wissenschaften vom Menschen eingeschlagen wird, oder es wird keine Humanwissenschaften geben. Ich will nicht den Beweis einer Antiphilosophie antreten. Aber gegenwärtig laufen wir Gefahr, von einer Art theologischen Humanismus gefangengenommen zu werden. Überall dort, wo sich in der Vergangenheit Wissenschaft herausgebildet hat, wurde gesagt: Was mit dieser Wissenschaft vorgeschlagen wird, stellt die Existenz Gottes in Frage. Heute sagt man uns: Das stellt die Existenz des Menschen in Frage. Für Galilei war die Erkenntnis, daß die Erde sich dreht, keine metaphysische Wahrheit, sondern eine aus den Tatsachen gewonnene Feststellung, der jede Prätention fernlag.

Bellour: Man könnte schließlich sagen, daß man fühlt, wie sich in Ihren *»Mythologica«* eine Tendenz zur Organisation, zum ästhetischen Ausdruck, entwickelt, die sich mit der wissenschaftlichen Methode verbindet, als ob die Kunst mit der Wissenschaft in einen direkteren Dialog eintrete als mit der Philosophie.

Lévi-Strauss: Ja, aber in dem einen wie dem anderen Fall, um sie in Aussicht zu stellen. Nicht die Ethnographie ebnet den Weg, um zur Philosophie zu gelangen, sondern es ist die Philosophie, die mir als Weg dient, denn dies ist eine der Sprachen,die unsere Zivilisation spricht, um zur Analyse der Erfahrungen zu kommen, die uns fremd sind. Wenn ich also in meinen Büchern gerne alte Stiche verwende, so deshalb, weil sie einen Aspekt des Mythos ebenso ausdrücken, wie andere Aspekte durch logisch-mathematische Formeln ausgedrückt werden. Wenn der

Mythos eine eigene Wirklichkeit besitzt, so ist sie in dieser Union von Fühlbarem und Begreifbarem enthalten. Nichts ist dem Mythos also fremd. Sogar die Zeichnung von Riou bildet eine Variante des Mythos, ähnlich jener, die ich bei benachbarten Völkern entnehmen könnte. Andererseits ist die logisch-mathematische Formel ebenfalls ein integrierender Teil des Mythos. Das Problem ist, sich dort aufzustellen, wo man beide Seiten im Auge behält, und sich die Mittel zu verschaffen für ein ewiges Kommen und Gehen zwischen Anekdote und Philosophie, zwischen ästhetischer Emotion und logischer Evidenz. Die Neugierde den Mythen gegenüber erwächst aus einem tiefen Wunsch, die Natur zu durchdringen, dessen wir im Augenblick unfähig sind. Was verstehen wir unter einem schönen Objekt? Worin besteht die ästhetische Emotion? Vielleicht ist es das, was wir durch eine letzte Analyse der Mythen dunkel zu verstehen suchen.

Bellour: So wäre der Mythos das ideale ethisch-ästhetische Objekt, die lebende Idee des Absoluten.

Lévi-Strauss: Vielleicht; aber dieses Absolute wäre noch relativ, denn es würde sich in bezug auf den menschlichen Geist definieren, der im Mythos simultan alle seine Mittel einsetzt.

Übersetzung von Britta Reif-Willenthal

Der Mensch, bekleidet durch den Mythos*

Ein Gespräch mit Jean Pouillon

Pouillon: Sie sagen, daß die Mythen sich gegenseitig reflektieren, transformieren und erzeugen. Das kann man auf verschiedene Weise verstehen. Jeder Mythos ist im großen und ganzen die Wiedergabe und Übertragung eines anderen und seiner grundlegenden Beziehungen. Bedeutet das nicht, daß im Grunde nur ein einziger Mythos existiert, dessen getrennte Teile wir sammeln müssen, oder drückt die Einheit der Mythen, die Sie analysieren, nur die Zugehörigkeit zu einem semantischen Feld aus, von dem wieder andere kulturelle Äußerungen der betrachteten Völkergruppen abhängig sind? Sie beweisen, daß die Beziehungen zwischen anscheinend sehr verschiedenen Mythen, die manchmal aus sehr nahen, oft aber auch aus sehr weit voneinander entfernten Regionen der beiden Amerika stammen, als Tatsache angenommen werden können; aber man muß nicht daraus schließen, daß diese Beziehungen auch reale Beziehungen sind; ebensowenig kann man deshalb, weil verschiedene Gemeinschaften aus demselben strukturalen Typus hervorgehen, auf geschichtliche Zusammenhänge zwischen ihnen schließen.

Sie sprechen von der *Erzeugung* eines Mythos. Ist

* Aus: »Les Nouvelles Littéraires«, Nr. 2297 vom 1. Oktober 1971.

es deshalb, weil Sie bei der Analyse eines Mythos manchmal schon *a priori* einen anderen ableiten können, oder weil sich die Mythen tatsächlich gegenseitig hervorbringen, und sie im großen und ganzen ihren Spuren folgen? Im ersten Fall hätten Sie – und das bekennen Sie selbst –, andere Wege wählen können, um das mythologische Universum zu durchlaufen; aber muß man nicht gleichzeitig zugeben, daß die Determination dieses Universums vom Beobachter und seinen Instrumenten der Analyse abhängig ist; und wie kann man diesem Vorwurf des Subjektivismus aus dem Weg gehen?

Lévi-Strauss: Ich werde zunächst auf den Vorwurf des Subjektivismus antworten, denn, indem ich dem ersten Einwand begegne, habe ich gleichzeitig die Mittel in der Hand, den zweiten zu widerlegen. Es ist wahr, daß andere Wege möglich gewesen wären; ich hätte mit einem anderen Mythos beginnen können, und da die Mythen einen vielfältigen Kodex für verschiedene Ebenen anwenden, hätte ich zuerst einen anderen Kodex und eine andere Ebene in Angriff nehmen können; das hätte sicherlich dazu geführt, daß ich die Erzählungen anders gruppiere; vielleicht hätte ich sogar andere Erzählungen festgehalten; ebensogut hätte ich mir andere Themen wählen und z. B. von Nordamerika und nicht von Südamerika ausgehen können. Aber die Vielzahl der möglichen Wege, und deshalb auch die unvermeidliche Willkür meiner Wahl, basieren auf der objektiven Strukturierung des mythischen Universums. Das Resultat wäre am Ende dasselbe gewesen: Man hätte auf jeden Fall mit der Klarstellung dieser globalen Struktur geendet. Die Bedeutung eines Mythos und *a fortiori* einer Mythengruppe zu entdecken, heißt in Wirklichkeit nicht, dieses oder jenes Interpretationsniveau zu privilegieren, und die Erzählung flach werden zu lassen; es heißt, im Gegenteil, das zu erkennen, was ich die *Struktur der Schichten (structure feuilleté)* genannt habe, und in ihr die Matrix der Bedeutung zu sehen, in der, unabhängig von der Art der Interpretation, jeder Plan stets auf einen anderen, jeder Mythos auf einen andern Mythos hinweist. Der Ausgangspunkt ist also von geringer Bedeutung: Seine Zufälligkeit hebt sich am Endpunkt auf.

So sieht sich der Analytiker in einer Situation, die jener vergleichbar ist, in der sich der unbekannte Autor eines Mythos befindet – denn jeder Mythos muß in letzter Instanz einem individuellen Schöpfungsakt entspringen –, und in der auch jene sind, die ihn der Reihe nach erzählen. Nicht nur deshalb, weil jede Interpretation eines Mythos ihre Stelle in der Folge seiner bereits bekannten Varianten einnimmt und weil der Analytiker zugleich ein Erzähler ist, ebenso wie die Erzähler zugleich auch Interpreten sind, sondern vor allem deshalb, weil die zufälligen und variablen Momente, die an Temperament, Talent, Phantasie, Milieu und persönliche Erfahrungen dieses oder jenen Erzählers gebunden sind, während des Prozesses der mündlichen Überlieferung wie des Prozesses der Interpretation sich zu *erodieren* beginnen, um fortschreitend von der Masse des Diskurses das loszulösen, was man seine kristallinen Teile nennen könnte, jene Teile, die sich gerade aus der strukturalen Deutung, und aus ihr allein ergeben.

Legt diese Analyse am Ende nur einen einzigen Mythos frei? Dieser Ausdruck ist nicht ganz korrekt, denn der Mythos bietet sich uns nie im isolierten Zustand an, außer aufgrund falscher Informationen. Das Problem liegt eher darin, zu erkennen, ob das unbewußte Schema, das man natürlich fordern muß, um die Übersicht über die Zusammenhänge dieses weiträumigen Planes nicht zu verlieren, in dem sich *die Konturen ausgleichen* und die Nuancen aller analysierten Mythen verschmelzen, sich nicht an irgendeiner Stelle des Kontinents in einem mythologischen Mikrokosmos hat konkretisieren können, der gleichsam ein reduziertes Modell böte, das alle hoch angesetzten Ziele seit Beginn der Forschung verdichtet und die Hypothese einer Prüfung unterwirft. Nun, ein solcher Mikrokosmos ist uns durch die Mythologie der *Oregon-Indianer* in Nordamerika gegeben; hier findet man tatsächlich die reichhaltigsten und am besten erhaltenen Formen des Systems, die anderswo in Zersetzung erscheinen. Soll man also in der Einzigartigkeit der *Oregon-Mythen* einen Knotenpunkt der amerikanischen Kulturen, den Ausgangspunkt einer zentrifugalen, oder, im Gegenteil, den Endpunkt einer zentripetalen Bewegung sehen? Diese Frage ist kaum von Bedeutung. Durch die Tatsache, daß die Mythen des Oregon die Geschlossenheit des Systems offenbar werden lassen, kommt es auf dasselbe hinaus, den Mythos vom Zentrum gegen die Peripherie oder von der Oberfläche in die Tiefe zu erforschen.

Heißt das, daß die strukturale Analyse die historischen Zusammenhänge zwischen verschiedenen Völkergruppen, sowie die Relationen, die den Inhalt selbst der Mythen zwischen jenen und der ethnographischen Realität aufdeckt, nicht für zur Sache gehörig hält? Keineswegs, aber man muß natürlich sehen, worin diese Zusammenhänge bestehen, wenn es sich um Mythen handelt. Ich habe versucht zu zeigen, daß Amerika vor Kolumbus, trotz der geringen Bevölkerungsdichte, eine *volle* Welt bildete, in der die Kontakte nicht nur *intertribual,* sondern auch international genannt werden können; sie sind durch die Kolonisation ausgelöscht worden und waren sicher enger und zahlreicher, als allgemein angenommen wird. Nur lassen sich die Mythen nicht so übertragen, wie materielle Güter, deren Austausch die Form nicht modifiziert; beim Übergang von einer Gemeinschaft in die andere sind die Mythen in der Nachbarschaft techno-ökonomischen Infrastrukturen unterworfen, deren Anziehungskraft sie sich nicht entziehen können; das muß man in Betracht ziehen, um die verschiedentlichen Abweichungen zu verstehen, die in den Versionen ein und desselben Mythos auftreten, der benachbarten oder entfernten Gemeinschaften angehört. Jede Version verrät also den Einfluß eines zweifachen Determinismus: Derjenige, der sie mit anderen Versionen – früheren oder fremden–, verbindet; deshalb konnte ich auch sagen, daß hinter einem Mythos immer ein anderer Mythos steckt; und zwar derjenige, den der infrastrukturelle Zwang auferlegt. Aber der zweite widerspricht dem ersten nicht, und er ist auch nicht weniger *struktural.* Dieser Zwang wirkt tatsächlich nicht gemäß einer mechanischen Kausalität, sondern indem er den Mythos zwingt, sich zu reorganisieren, seinen internen Relationen zu transformieren; das kann er nur, indem er fortsetzt, seiner eigenen Logik zu gehorchen, die aus der neuen Version eine kombinierte Variante der vorhergegangenen machen wird. Nur unter dieser Bedingung kann die Mythologie die Infrastruktur erfassen, d. h. ihre Aufgabe erfüllen und die Menschen befriedigen.

Es ist diese infrastrukturelle Verankerung, die ich ans Licht gebracht habe, indem ich vom Anfang an bestimmte Arten kulinarischer Techniken – Vorhandensein und Nichtvorhandensein der Töpferei, des Erdofens, des Kannibalismus – mit den mythischen Formeln jener Völker verbunden habe, bei denen man diese Techniken findet, indem ich zeigte, daß die Struktur der Infrastruktur jener der Mythen homolog ist. Wenn also die Ideologie, im vorliegenden Fall die Mythologie, die konkreten Beziehungen ausdrückt, die jede Menschengruppe mit der Welt und mit den anderen unterhält, so geben sie diese ihrerseits ebenfalls wieder. Das Beispiel der Küche ist von diesem Standpunkt gesehen besonders aufschlußreich: Man braucht nicht an die Ethnographie zu appellieren, um sicherzugehen, daß die Art, wie jeder ißt, von allen Verhaltensweisen diejenige ist, die die Menschen am liebsten wählen, um ihre Originalität gegenüber anderen zu beweisen, und auf diesem Gebiet, so wie überall, können sie das nur tun, indem sie eine ganze *Klaviatur* von Symmetrien, Oppositionen, Inversionen . . . abspielen, kurz, dank der letzten Endes intellektuellen Prozesse der Natur.

Pouillon: Sie verwerfen im großen und ganzen den Idealismus und setzen sich gleichzeitig ganz entschlossen für den Intellektualismus ein. Deshalb hat man Ihnen übrigens auch vorgeworfen, daß Sie die Bedeutung des Gefühlslebens vernachlässigen; das wäre um so bedauerlicher, weil, wie man sagt, die Völker ohne Schrift in ihren Mythen konkrete Symbole verwenden, die von emotionellen Werten durchdrungen sind.

Lévi-Strauss: Den *Primitiven* eine große Affektivität zuzuschreiben, ist oft eine verschleierte Art und Weise, ihre intellektuellen Fähigkeiten zu leugnen. Ich unterschätze keineswegs die Wichtigkeit der Affektivität; ihre Äußerungen sind jedoch, wie ich bereits in *»Das Ende des Totemismus«*[1] betont habe, niemals mehr als Wirkungen, und keine Ursachen: Sei es die indirekte Wirkung der Veränderungen, die im normalen Verlauf der intellektuellen Prozesse stattgefunden haben, von denen ausgehend man allein das Gefühlsleben als geistiges Phänomen anerkennen kann; sei es die Wirkung der organischen Modifikation; in diesem Fall erwächst das Gefühlsleben nur aus der Biologie.

Einen Punkt möchte ich aber doch präzisieren. Jener Intellektualismus, zu dem ich mich ohne Verlegenheit bekenne, ist gleichzeitig ein Materialismus, den einige vielleicht als rustikal verurteilen werden, was ich ebenso freimütig zugebe. Tatsächlich findet sich die Konzeption von einem Erkenntnisvermögen, die eine autonome Aktivität führt und zunächst sich selbst unterworfen ist, in meinen Augen bestätigt durch die Entdeckung und die Entzifferung des genetischen Codes, jene universelle Sprache, deren sich alle Formen des Lebens bedienen, und in der man jenen absoluten Prototypus sehen kann, von dem auf anderer Ebene die artikulierte Sprache die Reflexion jenes Modells ist, mit dem die Namen von Trubetzkoj und Jakobson immer verbunden sein werden. Das

1 Claude Lévi-Strauss: Le Totémisme aujourd'hui. Paris 1962. Deutsch: Das Ende des Totemismus. Frankfurt 1965.

heißt, daß die strukturale Analyse nur deshalb im Geist entstehen kann, weil ihr Modell schon im Körper in der Natur vorhanden ist. Wenn ich also *»Der nackte Mensch«* mit einer Art Träumerei über die Rückkehr zu einer Dialektik der Natur beende, so soll man darin nicht eine Kritik des *Neo-Darwinismus* sehen,wie man ihn in den Büchern von Jacques Monod und François Jacob finden kann.

Übersetzung von Britta Reif-Willenthal

Mythos und Bedeutung I*

Ein Gespräch mit Pierre Daix

Daix: Bevor wir über *»Der nackte Mensch«*[1] sprechen, sollten wir vielleicht damit beginnen, die Bedeutung, die Sie den Mythen selbst beimessen, zu präzisieren. Für Sie – ich zitiere Sie: »drücken die Mythen allein aus der Tatsache, daß sie existieren, einen kohärenten Diskurs aus –, einen Diskurs, in dem jedes Element, mag es noch so willkürlich erscheinen, eine signifikante Funktion hat . . .«

Lévi-Strauss: So habe ich nicht immer gedacht. Von 1950 an hatte ich auf der Hochschule einen Lehrstuhl für Religionen der Völker ohne Schrift. Dies ist der praktische Grund, warum ich mich den Mythen zugewandt habe. Ich hatte damals eine Arbeit über *»Die elementaren Strukturen der Verwandtschaft«*[2] veröffentlicht, und der theoretische Grund für die Aufmerksamkeit, die ich den Mythen beigemessen habe, liegt in der Tatsache, daß schon die Probleme der Verwandtschaft uns mit einem Sammelsurium von seltsamen inkohärenten und absurden Gebräuchen und Beobachtungen konfrontieren. Natürlich fragte

* Aus: »Les Lettres françaises«, Nr. 1405 vom 13. Oktober 1971 und Nr. 1406 vom 20. Oktober 1971.

1 Claude Lévi-Strauss, Mythologiques IV. L'homme nu. Paris 1972. Deutsch: Der nackte Mensch. Frankfurt 1975.

2 Claude Lévi-Strauss: Les Structures élémentaires de la parenté. Paris 1949. Deutsch: Die elementaren Strukturen der Verwandtschaft. Frankfurt 1980.

ich mich daraufhin, ob hinter dieser scheinbaren Inkohärenz doch eine Ordnung, eine Vernunft sei. Das Problem, das die Mythologie stellt, ist dasselbe. Bevor wir erkennen, daß alle und auch die kleinsten Einzelheiten in den Mythen eine passende Funktion haben, müssen wir uns auf Berichte stützen, so wie sie uns zukommen und wie sie uns bisher immer überliefert wurden. Das sind, so scheint es, Geschichten, die weder Kopf noch Fuß haben.

Durch diese scheinbare Inkohärenz fühlte ich mich von neuem herausgefordert. Es war nicht möglich, daß sich in Hunderten von Jahrtausenden und vielleicht mehr das Alter der Menschen mit den neuen Entdeckungen der Paläontologie und Urgeschichte immer mehr verschoben hat. Es war nicht möglich, sagte ich, daß die Menschen ihre Zeit damit verbracht haben, Absurditäten zu erzählen. Ich glaubte, daß auch darin eine Ordnung und Vernunft liegt, und aus diesem Geist heraus habe ich das Problem in Angriff genommen.

Daix: Meine zweite Frage ist wieder allgemein gehalten. Ihre »*Mythologica*« behandelt im großen und ganzen die Mythen der beiden Amerika. Ist das deshalb, weil diese Mythen die bekanntesten und die am meisten erforschten sind, oder weil die amerikanischen Mythen die reichsten sind und die günstigsten Voraussetzungen für ein strukturelles Studium bieten?

Lévi-Strauss: Für Südamerika und mehr noch für Nordamerika existiert ein mythologischer Komplex von außerordentlichem Reichtum. Meine Leser könnten den Eindruck haben, daß ich diesen Gedankenkomplex durchgearbeitet habe; aber ich habe ihn nur flüchtig gestreift.

Daix: Sie rezensieren immerhin etwa 800 Mythen . . .

Lévi-Strauss: Ich habe 813 Mythen gezählt. Aber wenn Sie die Varianten berücksichtigen, die durch Briefe registriert wurden, kommt man ungefähr auf die doppelte Anzahl. Es gibt jedoch enorme Mythengruppen, die ich fast gänzlich beiseite gelassen habe, weil sie ein spezielles Studium erfordern würden. Zehn Jahre (ab 1951) habe ich Versuche gemacht, indem ich mich Schritt für Schritt vorwärts tastete. Vorher hatte ich an anderen Mythengruppen Erfahrungen gesammelt, besonders an der Mythologie der *Pueblos,* die einen so spezifischen Charakter hat, daß man sie besser getrennt behandelt.

Wenn Sie bedenken, daß ich die Mythologie der *Pueblos,* der *Navajos,* der *Irokesen* und die ganze reiche Mythologie der Nordwestküste des Pazifischen Ozeans nur flüchtig streife, habe ich im Grunde kein spezifisches mythisches Gebiet gewählt. Ich habe mich von Mythen führen lassen – ausgehend von einem Mythos indianischer Provenienz, den ich kennengelernt und an dem ich gearbeitet habe. Ich sollte den mythischen Kontext auf persönliche Erfahrung stützen können, da ich überzeugt bin – und das dürfte mir helfen, dem Vorwurf des Formalismus aus dem Wege zu gehen –, daß kein Studium der Mythologie möglich ist, das heißt: kein Studium der Superstruktur, um einen Ausdruck zu gebrauchen, der Ihnen geläufig ist, ohne ununterbrochen an die Infrastruktur zu appellieren. Man kann nur an der Mythologie jener Völker arbeiten, deren technisches und wirtschaftliches Niveau, geographisches Milieu, soziale Institutionen und deren Kunst sowie alles, worauf sich ihr theoretisches Denken stützt, bekannt ist. Wenn ich die *Bororos* als Ausgangspunkt gewählt habe, so deshalb, weil ich bei den *Bororos* gearbeitet habe und weil es über sie reichhaltiges ethnographisches Material gibt.

Die Probleme, die jeder Mythos stellt, sind es, die mich gezwungen haben, in einem Verfahren – vergleichbar der Konstruktion einer Rosette –, zu beobachten, wie sich benachbarte Völker zueinander verhalten. So erweiterte ich mein Blickfeld, um die Varianten desselben Mythos oder der Mythen, die bei den Ausgangsvölkern oder bei den angrenzenden Völkern verschieden sind, intervenieren zu lassen. Die Mythen haben mir gleichsam den Weg diktiert, der mich von Zentralbrasilien nach Nordamerika führte. In *»Der nackte Mensch«* habe ich mich schließlich in dieser abgeschlossenen Region zwischen Rocky Mountains und dem Stillen Ozean aufgehalten.

Daix: Bevor wir weiter über *»Der nackte Mensch«* sprechen, möchte ich auf meine letzte Frage zurückkommen. Gibt es anderswo, zum Beispiel in Afrika oder Ozeanien, Mythengruppen, vergleichbar mit jenen, die man in Amerika aufgezeichnet hat?

Lévi-Strauss: Die beiden Amerika stellen einerseits ein Ensemble ganz verschiedenartigen Materials dar, andererseits eine Region der Welt, von der wir mit Recht annehmen, daß sie während Jahrtausenden von der übrigen Welt abgeschnitten war, während im eigentlichen Innern der Neuen Welt die verschiedenen Völkergruppen mit Sicherheit nicht voneinander getrennt waren. In den letzten Jahren hat man viel Wert auf jene Kontakte gelegt, die sich zwischen

Mexiko und Peru im archaischen Zeitalter bilden konnten oder mußten. Als man mit dem ethnologischen Studium Amerikas begann, traf man dort auf kleine isolierte Völkergruppen, aber es wäre falsch zu glauben, daß das vor dem Eintritt der Kolonialisierung ebenso gewesen sei: Es müssen alle möglichen Bewegungen, Kontakte und Vermischungen zwischen den Völkergruppen erfolgt sein. Ich habe deshalb Amerika als eine Art globales Laboratorium und nicht als Sammlung einzelner Laboratorien aufgefaßt.

Daß außerordentlich reichhaltiges Material auch anderswo vorhanden ist, z. B. in gewissen Regionen Afrikas, ist seit den Arbeiten von Griaule und Germaine Dieterlen bekannt. Von anderen Regionen weiß man – aber vielleicht ist das nur eine Illusion – daß die Mythologie ärmer ist. Jedoch besteht im Kongo Kinshasa zum Beispiel, eine reichhaltige Mythologie, mit der sich Luc de Heusch beschäftigt. Wir haben das Gefühl, daß in manchen Gegenden die Mythologie arm ist oder überhaupt fehlt. Dies ist aber nur aus dem Grunde möglich, weil wir es nicht verstanden haben, sie zu erfassen, aber auch deshalb, weil die Tendenz zu groß ist, das, was ich in *»Der nackte Mensch«* die *explizite und implizite Mythologie* genannt habe, zu verwechseln. Wie man sich in der Literatur durch Romanzyklen oder Essays ausdrükken kann, so besteht die Mythologie teils aus gut gegliederten mythischen Diskursen – wobei sich die Erzählung über Tage, manchmal sogar über Wochen erstrecken kann –, teils aus Kommentaren oder Wortglossen, die durch den Ablauf des Rituals bestimmt werden. Die Ethnologen sind zu leicht versucht, diese Kommentare mit dem Ritual selbst zu verwechseln, während sie jedoch auf eine gewisse Form der Mythologie zurückzuführen sind. Ich möchte hinzufügen, daß Ozeanien in seiner Gesamtheit eine außerordentlich reichhaltige Mythologie hat. Es gibt hier beachtliches Material, das erst noch analysiert werden muß.

Daix: Sie sind also vom *Bororo*-Mythos des *Dénicheur d'oiseaux* ausgegangen. Seinen sukzessiven Transformationen folgend, haben Sie große geographische Entfernungen überwunden: *»Vom Honig zur Asche«* führt Sie nach Guayana, *»Der Ursprung der Tischsitten«* nach Nordamerika und nun sind Sie bei *»Der nackte Mensch«* angelangt. Würden Sie die Beziehung zwischen *»Der nackte Mensch«* und dem *Dénicheur d'oiseaux* erklären . . .

Lévi-Strauss: In beiden Mythen-Zyklen handelt es sich um denselben Helden. Was mich vor allem interessiert, sind nicht die Ähnlichkeiten, sondern die Verschiedenheiten. Wenn man Millionen von Kilometern zurücklegt und dabei Völker kennenlernt, deren Lebensweise, ökonomisches Niveau, soziale Institutionen *(der Himmel, den sie betrachten . . .)* sich vollständig voneinander unterscheiden, ist es wichtig, zu untersuchen, inwiefern die charakteristischen Verschiedenheiten ein und desselben Helden untereinander in Beziehung gesetzt werden können, einerseits mit anderen Verschiedenheiten, die man in denselben Mythen feststellen kann, andererseits gerade mit dieser techno-ökonomischen Infrastruktur.

Worum geht es in Südamerika in diesem Mythos? Ganz klar um den Übergang vom Zustand der Natur zum Zustand der Kultur, repräsentiert durch die Errungenschaft des Herdfeuers, das heißt: durch das Kochen der Nahrungsmittel. Gleichzeitig spielen auch andere Errungenschaften der Zivilisation eine Rolle, die aber in den Hintergrund treten. Die tatsächliche Opposition besteht darin, daß die Tiere roh und die Menschen gekocht essen. In den nordamerikanischen Versionen desselben Mythos präsentieren sich die Dinge ganz anders. Die Eroberung des Feuers ist hier weniger vordergründig, während andere Errungenschaften der Zivilisation, wie die Entdeckung von Schmuck und Zierat, die in den südamerikanischen Versionen zwar bekannt sind, auf die jedoch nur Anspielungen gemacht werden, – hier in den Vordergrund treten. Was immer betont wird, sind die Aspekte, die bei diesen Völkern auch den Übergang vom Zustand der Natur zum Zustand der Kultur in einem von Grund auf veränderten Zusammenhang symbolisieren: einerseits, wie bereits erwähnt, die Entdeckung von Schmuck und Zierat, andererseits die Einführung des wirtschaftlichen Austausches.

Der Grund, weshalb ich auf diesen wirtschaftlichen Austausch zu sprechen komme, ist, daß in der erwähten Region Nordamerikas Stämme mit verschiedenen Sprachen, Dialekten und Kulturen, die einander häufig sogar feindlich gesinnt waren, sich trotzdem einige Tage oder Wochen auf den für alle Stämme stattfindenden großen Märkten versammeln konnten. Man tauschte hier die Produkte des Binnenlandes gegen die der Küste aus, die Produkte des Südens gegen die des Nordens. Man verhandelte hier über im Krieg gefangene Sklaven, aber ebenso über eheliche Transaktionen. Infolgedessen ist bei diesen Menschen das Faktum des *Kochens* eigentlich nicht so wesentlich, zumindest versteht es sich von selbst. Wichtig ist das, was sie in ihren Augen von den angrenzenden Völkern oder denen unterscheidet, die sie für Barbaren halten, da sie etwas entfernter leben: daß es ihnen gelungen ist, durch den Austausch ihrer Konsumgüter einen abwechslungsreichen Speiseplan aufzustellen. Somit unterscheiden sie sich von anderen Völkern, die sich auf das beschränken müssen, was sie selbst produzieren. Das ist etwa das, was wir erleben – nicht synchron, sondern diachron betrachtet. Unsere Großeltern erhofften den Segen des *täglichen Brotes,* wir sind viel anspruchsvoller geworden und verlangen von unseren Nationalökonomen, daß sie den Inhalt des Korbes der Hausfrau inventarisieren und chiffrieren.

Was die Bedeutung von Schmuck und Zierat betrifft, erklärt sich diese aus der Tatsache, daß jene Völker bestimmte Zahlungsarten kannten: Muscheln, die man durch ziemlich komplizierte Tauschgeschäfte mit den Küstenvölkern, die das Monopol darüber hatten, kaufte. Diese Muscheln waren sehr begehrter Schmuck und Zahlungsmittel zugleich, sowohl für eheliche Transaktionen, als auch für den kommerziellen Austausch. Edelsteine und Handel, Ehe und Tauschgeschäfte, all das war eng miteinander verbunden.

Wie kommt das in den Mythen zum Ausdruck? Der Held ist in Südamerika ein junger Dorfbewohner, der entweder mit seinem Vater oder mit seinem Schwager in Konflikt gerät, je nach dem matriarchalischen oder patriarchalischen Charakter der betrachteten Gemeinschaft. Im Norden hingegen wird dieser Held zum Herren über Schmuck und teure Kleidung, von denen er sich in dem Augenblick trennen muß, in dem er sich von der Gemeinschaft der Menschen löst. Es ist nicht seine *crudité (Roheit)* wie in den südamerikanischen Mythen, sondern seine *nudité (Nacktheit)*, die die nordamerikanischen Mythen besonders betonen.

Daix: Im südamerikanischen Mythos ist der Held auch losgelöst . . .

Lévi-Strauss: Er ist einfach isoliert, und muß sich – wie die gesamte Menschheit in dieser Epoche – darauf beschränken, Rohes oder Verfaultes zu essen, bis er das Herdfeuer erringt. Im Norden ist der Mensch *nu*, nicht *cru*; die Zivilisierung und sogar die Schaffung der Künste, durch die sie bestimmt wird, ist durch die Überwindung der Nacktheit charakterisiert

Daix: Sie betonen in *»Der nackte Mensch«* einen Aspekt der Mythen, der ein wenig vom Weg abweicht, wenn man auf die scheinbar ziemlich beständigen und abgerundeten Erzählungen der traditionellen griechisch-lateinischen Mythologie Bezug nimmt. Ich möchte von Mythen sprechen, die als Systeme von Transformationen betrachtet werden. Im Laufe Ihrer Reisen sieht man, wie sich rund um das, was Sie *Armatur* des Mythos nennen, wahre Systeme intellektueller Arbeitsweisen formieren und transformieren. Im Grunde setzen Sie uns in Beziehung zur Bewegung der Mythen.

Lévi-Strauss: Tatsächlich scheinen mir die antiken Mythen so beschaffen zu sein. Der Unterschied zwischen der amerikanischen Mythologie und den archaischen Mythen der Antike ist nicht so groß; er besteht vielmehr in der Art und Weise, wie man an sie herangeht. Von dem Augenblick an, in dem man die Mythen wirklich ernst nimmt, indem man als Axiom annimmt, daß ein Mythos niemals etwas ohne genaues Motiv aussagt (das wir entdecken sollen, und wenn wir es nicht entdecken, heißt das, daß wir den Mythos nicht begreifen), von diesem Augenblick an hat die Mythologie der Antike berechtigten Anspruch auf dieselbe Art von Analyse, wie ich sie durchführe.

Daix: Ich komme auf Ihre Methode zurück. Was mich frappiert, ist, daß Sie, um dieses oder jenes Verrückte oder Absurde der Handlung zu besprechen, nicht so sehr nach dem reellen oder dem der Natur nach möglichen Äquivalent forschen, als nach dem Sinn dieses Details im Gesamtnetz der Transformationen der Mythen.

Lévi-Strauss: Ich glaube, daß man Infrastruktur und das System der Transformation der Mythen gleichzeitig intervenieren lassen soll. Die Infrastruktur muß immer intervenieren. Ich möchte ein Beispiel nennen, das mir verblüffend erscheint: in *»Der nackte Mensch«* tritt in einem bestimmten Augenblick eine übernatürliche Gestalt auf, an der die Helden der Mythen Anstoß nehmen. Ich habe ihren Namen rekonstruiert, weil man so oft wie möglich an die Philologie appellieren soll; dieser Name bedeutet so etwas wie *der boiteux des neiges (der Hinkende im Schnee)*. Warum *boiteux,* warum *des neiges?* Und welche Rolle spielt er in den Mythen? Man kann das nur verstehen, wenn man ihn von der Seite der Infrastruktur betrachtet. Wir haben es hier mit Völkern zu tun, die den Ackerbau wohl kannten, ihn aber gering schätzten. Sie lebten inmitten solcher Naturreichtümer, daß sie es nicht nötig hatten, die Erde zu bebauen. Den größten Teil des Jahres lebten sie vom Fischfang, vom Sammeln von Beeren und wilden Wurzeln; aber vom Herbst an, manchmal bis in den Winter hinein, mußten sie in den Bergen jagen, da sich dort das Großwild aufhält, also in Gebieten, die eine doppelte Gefahr mit sich brachten: Schnee und feindliche Volksstämme. Bei der Jagd muß man Risiken auf sich nehmen, sie ist jedoch unbedingt nötig, da sie oft die einzige Chance bietet, den Winter zu überleben. Die im Sommer gespeicherten Vorräte reichten selten aus, um Notlagen zu vermeiden. Die Jagd hat also in bezug auf die Lebensweise dieses Volkes einen, wenn ich so sagen kann, *disharmonisierenden* Charakter. Sie zwingt die Menschen dazu, ihr Leben aufs Spiel zu setzen, anstatt in ihren warmen Hütten zu bleiben, die sie für die schlechte Jahreszeit sehr geräumig und bis zur Hälfte in die Erde eingegraben, gebaut hatten. Nur für einen *Hinkenden* ist es *nicht disharmonierend,* in den Bergen herumzulaufen, weil er ein kürzeres Bein hat und sich durch diese Ungleichheit dem Hang anpassen kann. Es ist deshalb nicht verwunderlich, daß eine solche übernatürliche Gestalt in den Mythen als Meister der Jagd und furchterregender Gegner der Gemeinschaft der Menschen dargestellt wird. Aber sein symbolhafter Charakter bliebe unveränderlich, wenn man nicht auf die Infrastruktur Bezug nähme.

Dies ist ein Aspekt der Arbeit. Der andere, wie bereits erwähnt, ist die Suche nach ähnlichen mythologischen Motiven bei benachbarten Völkern mit verschiedenen Infrastrukturen und Motiven, die Transformationen erlitten haben und dadurch einem zweifachen Determinismus entsprechen: dem externen

Determinismus der Lebensverhältnisse – das Motiv sollte in irgendeiner Weise mit der Art der Existenz der erforschten Völker vereinbar –, aber gleichzeitig kohärent sein mit dem internen Determinismus des Mythos, dem Prototypus, den man sich von einer anderen Völkergruppe entliehen hat. Die Art, wie sich das Motiv in der zweiten Volksgruppe verändert, ruft auf anderen Gebieten homologe Transformationen hervor, die die mythische Erzählung im ganzen erfassen.

Daix: Ich möchte noch auf jene äußerst merkwürdige Tatsache zurückkommen, daß sich auf einem schmalen Küstenstreifen des Stillen Ozeans zwischen dem 40. und dem 50. Breitengrad die Ihrer Überzeugung nach stärksten Versionen der Mythen vom *dénicheur* konzentriert finden. Hier kommt ein Element hinein, von dem wir noch nicht gesprochen haben: der Unterschied zwischen starken und schwachen Versionen eines Mythos . . .

Lévi-Strauss: Ein Mythos, der sich am Ausgangspunkt – ich spreche hier nicht vom absoluten Ausgangspunkt, sondern von meinem eigenen – wie eine kleine Geschichte präsentiert, wird im Zuge der progressiven Transformationen, an denen wir im Lauf der *»Mythologica«* teilnehmen, ein wahrer Kampf von Welten um die Eroberung des Feuers. Auf jenem kleinen Landstrich an der Küste des Stillen Ozeans findet man tatsächlich Mythen, die den Ursprung des Feuers und infolgedessen den der Zivilisation zu einem Krieg der Erdenbewohner gegen die Himmelsbewohner anwachsen lassen. Der Anlaß ist die Entführung einer Frau. Das heißt: Das eheliche Bündnis, das uns anfangs in einem empirischen und alltäglichen Kontext gegeben war, ist noch immer am Ende präsent. Der Mythos bereichert sich nicht nur in dem Maße, als die Analyse fortschreitet, durch Einverleibung benachbarter und in ihrer Erscheinungsart verschiedener Mythen; er selbst erweitert sich, wird riesig groß und rechtfertigt durch sein Ausmaß diesen enormen *Appetit,* von dem er während des ganzen Unternehmens gegenüber anderen Mythen Zeugnis abgelegt hat.

Daix: Aber wie erklären Sie sich, daß auf diesem kleinen Landstrich diese Mythen zu gleicher Zeit so starke Formen angenommen haben und ebenso zahlreich und gehaltvoll sind?

Lévi-Strauss: Theoretisch läßt sich das auf zweifache Weise erklären. Man kann folgendes sagen: Es gab über ganz Amerika verstreute Mythen; und weiter waren die Bewohner dieser Region des Kontinents mit großen Fähigkeiten zur Synthese ausgestattet. Sie haben von allen Seiten Elemente genommen und damit ein System aufgebaut. (In der Geschichte des Denkens stößt man immer wieder auf diese Erscheinung). Oder man kann sagen: Das war der erste Mythos. Er hat in dieser Form existiert. Hierauf verstreute er sich, indem er nach allen Seiten entlehnt wurde, und in verschiedenen Gebieten der Neuen Welt finden wir von ihm nur mehr Fragmente. Vom Standpunkt meiner Analyse gehen diese beiden Hypothesen auf eine hinaus: Es genügt, alle Zeichen umzudrehen. Aber darauf kann man sich nicht beschränken, denn es ist erstaunlich, daß die verblüffendsten Verwandtschaften mit dem südamerikanischen Ideengut sich auf diesem kleinen Territorium treffen, das an zwei Seiten über die aktuelle Grenze zwischen den USA und Kanada hinausragt. Der Fortschritt der Archäologie in Amerika bestätigt, daß diese Region eine der am längsten und kontinuierlichst besiedelten des Kontinents sei. Wir können die Besiedlung bis in das 12. Jahrhundert zurückverfolgen, vielleicht sogar noch weiter bis zum Anfang der Geschichte. Übrigens ist dies eine Region, die realtiv isoliert von der Masse des Kontinents ist, nicht so sehr durch die Barriere der Rocky Mountains als durch die Kette der Kaskaden, die der Küste näher ist. Es bildet sich also eine Art Sackgasse; man kann deshalb annehmen, daß zur Zeit der ersten Bevölkerungswellen, die die Neue Welt überschwemmten, einige sich in dieser Sackgasse eingeschlossen sahen, während andere, die sich in Richtung Osten bewegten, bis Südamerika kamen und hier die mythologischen Motive verbreiteten, deren Verwandtschaft hiermit erklärt wäre. Das Problem entsteht nicht durch den Mythologen, sondern durch den Prähistoriker, den Archäologen, und gewissermaßen auch durch den Linguisten, obwohl man für den Augenblick und von Einzelfällen abgesehen kaum eine Verwandtschaft zwischen den Sprachen von Nord- und Südamerika feststellen kann; nicht einmal unter den großen linguistischen Familien, die sich auf beide Hälften des Kontinents verteilen.

Daix: Dieses Problem führt, glaube ich, zu andersartigen Überlegungen, die wir schon zu Beginn unseres Gesprächs erörtert haben, Ihre *»Mythologica«* setzten uns mit einem ungeheuren Teil der Menschheitsgeschichte in Beziehung, den unsere Kultur ignoriert hat, zu dem wir vielleicht bis jetzt – auf alle Fälle einige Jahrtausende hindurch –, keinen Zugang hatten. Ich denke an jene, die Sie anklagen, daß sie den Menschen liquidieren, aber, indem Sie das Gerüst der Mythen, ihre Systeme und Transformationen suchen, vergegenwärtigen Sie uns ein Ideengut, das vielleicht das älteste ist, das wir intellektuell erfassen können. Ich denke an Ihre Reflexionen in *»Vom Honig zur Asche«:* Die Verschiedenheiten der Wege, die Rousseau bewußt und die südamerikanischen Indianer unbewußt dazu geführt haben, dieselben Spekulationen über eine sehr weit zurückliegende Vergangenheit zu machen, sagt zweifellos noch nichts über den Gegenstand dieser Vergangenheit aus, aber viel über den Gegenstand des Menschen.

Lévi-Strauss: Im Grunde ist es die gesamte Mission der Ethnologie, die ich mir nicht anders vorstelle als das, was die humanistische Idee der Renaissance für die Moderne gewesen ist. Die humanistische Idee hat immer in dem Versuch bestanden, den Menschen in seiner Allgemeingültigkeit zu verstehen, angefangen von den Zivilisationen, die verschieden von der des Beobachters, zunächst als einzige bekannt waren, nämlich Griechenland und Rom zu Beginn der Renaissance.

Hierauf wurde mit den Entdeckungsreisen und dem beginnenden wirtschaftlichen Austausch diese Idee nach und nach mit den verschiedensten und weitesten menschlichen Erfahrungen durchdrungen: Ägypten, der mittlere Orient, Indien, China und Japan. Die Ethnologie beschäftigt sich mit nichts anderem als mit der Fortsetzung dieser weltlichen Strömung, indem sie sich nicht auf begrenzte Erfahrungen beruft, die man für die einzig erhabenen hielt, sondern indem sie die Gesamtheit der greifbaren menschlichen Erfahrungen einander gegenüberstellt, selbst dann, wenn man sie als die am wenigsten ergiebigsten betrachtete.

Daix: Aber Sie setzen uns in Beziehung zu dem Reichtum der Zivilisationen, die von uns zerstört worden sind und noch immer zerstört werden . .

Lévi-Strauss: In einem gewissen Sinn heißt das: Eine Schuld bezahlen und Gewissensbisse beseitigen, soweit sich diese Gewissensbisse beseitigen lassen, was ich nicht glaube. Vor allem aber handelt es sich darum, wissenschaftlich zu arbeiten. Abgesehen davon ist der größte Dienst, den die Ethnologen diesen Völkergruppen erweisen können, derjenige, ihnen zu helfen, ihre Eigenart zu bewahren. Die Tragik besteht darin, daß dieser Vorsatz unweigerlich von einer abweisenden Haltung begleitet wird, die manchmal selbst gegen die Ethnologen gerichtet ist. Sie wissen ja, was sich im Augenblick in Nordamerika mit der *Red Power* abspielt. Die ethnologische Arbeit wird daher recht schwierig, ja sogar unmöglich, da diese Volksstämme – und man versteht sie sehr gut–, es als lästig empfinden, wenn sie wie Gegenstände behandelt und wie Dinge studiert werden. Ihre Probleme, die konkrete Probleme ihrer Lebensbasis, ihrer politischen Unabhängigkeit sind, scheinen ihnen unvereinbar mit jenen, für die sich die Ethnologen traditionell interessieren. Dies ist ein dialektisches Moment in der Entwicklung dieser Völker, das wahrscheinlich unvermeidlich ist, aber es wird der Tag kommen, an dem sie selbst an die Erforschung ihrer Vergangenheit und ihrer Traditionen herangehen, wenn es ihnen gelingt, deren Vorteile zu erkennen.

Daix: Ich möchte gerne, daß wir jetzt die Methode

und die Theorie besprechen, die Sie im *Finale* von *»Der nackte Mensch«* behandeln. Zunächst kommen Sie auf die Funktionalisten zu sprechen, und gleichzeitig präzisieren Sie die Bedeutung, die Sie der Geschichte jener Völkergruppen beimessen, deren Mythen Sie studieren.

Lévi-Strauss: Die Funktionalisten stellen sich zu häufig ihr Studienobjekt in bezug auf andere isoliert und auf sich selbst beschränkt vor. Natürlich schließt die Tatsache, daß ich Amerika als ein großes Laboratorium zu betrachten habe, mit ein, daß es in jedem Augenblick der Geschichte dieser Völker Kontakte mit anderen Völkergruppen gegeben hat, die sich nach und nach über den gesamten Kontinent ausgebreitet haben. Die Idee, gegen die ich ankämpfe, ist, daß jedes Volk und jedes Dorf eine geschlossene Welt bildet; es ist niemals eine geschlossene Welt, denn jedes Volk ist sich stets der Anwesenheit anderer Völker an seinen Grenzen bewußt. Gegenüber diesen anderen Völkern besteht eine intensive Neugierde.

Daix: Jedem Volk wird sein Unterschied durch seine Andersartigkeit bewußt. Dies führt uns wieder zu den Problemen der Beziehungen zwischen dem Ideengut dieser Völker und der Infrastruktur zurück. Ich glaube, daß *»Der nackte Mensch«* viele neue Elemente und Reflexionen zu diesem Thema bringt. Ich möchte ein Beispiel geben, das mir besonders bereichernd erscheint, und zwar das der kulinarischen Techniken und der Rolle, die sie spielen, besonders das Kochen im Erdofen *(four-de-terre)*, dessen Folgen für die Bildung der geistigen Kategorien von Ihnen besonders unterstrichen wird. Was mich in Erstaunen versetzt, ist die Auswahl, die Sie in der

Gesamtheit der Infrastrukturen jener Elemente treffen, die die größte Bedeutung für das mythische Ideengut haben. Diese Elemente würden Sie wahrscheinlich sonst nicht für die wichtigsten halten.

Lévi-Strauss: Nicht für die wichtigsten für uns, aber, für die wichtigsten für sie. Wenn Sie jene Völker von Zentralbrasilien betrachten, deren techno-ökonomisches Niveau man als sehr niedrig annimmt, da sie die Töpferei ebensowenig wie die Weberei kennen, die aber andererseits eine außerordentlich komplizierte soziale Organisation aufweisen, so haben wir hier Menschen vor uns, die im Erdofen kochen und sich dadurch von den Nachbarvölkern unterscheiden. Aber sie sind sich dessen bewußt und glauben, daß sie dadurch zu zivilisierten Völkern aufsteigen, und daß diese Form des Kochens die allein erhabene sei. In ihren Augen ist eine menschliche Zivilisation erst würdig, diesen Namen zu tragen, wenn sie den Erdofen besitzt. Man muß von der Feststellung ausgehen, daß eine einfache Technik eine philosophische Bedeutung erlangen kann. Warum? Es handelt sich hier nicht nur um eine anderen Techniken aus praktischen und Bequemlichkeitsgründen bevorzugte Technik. Tatsächlich ist der Erdofen bei diesen Völkern – es gibt natürlich auch viele andere Arten von Öfen – etwas sehr Komplexes: Eine kollektive Einrichtung, um Fleischpasteten zu backen; diese haben oft einen Meter Durchmesser und bringen große Anstrengungen bei der Jagd und beträchtliche Vorbereitungsarbeiten mit sich. Aber neben den empirischen und utilitären Überlegungen bringt die Benützung des Erdofens andere mit sich, die fast eine metaphysische Tragweite haben, und die durch das Studium der Mythen offenbar werden, durch das ihre Bedeutung hervorgehoben wird. Ebenso wie die Linguisten aufzeigen, daß die Bedeutung durch eine für die Unterscheidung wichtige Opposition der Phoneme erarbeitet werden kann, so entdeckt man in jenem anderen Register, dem der kulinarischen Techniken, wie eine Gesellschaft über sich selbst denkt, welche Bedeutung sie sich selbst verleiht, indem sie Dinge gegenüberstellt, die für uns ebenso alltäglich und unbedeutend sind, wie der Ofen gegenüber der Töpferei, das heißt, das Gebratene gegenüber dem Gekochten.

Daix: Sie lassen die Infrastruktur nicht auf diesem oder jenem Objekt, dieser oder jener Technik, erstarren. Sie geben ihr ihre Bewegung und bestimmen die Beschaffenheit von Prozeß und Struktur. Sie bedienen sich des Erdofens nicht als Merkmal eines bestimmten Niveaus, sondern als integrierenden Teil zwischen Lebensart und Zivilisation.

Lévi-Strauss: Ich verleihe ihr keinen Adelsbrief, erkenne aber an, daß sie ihn besitzt.

Daix: Sie versuchen jene Art der Zäsur, die man so oft zwischen der materiellen Infrastruktur und jener Infrastruktur, die als Basisstruktur einer Gesellschaft, ihres Denkens und ihrer Zivilisation angesehen wird, aufzuheben. In der *»Mythologica«* besteht immer eine Wechselwirkung zwischen beiden.

Lévi-Strauss: Der Unterschied zwischen jenen Völkern, die man primitiv nennt, und uns selbst kann ein sehr wesentlicher sein, das heißt: daß es in ihrem Universum – der Welt, die sie umgibt und der sozialen Welt, die sie sich selbst schaffen – nichts gibt, dem sie nicht irgendeine Bedeutung beimessen. Wir haben die Bedeutung auf die Seite der wissenschaftlichen

Abstraktion gelegt und sie der Sensibilität beraubt. Hier liegt eine der Folgen der Zivilisation. Von uns verschiedene Zivilisationen denken jedoch ganz anders. Für sie gibt es keinen Einschnitt zwischen der konkret erlebten Welt und jener, in die die Erkenntnis Zuflucht nehmen muß.

Daix: So betonen Sie *à propos* der Völker ohne Töpferei, daß es sich hier nicht so sehr um Unkenntnis der Töpferei handelt oder Unfähigkeit, sie auszuführen, als vielmehr um eine ideologische Ablehnung der Töpferei.

Lévi-Strauss: Völker, die zu unwissend sind, um Töpferei zu betreiben, gehören dem Mythos an, bis auf wenige Ausnahmen. Es gibt aber Menschen, die absichtlich keine Töpferei betreiben, und zwar deshalb, weil diese Technik eine gewisse Art und Weise impliziert, in Beziehung zu einem Universum zu treten, das mit dem ihrigen unvereinbar ist. Missionare, die in Zentralbrasilien bei einem sich gegen jeglichen Kontakt auflehnendem Volk, den *Shavanté,* lebten, wissen von einer merkwürdigen Tatsache zu berichten: Zunächst glaubte man, daß diese Indianer die Töpferei nicht kannten. Dann aber, nach vielen Jahren, haben sie langsam damit begonnen, und zwar mit einer Technik, die nicht entlehnt sein konnte. Schließlich konnte man von ihnen in Erfahrung bringen, daß sie ausgezeichnet über die Töpferei Bescheid wußten; aber bevor sie sich zur Kontaktaufnahme mit Zivilisierten entschließen mußten, haben sie alle Tongeräte vernichtet und beschlossen, sie nicht mehr herzustellen. Es könnte scheinen, daß die Kunst der Töpferei für sie ein mysteriöses Geheimnis, ein außerordentliches Privileg gegenüber den Nachbarvölkern darstellte, die tatsächlich keine Töpferei kannten. Dieses Geheimnis durften sie nicht nach außen hin verbreiten. Jene Beziehungen zwischen kannibalischer und nicht-kannibalischer Ernährung, dem direkten Kochen für Lagerfeuer oder dem Kochen in Gefäßen, unter Verwendung des Erdofens, all dies bildet eine Art Sprache, in der sich ausgezeichnet metaphysische Lehrsätze übertragen und ansetzen lassen.

Daix: Sie schließen, daß jede Version eines Mythos den Einfluß eines zweifachen Determinismus zum Ausdruck bringt: Der eine bindet den Mythos an eine Folge von früheren Versionen oder an ein Ensemble von ausländischen Versionen, der andere wirkt gewissermaßen transversal durch Gewissenszwänge infrastrukturellen Ursprungs. Den eigentlichen Akzent setzen Sie auf die Reaktion der Mythen diesen Gewissenszwängen gegenüber, auf die Reorganisation der Systeme angesichts der Modifikationen, die sich durch diese Gewissenszwänge ergeben. Sie sagen weiter: »Entweder entspringt die Infrastruktur aus der Natur der Dinge, die sie in Bewegung setzt und kann dann, leblos und passiv in ihrer Erscheinungsform, nichts hervorbringen; oder sie untersteht dem Erlebten und befindet sich dauernd in einem Zustand der Spannung und des Ungleichgewichts«. Im letzteren Teil von *»Der nackte Mensch«* geben Sie eine Präzision Ihres Denkens in bezug auf Sartre, gleichzeitig aber auch in bezug auf Marx und Engels. Sie nehmen zur Frage Stellung, ob Dialektik nur in der Geschichte des Menschen oder auch in seiner Natur vorhanden ist.

Lévi-Strauss: Dies ist, scheint mir, der einzige Standpunkt, der mit dem echten Materialismus vereinbar ist. Wenn man bedenkt, daß der Mensch ein Teil des Universums ist, kann alles, was er besitzt, nicht vollkommen heterogen in bezug auf alles im Universum Vorhandene sein. Außerdem ist die Bewegung unseres Denkens nichts anderes, als die Bewegung des Realen selbst, das sich gewissermaßen vorweggenommen sieht. Wenn Sie wollen, besteht der Unterschied zwischen Sartre und mir darin, daß Sartre das Dialektische in das Menschliche einschließt; er spricht dem Dilaketischen in der natürlichen Ordnung jedes Sein ab. Ich dagegen glaube, daß es beim Menschen nur deshalb existiert, weil es schon außerhalb von ihm vorhanden ist.

Daix: Sie schreiben im *Finale* von *»Der nackte Mensch«* folgendes: »Was nach Rousseau, Marx, Durkheim, Saussure und Freud der Strukturalismus zu vollenden sucht, ist, für das Bewußtsein ein anderes Objekt zu finden und es den menschlichen Phänomenen in einer Position gegenüberzustellen, die mit jener vergleichbar ist, von der Physik und Naturwissenschaften bewiesen haben, daß sie allein zu einer Erkenntnis führen könne«.

Lévi-Strauss: Der Strukturalismus ist nur eine Art unter anderen, dieses Prinzip zu verwirklichen. Aber ich glaube, daß er es viel konsequenter anwendet, weil er sich damit begnügt, eine *epistemologische* Haltung zu sein, und nicht vorgibt, eine Philosophie zu begründen.

Übersetzung von Brigitte Reif-Willenthal

Mythos und Bedeutung II*

Ein Gespräch mit Raymond Bellour

Bellour: *»Das Rohe und das Gekochte«,* der erste Band der *»Mythologica«,* unterstreicht schon im Titel den Übergang von der Natur zur Kultur, wie er sich im Gegensatz zwischen dem Nichtvorhandensein und dem Vorhandensein der Küche ausdrückt. Der zweite Band, *»Vom Honig zur Asche«,* handelt auf ähnliche Weise von dem Gegensatz in dem, was Sie »die Umgebung der Küche« nennen. Im dritten Band, *»Der Ursprung der Tischsitten«,* geht es, wieder unter der kulinarischen Metapher, um die Entstehung der Moral. Wie fügt sich *»Der nackte Mensch«,* als vierter und letzter Band der *»Mythologica«,* in diese Linie, der sein Titel auf den ersten Blick zu widersprechen scheint?

Lévi-Strauss: Für mich war es von Anfang an klar, daß, wenn das Wort *cru* (roh) als erstes in der Reihe dieser Titel erschien, das Wort *nu* (nackt) das letzte sein mußte. Tatsächlich stand ich, als ich vom tropischen Amerika bis zum hohen Norden des Kontinents den Mythen nachging, vor der scheinbar paradoxen Tatsache, daß es sich um dieselben Mythen oder besser, um denselben Mythos handelt, der an so weit voneinander entfernten Orten der Neuen Welt existiert; zugleich aber hat sich innerhalb der Mythen

* Aus: Raymond Bellour, *Le livre des autres. Entretiens.* 10/18, Paris 1978.

von einer Region zur anderen, von einer Sprachenfamilie, von einer kulturellen Gruppe zur anderen eine Wandlung vollzogen. Denn während bei den Indianern des tropischen Amerika der Übergang von der Natur zur Kultur im Übergang vom Rohen zum Gekochen symbolisiert ist, symbolisieren ihn die Indianer Nordamerikas mit der Erfindung des Schmucks, der Verzierungen und darüber hinaus mit der Erfindung des Handels.

Bellour: Sie finden also zwischen dem Nackten und dem Bekleideten denselben Gegensatz wie zwischen dem Rohen und dem Gekochten.

Lévi-Strauss: Ja, das heißt, während im tropischen Amerika ein Held, bevor er Kultur erlangt, sich im Zustand der Roheit befindet, befindet sich der Held in Nordamerika im Zustand der Nacktheit. Diese Wandlung vom *Rohen* zum *Nackten* ist übrigens nicht auf die amerikanischen Indianer beschränkt, es gibt sie auch in vielen anderen Sprachen, namentlich im Französischen und im Englischen. Wenn der Franzose sagt *monter à cru,* meint er ohne Sattel reiten, also im Sinn von nackt, und wenn der Engländer sagt *to sleep in the raw,* meint er ohne Pyjama schlafen.

Bellour: Im vierten Band sagen Sie, daß Sie in *»Das Rohe und das Gekochte«* eine Logik der sinnlichen Qualitäten entwickelt haben, in *»Vom Honig zur Asche«* eine Logik der Formen, in *»Der Ursprung der Tischsitten«* eine Logik der Aussagen. Könnten Sie einerseits diese Begriffe erläutern und andererseits angeben, wie der Inhalt des vierten Bandes in diesem Sinn zu charakterisieren ist?

Lévi-Strauss: Vor allem möchte ich sagen, daß die

drei Ebenen der Logik in allen vier Bänden stets präsent sind. Es handelt sich um eine Verschiebung des Akzents, nicht um exklusive Kategorien. Im ersten Band wollte ich zeigen, das ganz elementare und stark vernachlässigte sinnliche Qualitäten (der Gegensatz zwischen roh und gekocht, frisch und verfault, trocken und naß, hoch und niedrig) vom mythischen Denken quasi als Jetons verwendet wurden, die verschieden verteilt werden konnten und es ermöglichten, bestimmte logische Aussagen zu formulieren. In dem Maß, wie die Dinge komplizierter werden, d. h., sobald ich in die Analyse, um sie weiterführen zu können, neue Mythen einbeziehe, weichen diese einfachen Gegensätze solchen, die nicht mehr zwischen Begriffen, sondern zwischen Begriffsbeziehungen bestehen; das wollte ich in den beiden Folgebänden zeigen: wie diese Logik fortschreitend geschmeidiger und komplexer wird.

Im vierten Band werden diese drei Formen der Logik natürlich weiterentwickelt, aber die Betonung liegt mehr als in den ersten drei Bänden auf der Beziehung zwischen logischen Konstruktionen, die ihren eigenen Determinismus haben, und der techno-ökonomischen Basis der betreffenden Volksstämme. So wäre die Wandlung vom Rohen zum Nackten, die das Problem des Ursprungs der Küche zurücktreten läßt und die Einrichtung des Handels (mit Konsumgütern, Schmuckgegenständen, Kleidern, aber auch die Heiratsvermittlung) als Symbol des Übergangs von der Natur zur Kultur in den Vordergrund rückt, unvorstellbar, wenn es sich nicht um Volksstämme handelte, die – im Unterschied zu den südamerikanischen, mit denen ich mich früher beschäftigt habe – keine Landwirtschaft treiben, sondern vom Fischen, Jagen und Sammeln leben und diese scheinbare Primitivität durch eine phantastische Entwicklung des Handels kompensieren. Für diese Völker, die große intertribale Märkte organisieren, Hauptmärkte und sekundäre Märkte, bei denen benachbarte Stämme zusammenkommen, befreundete und manchmal sogar verfeindete, besteht das große Privileg der Zivilisation nicht mehr wie in Südamerika im Gegensatz zwischen Mensch und Tier (der Mensch ißt Gekochtes, das Tier Rohes), sondern im Gegensatz zwischen Völkern, deren Handelsfähigkeiten es ihnen ermöglichen, eine mannigfaltige Kost zu genießen, und solchen, die von dem leben müssen, was sie selbst produzieren.

Bellour: Sie sagen: »Die Beziehung zwischen logischen Konstruktionen, die ihren eigenen Determinismus haben, und der techno-ökonomischen Basis der betreffenden Volksstämme.« Wie verstehen Sie diese Beziehung, die Sie schon in *»Das wilde Denken«* erörtert haben, und zwar in Begriffen, die bereits eine Abweichung vom klassischen Modell der marxistischen Tradition bedeuteten?

Lévi-Strauss: Sie stellen damit in Wirklichkeit zwei Fragen. Erstens, ob ich die Termini Basis und Überbau im klassischen Sinn verwende. Ich glaube schon, wenn auch natürlich mit Nuancen, denn das, was man in der marxistischen Terminologie die Produktionsverhältnisse nennt, bedeutet in Gesellschaften mit einer sehr rudimentären Technik nicht ganz das gleiche wie in unserer Gesellschaft. Was den Determinismus betrifft, so glaube ich nicht, daß Marx selbst jemals an einen rigorosen, nur in eine Richtung wirkenden Determinismus gedacht hat; wenn ich von Basis spreche, will ich damit nur unterstreichen, daß es im Denken des Menschen nichts gibt, was nicht aus der Umwelt kommt, womit die natürliche und die gesellschaftliche Umwelt zusammen gemeint sind. Gewiß, die mythologischen Konstruktionen bilden sozusagen Relais, die letztlich selber auf den Determinismus des Denkens einwirken. Das ist nichts Einfaches, keine Ursache-Wirkung-Beziehung: der Mensch formt sich sein Weltbild unter gewissen geistigen Zwängen, und die Art seines Weltbilds bestimmt sehr weitgehend die Art und Weise, in der die Welt auf ihn einwirkt.

Mit anderen Worten, die Basis wirkt nie als solche, das heißt wie eine objektiv gegebene, dem Menschen äußerliche Realität. Sie wirkt nur insofern, als sie gedacht wird, und im Augenblick, da sie gedacht wird, nimmt sie schon eine bestimmte Form an, die etwas Verpflichtendes hat. Das Bewußtsein steht nicht Auge in Auge mit einer Welt, die ihm völlig äußerlich ist: Es nimmt sie wahr in der Form eines Textes, dessen Formulierung auf den elementarsten Ebenen des Sinnlichen anfängt. Wie ich am Ende von *»Der nackte Mensch«* sage, war ich sehr frappiert von verschiedenen Forschungen auf dem Gebiet der Sinnespsychologie, besonders der Psychologie des Sehens. Der Umstand zum Beispiel, daß wir die Dinge nicht so sehen, wie sie sind oder wie wir glauben, daß sie seien, sondern aufgrund einer regelrechten Kodierung, die sich im Gehirn abspielt und bei manchen Tieren sogar schon auf der Netzhaut beginnt. Diese Kodierung arbeitet mit Gegensatzpaaren: Unbeweglichkeit und Bewegung, Farbe und Farblosigkeit,

Horizontale und Vertikale, Gerade und Schräge usw.: Das, was wir Basis nennen, ist also das mittelbare Produkt einer Rekonstruktion, die das Werk des Nervensystems ist, wobei dieses nach Prinzipien und Methoden arbeitet, die sich nicht wesentlich von der Arbeitsweise des Verstandes unterscheiden.

Bellour: Wie haben Sie es gemacht, auf so logische Weise diese (schon im dritten Band begonnene) Verbindung zwischen Süd- und Nordamerika herzustellen? Sie haben doch nur – wenngleich sich das »nur« angesichts dieser Masse von Büchern schwer sagen läßt – eine beschränkte Anzahl von Mythen (an die tausend) studiert, die sich, im Norden wie im Süden, auf eine ebenso beschränkte Anzahl von Volksstämmen beziehen, auch wenn das geographische Spektrum im dritten Band größer ist. Haben Sie das Gefühl, daß dieser relativ geschlossene Raum, in dem Sie Ihre Forschungen durchgeführt haben, für Ihre Beweisführung notwendig war? Hätten Sie sich beispielweise mit dem Norden oder dem Süden begnügen können?

Lévi-Strauss: Wie Sie wissen, ging ich von einem Bororó-Mythos aus, den ich wählte, weil ich diesen Stamm kannte und weil es über ihn ein sehr reichhaltiges ethnographisches Material gibt. Aber ich verstand erst allmählich die tieferen Gründe dieser Wahl: Dieser Mythos bildet tatsächlich die Verbindung zwischen zwei großen Mythenkomplexen, die sowohl in Südamerika als auch in Nordamerika vorkommen. Dann kam ich schrittweise darauf, daß von diesem Mythos mehrere Wege ausgehen, je nach dem, welchen Aspekt man hervorhebt, und daß man aus ihm fast alle großen Themen der amerikanischen

Mythologie *a priori* ableiten kann. Das begriff ich erst, als ich den vierten Band schrieb.

Gewiß hätte es auch andere mögliche Wege gegeben. Ich glaube aber nicht, daß ich zu einem vergleichbaren Resultat gelangt wäre, wenn ich mich auf eine der beiden Hemisphären beschränkt und in jedem Fall das Paradigma so vollständig wie möglich herausgearbeitet hätte. Tatsächlich stieß ich an einem bestimmten Punkt meiner Analyse, am Anfang von *»Der Ursprung der Tischsitten«,* an eine Wand, aus dem einfachen Grund, weil der südamerikanische Mythenkorpus lange nicht so reichhaltig ist wie der nordamerikanische (nicht an sich, natürlich, sondern weil in Nordamerika schon viel mehr und viel länger geforscht worden ist). Mir fehlten gewisse Elemente, die ich jedoch in den nordamerikanischen Mythen finden konnte. Ich war also gezwungen zu dieser Verschiebung, die eine Anzahl weiterer Verschiebungen nach sich gezogen hat. Ich wäre nie ans Ziel gelangt, wenn ich nicht mythologische Gegebenheiten aus sehr verschiedenen Regionen nebeneinandergestellt hätte; nur indem ich Völker, die sich durch Sprache, Kultur und Lebensweise voneinander unterscheiden, zum Gegenstand meiner Forschungen machte, konnte ich erkennen, was sie gemeinsam haben, nämlich, wie ich am Ende dieses letzten Bandes zu zeigen versuche, die Bevorzugung einer bestimmten Art, ihr Essen zu kochen – im Erdofen. Darin scheint mir der tiefere Grund dieser auf den ersten Blick unverständlichen Identität der Mythen im Nordwesten Nordamerikas und im Zentrum Südamerikas zu liegen. Mit einem Wort, ich hätte niemals die Konstante erkennen können, wenn ich nicht bereit gewesen wäre, das Feld meiner Vergleiche zu erweitern, denn nur ein Vergleich auf breiter Basis konnte zu ihrer Feststellung führen.

Bellour: Mir ist aufgefallen, daß Sie im vierten Band, wo alle Fäden Ihrer Untersuchung zusammenlaufen, mehr als sonst den Akzent auf die demonstrativen Möglichkeiten Ihres Vorgehens legen, indem Sie sich immer bemühen, im empirischen Korpus die vorher auf rein logischem Weg deduzierten Relationen wiederzufinden. Ich denke da an die Mythen von der nordamerikanischen Westküste, besonders an die Coos-Mythen, in denen alle wesentlichen Elemente vereinigt sind, die bis dahin deduktiv formuliert wurden.

Lévi-Strauss: Als ich meine Arbeit begann, hatte ich diese Mythen noch nicht untersucht. Als ich allmählich einsah, daß ich mich dem Norden zuwenden mußte, um eine Lösung für mein Problem zu finden, entdeckte ich, daß dort alles, was ich auf deduktivem Weg erhalten hatte, empirisch nachzuweisen war. Es war wie ein Experiment im Laboratorium, bei dem man durch Synthese die Resultate partieller Analysen verifiziert. Das ist die einzige Art von Demonstration, die wir in den Humanwissenschaften anstreben können. Man neigt oft dazu, unsere Aussagen anzuzweifeln, unter dem Vorwand, man könne nicht überprüfen, ob sie richtig oder falsch seien. In den Humanwissenschaften haben wir es nicht mit Gegenständen der physischen Welt zu tun, sondern mit Vorstellungen, und wir können nie sicher sein, ob es nicht ober- oder unterhalb der Stufe des Bewußtseins oder des Unbewußten, auf der wir uns gerade befinden, immer noch – wie in einer tiefen Schlucht –

andere Stufen gibt. Die Physiker und die Biologen sind sich – zu einem gegebenen Zeitpunkt – einig über den Bezugsrahmen, an den man sich halten muß, um nutzbringend arbeiten zu können. In den Humanwissenschaften hingegen bleibt der Bezugsrahmen immer strittig. Die einzigen Demonstrationen, die wir anstreben können, sind solche, die mehr zu erklären vermögen, als vorher erklärbar war. Das heißt noch nicht, daß sie wahr sind, sondern nur, daß sie den Weg freimachen für andere Demonstrationen, die noch mehr erklären können, und so weiter *ad infinitum*, ohne daß man je zu einer endgültigen Wahrheit gelangt.

Bellour: Bevor wir weitergehen, möchte ich Sie bitten, etwas klarzustellen, das den Text des Mythos betrifft, so wie er in der »*Mythologica*« erscheint. Hat das Resümee, das Sie aus dem gegebenen Material, das heißt aus dem von Ihren Informanten berichteten Text, ziehen, für Sie einen präanalytischen, durch die Erfordernisse der Systematisierung bestimmten Wert?

Lévi-Strauss: Sie werfen hier das Problem des Modells auf. In der Entwicklung des Modells sind mehrere Phasen zu unterscheiden. Vor allem erfordert die eigentliche Analyse des Mythos Lesen, Wiederlesen, Nachdenken, bis nach und nach die wesentlichen Konturen hervortreten, die einen Leitfaden liefern. Es handelt sich nicht um ein Resümee, sondern um die Aufdeckung einer verborgenen Architektur. Dazu kommt ein praktisches Problem: Wie soll man es dem Leser erklären? Zuerst muß man ihm ein Resümee geben und dann, davon ausgehend, versuchen, den Mythos, so wie er *in extenso* bei der verwendeten Quelle erschienen ist, zu rekonstruieren. Das Resümee erfüllt also eine doppelte Funktion: Es ist ein didaktisches Mittel zum Nutzen des Lesers und zugleich, antizipierend, eine Art Annäherung an das Modell, das man zu konstruieren versucht.

Bellour: Ich nehme an, Sie arbeiten immer auf der Grundlage des vollständigen Textes und nicht nach dem Resümee, das Sie daraus gezogen haben.

Lévi-Strauss: Unbedingt. Ich würde sogar sagen, es ist unmöglich, anders zu arbeiten als auf der Grundlage des vollständigen Textes. Sehr oft gibt es scheinbar bedeutungslose Nuancen, Wiederholungen, scheinbar weniger Wichtiges, weniger Interessantes, und plötzlich, durch eine Inversion, wie bei den optischen Illusionen, enthüllt sich das scheinbar Zufällige als Element der Form und Schlüssel zur Bedeutung.

Das Ideale wäre natürlich, daß auch der Leser die Quellen in Händen hätte und sie selbst benützen könnte. Da das nicht möglich ist, muß man ihm einen Ersatz geben. Aber die ganze Argumentation, die auf das Resümee aufbaut, ist faktisch ein Versuch, den Text in seiner Gesamtheit zu rekonstruieren oder jedenfalls zu ihm zurückzuführen.

Bellour: Was ist der tiefere Grund für die exzessive Länge des vollständigen Mythentextes?

Lévi-Strauss: Eine der großen Schwierigkeiten bei der Analyse von Mythen oder beim Schreiben von Büchern über Mythen liegt darin, daß der Autor unvermeidlich dem von ihm gezogenen Resümee seinen Stempel aufprägt und die Mythen viel homogener erscheinen läßt, als sie wirklich sind. Von einer Population zur anderen und innerhalb derselben Population von einem Informaten zum anderen gibt es beträchtliche Stilunterschiede. In manchen Fällen ist der Mythos zu lang wegen der scheinbaren Wiederholungen: Was auf der Ebene der Geschichte, die im Mythos erzählt wird, wahr sein mag, braucht es auf der Ebene seiner soziologischen Funktion, seines poetischen Werts oder seiner stilistischen Form für die betreffende Population durchaus nicht zu sein. Es kommt auch vor, daß man im gegebenen Augenblick nicht die Gesamtheit des Mythos braucht, sondern nur bestimmte Elemente davon; hätte man also die Dinge an einem anderen Ende, in einem anderen Sinn angepackt, dann wären andere Aspekte des Mythos zum Vorschein gekommen.

Bellour: Das berührt übrigens ein fundamentales Problem: die Ausdruckskraft des Mythos, die durch das Resümee abgeschwächt wird und auch durch die von Ihnen wiederholt unterstrichene Tatsache, daß der Mythos nicht in seiner eigenen Sprache, als Text, studiert wird, sondern als eine andere Sprache, die eigentlich seine Geschichte darstellt. Andrerseits steht in der *»Mythologica«* nichts – es sei denn indirekt – über die konkrete Erfahrung des erzählten Mythos im Leben eines Stammes, über das Erlebnis seiner Erzählung und Transformation, die in gewissem Sinn den Augenblick seiner höchsten Wahrheit darstellt.

Lévi-Strauss: Es wäre sehr wichtig, das zu beschreiben und zu analysieren.

Bellour: Halten Sie das für möglich?

Lévi-Strauss: Ganz gewiß. Schon deshalb, weil sich in der ethnographischen Literatur viele Hinweise finden: beispielsweise darauf, daß es bei manchen Populationen eine Jahreszeit gibt, in der man die Mythen erzählen darf, und eine Jahreszeit, in der es verboten ist; bei manchen Stämmen dürfen Mythen nur zu einer bestimmen Tageszeit erzählt werden, entweder bei Tag oder bei Nacht, und man muß in einer bestimmten Position zuhören, etwa sitzend oder liegend. Das kann man an Ort und Stelle studieren, bei Populationen, die noch ihre Mythen erzählen. Dazu gibt es ein großartiges Dokument, den Film, den Marchand mit Lizot bei den Yanomami in Venezuela gedreht hat. Da sieht man, wie ein Mythos erzählt wird: das ist mehr wert als alle Beschreibungen und Analysen. Man kann feststellen, daß die Diktion sich von der Umgangssprache unterscheidet und daß der Erzähler beim Erzählen den Mythos richtig erlebt, daß er die Ereignisse durch Mimik, Ausdruck, Gestik zum Leben erweckt.

Bellour: Eine solche Analyse verlangt also eine Polyvalenz der Ebenen, ähnlich, wie Sie es bei Ihrer Analyse der *»Katzen«* von Baudelaire gemacht haben.

Lévi-Strauss: So ist es. Auch die Mythen müssen auf diese Weise analysiert werden. Unter dem Vorbehalt natürlich, daß man nicht ein großes Panorama geben will, wie ich es in der *»Mythologica«* versucht habe, sondern daß man sich auf intensives Studium der Mythen einer einzigen Population beschränkt.

Bellour: Wie wollen Sie die Probleme lösen, die sich aus dieser Art Analyse ergeben? Denn der Mythos ist doch, wenn man so sagen kann, mehr und zugleich weniger als ein Text. Einerseits hat er nicht den fest umrissenen und relativ geschlossenen Charakter des Textes (wenngleich, wie man heute sagt, auch der Text etwas ewig Unvollendetes an sich hat); deshalb scheint es schwer zu sein, *einen* Mythos zu analysieren wie *ein* Gedicht oder *eine* Novelle. Darum, glaube ich, sprechen Sie von *den* Mythen einer Population, so wie man das Gesamtwerk eines Autors betrachten kann, um ein höheres Maß an Genauigkeit zu erreichen. Andrerseits ist der Mythos, wie wir gesehen haben, mehr als ein Text, sogar mehr als ein gesprochener Text, weil er beim Erzählen erdacht und bei der vermeintlichen Wiederholung verändert wird und daher die Umstände des Erzähltwerdens für ihn substantiell sind (im Text gibt es da als Äquivalent nur die stets flüchtige Äußerlichkeit der Zeit und des schöpferischen Experiments). Steht der extensiven Analyse des Mythos nicht ein Komplex immanenter Schwierigkeiten entgegen?

Lévi-Strauss: Ich gebe zu, es kann schwierig sein, einen Mythos zu analysieren, wenn man nicht mehrere Varianten zur Verfügung hat. Aber ein ausreichend langer Mythos enthält oft auch alle seine Varianten, in Form aufeinanderfolgender Abschnitte, die aber von der Art eines »Themas mit Variationen« in der Musik sind. Außerdem würde eine genügende Kenntnis der Sprache es ermöglichen, den Mythos nicht nur, wie ich es tun mußte, in komparatistischer Perspektive, vom semantischen und ethnographischen Standpunkt, zu untersuchen, sondern auch unter anderen Blickwinkeln: stilistisch, prosodisch, syntaktisch, grammatikalisch, phonetisch und phonologisch. Jeder dieser Gesichtspunkte läßt in Beziehung zu den anderen formale Unterschiede, aber auch Koinzidenzen und Wiederholungen formaler Konstanten hervortreten. In diesem Sinn würde die Analyse *eines* Mythos der Analyse *eines* Gedichts oder *einer* Novelle näherkommen. Und kann übrigens nicht auch ein Gedicht oder eine Novelle eine Variante anderer Gedichte und Novellen desselben Autors sein? Können nicht zum Beispiel *»Die Katzen«* als Gedicht eine Variante anderer Gedichte von Baudelaire über Katzen, Verliebte, Gelehrte sein, oder in formaler Hinsicht eine Variante aller anderen Sonette aus den *»Blumen des Bösen«*? Um ein anderes Beispiel zu nehmen, das sowohl in poetischer als auch in musikalischer Hinsicht zutrifft: ist nicht der dritte Akt von *»Parsifal«* eine Variante des dritten Aktes der *»Meistersinger«*? Hier wie dort tritt ein älterer, erfahrener Mann (Gurnemanz bzw. Hans Sachs) zurück zugunsten eines jüngeren, hochbegabten, den er auf den Thron erhebt. Hier wie dort geht ein langes Zwiegespräch dem Opfergang voraus, und dazwischen liegt ein Moment der Beruhigung und der wiedergefundenen Einmütigkeit (*»Karfreitagszauber«* bzw. das *»Quintett«*). Man kann das eine Werk nicht befriedigend analysieren, ohne das andere zu kennen und in Betracht zu ziehen. Daher mußte die Analyse der *»Meistersinger«* warten, bis der *»Parsifal«* geschrieben war, und die Analyse des *»Parsifal«* wird ewig unvollständig bleiben, weil wir nie die Oper kennen werden, die Wagner als nächste geschrieben hätte, wäre er nicht gestorben (so wie wir nie die Varianten von *»Pelléas«* kennen werden, welche *»Der Untergang des Hauses Usher«* enthüllt hätte). Die Unterschiede und die Schwierigkeiten scheinen mir nicht so groß zu sein, wie Sie in Ihren Bemerkungen andeuten. Ich erinnere mich, daß ich einen meiner ersten Kurse am Collège de France, dreizehn einstündige Vorlesungen, der Analyse eines einzigen Irokesen-Mythos gewidmet habe; und meine 1958 erschienene Arbeit *»Die Geschichte von Asdiwal«* bezog sich auch auf einen einzigen Mythos, den ich in drei Varianten untersucht hatte. Erst vor kurzem habe ich bemerkt, daß ich eine vierte Variante vernachlässigt hatte, die, quasi als Laboratoriums-Experiment, die aus den drei anderen abgeleiteten Hypothesen hätte entkräften können – oder auch bestätigen, wie ich bald zu zeigen hoffe.

Bellour: Scheint Ihnen nicht, daß in einem vergleichbaren Ideenbereich der Ritus das Problem des Niveaus der Analyse noch radikaler aufwirft? Am Schluß von *»Der nackte Mensch«* widmen Sie dem Vergleich von Ritus und Mythos einige sehr aufschlußreiche Sätze, die mit der Gegenüberstellung von Kontinuität und Diskontinuität, von Leben und Denken enden. Könnte man sich unter diesen Umständen eine der *»Mythologica«* vergleichbare Arbeit vorstellen, die *Ritologica* sozusagen, und wäre das überhaupt möglich?

Lévi-Strauss: Ganz gewiß, denn wir können oft feststellen, daß die eine Gesellschaft etwas in Form eines Mythos zu *sagen* sucht, das die benachbarte Gesellschaft in Form eines Ritus »ausdrückt«. Ich habe Beispiele dafür angeführt in der *»Strukturalen Anthropologie«* (12. Kapitel), in einer kürzlich erschienenen Festschrift für E. E. Evans-Pritchard (*»The Translation of Culture«,* 1971) und an vielen Stellen der *»Mythologica«*; auch in *»Das Rohe und das Gekochte«,* wo ich anhand eines Sherenté-Rituals den Mythos dieses Stammes über den Ursprung des Feuers und die Varianten der Nachbarstämme interpretiere. Der Grund liegt darin, daß das Ritual, so wie wir es in seinen empirischen Manifestationen zu fassen kriegen, stets von implizierter Mythologie durchdrungen ist und wir es faktisch nicht mit unterschiedlichen Wesenheiten zu tun haben. Nur wenn es uns in der Analyse gelingt, den Ritus rein darzustellen und ihn von aller implizierten Mythologie, die er tatsächlich immer enthält, zu befreien, sehen wir, daß Mythos und Ritus entgegengesetzte Zwecke verfolgen.

Bellour: Der Anstoß zu Ihrer Erforschung der Mythen kam, wie Sie gesagt haben, von einer Art Ärger über den willkürlichen und unlogischen Charakter, der diesen Mythen, die Sie faszinierten, bis in die kleinsten Details anzuhaften schien. Sind Sie der Meinung, daß es Ihnen bis heute gelungen ist, diese Widersprüche aufzuklären? Oder gibt es in den Mythen, mit denen Sie sich beschäftigt haben, noch unerklärliche Einzelheiten? Sollte das der Fall sein, meinen Sie, daß dies am Korpus liegt (Mangel an ethnographischer Information oder Mangel an notwendigen Varianten) oder an einer immanenten Schwierigkeit, die Mythen in den Rahmen Ihrer Formalisierung einzuordnen?

Lévi-Strauss: Es gelingt nie, alles zu erklären, sonst hätte die Forschungsarbeit einmal ein Ende. Es werden – so hoffe ich wenigstens – andere kommen und die Mythen, über die ich gearbeitet habe, wieder aufgreifen, und sie werden – vielleicht gestützt auf meine Entschlüsselung – neue Beziehungen entdecken, zusätzliche Einzelheiten integrieren und die Analyse über den von mir erreichten Punkt hinaus fortführen. Um ihre Frage spezifischer zu beantworten: Ja, es gibt da und dort noch unerklärliche Einzelheiten, aber nicht, weil die Methode unzulänglich ist, sondern einfach deshalb, weil sie sich auf ethnographische oder andere Fakten beziehen oder beziehen könnten, die in der verfügbaren Literatur nicht enthalten sind. So weiß man nicht: War ein bestimmter, heute verschwundener Maskentypus, den der Gründungsmythos mit einem beim Nachbarstamm bezeugten anderen Typus vergleicht, die gleiche oder eine andere Maske? Bedeutet das in einem Mythos erwähnte Verbot, einen bestimmten Fisch samt den Gräten zu essen, daß dies wirklich verboten war, oder handelt es sich um eine mythische Verkleidung, deren Erklärung im Kontext zu suchen ist? Wenn ein Mythos einem Tier unter bestimmten Umständen ein gewisses Verhalten zuschreibt, handelt es sich da um eine empirische Beobachtung oder um eine unabhängige, aber unbegründete Vermutung, oder ergibt sich diese Zuschreibung aus einem inneren Zwang des Mythos? Man stößt fortwährend auf solche Probleme, von denen nur einige gelöst werden können, während andere – vorläufig oder endgültig – unlösbar sind . . . Ein Mythos von der Pazifik-Küste erzählt von einem Fisch, dem, wenn er sich an die Oberfläche wagt, der Magen zum Maul herauskommt, so daß das Tier stirbt. Da dieser Fisch mit einer Vielfalt von genau umrissenen mythischen Funktionen ausgestattet ist, wäre es überaus wichtig zu wissen, ob diese Schwäche eine reale Basis hat oder ob sie sich aus den dem Tier zugeschriebenen symbolischen Funktionen ergibt, die dann erklärt, präzisiert und entwickelt werden könnten.

Bellour: Wie wir sahen, haben Sie in der *»Mythologica«* an die tausend Mythen untersucht. Glauben Sie, daß die Heranziehung einer noch größeren Anzahl von Mythen – angefangen mit all denen, mit deren Hilfe Sie im dritten und vierten Band so viele mögliche Wege eröffnen – die Schlußfolgerungen, die Sie aus der Betrachtung des ganzen amerikanischen Kontinents gezogen haben, ändern könnten.

Lévi-Strauss: Was habe ich denn versucht? *Einen* mythologischen Diskurs der amerikanischen Indianer zu beschreiben. Das ist aber nicht ihr einziger mythologischer Diskurs, weit entfernt, denn ich habe nur zehn, vielleicht sogar nur fünf Prozent des derzeit verfügbaren Korpus der nord- und südamerikanischen Mythologie benützt. Die Erklärung des Rests würde uns vor allem andere mythische Diskurse liefern. Ich glaube einfach, daß der eine, den ich gewählt habe, den Wert eines Beispiels hat, und daß die anderen, wenn wir sie hätten oder sobald wir sie haben werden, entweder parallele Diskurse bilden werden oder solche, die an bestimmen Punkten die Bahn des von mir gewählten kreuzen. Wären wir in der Lage (und wir werden es eines Tages sein, sofern andere sich ebenso intensiv wie ich mit den Mythen beschäftigen), über den totalen Diskurs zu verfügen (und das, wohlgemerkt, ist ein rein theoretischer Begriff, weil es keinen totalen Diskurs gibt: Ich habe nur einen kleinen Teil der Mythen verwendet, und es gibt heute nur noch einen Bruchteil jener Mythen, die einst existiert haben), dann hoffe ich, daß dieser totale Diskurs nicht im Widerspruch stehen wird zu dem, den ich gewählt habe. Er wäre natürlich viel reichhaltiger, viel mannigfaltiger, aber er wäre vom gleichen Typus.

Bellour: Gesetzt den sicherlich noch ganz hypothetischen Fall, es käme zu einer Erweiterung Ihrer Bemühungen in Richtung einer allgemeinen Mythologie, würde sich dann zwischen der Vielzahl der Mythologien ein Konvergenzverhältnis herausstellen oder würden sich im Gegenteil mehr oder minder radikale Divergenzen ergeben?

Lévi-Strauss: Sie werfen hier das Problem der Einheitlichkeit des mythischen Denkens auf der ganzen Welt auf. Das ist kein Problem, dessen Lösung man vorwegnehmen könnte. Nur wenn Untersuchungen der gleichen Art an anderen Mythenkomplexen unternommen werden, wird man erfahren, ob es eine solche Einheitlichkeit gibt oder ob man zwischen verschiedenen Mythenarten unterscheiden muß, so wie man zwischen Arten von Lebewesen unterscheidet; und ob diese Mythenarten sich voneinander unterscheiden wie die Säugetierarten, d. h. ob sie dabei eine gewisse Verwandtschaft aufweisen, oder ob sie sich so unterscheiden wie Arten ganz verschiedener zoologischer Familien oder gar wie Pflanzen oder Minerale von Tieren.

Bellour: Man müßte also nicht nur bezüglich der Mytheninhalte differenzieren, sondern auch bezüglich der Formen und der Systeme der Begriffsbeziehungen.

Lévi-Strauss: Ganz gewiß. Im Augenblick kann ich nur sagen, daß ziemlich sicher in anderen Teilen der Welt ähnliche Formen des mythischen Denkens existieren. Das zeigen schon ganz flüchtige Proben. (Aber ich will nicht behaupten, daß *alle* Formen des mythischen Denkens von gleicher Art sind: selbst in Amerika habe ich bestimmte Formen des mythischen Denkens bewußt ausgelassen, zum Beispiel solche, die offenkundig von Vorstellungen ausgehen, welche von Brüderschaften, Philosophen oder Weisen ausgearbeitet worden sind; sie haben gewiß Beziehungen zu den von mir untersuchten, müßten aber natürlich unabhängig analysiert werden.)

Ich denke an die Forschungen von Luc de Heusch über die Mythologie einer bestimmten Region Afrikas und an die Forschungen über die australische Mythologie. Und vor allem denke ich an das Zentrum für vergleichende Altertumsforschung: Die Arbeiten von Jean-Pierre Vernant, Pierre Vidal-Naquet und Marcel Detienne scheinen zu zeigen, daß es in der griechischen Mythologie bestimmte Motive gibt, die fast genau dem amerikanischen Denken entsprechen.

Bellour: Das ist ein besonders aufregendes Problem, denn im Unterschied zu den amerikanischen Mythen und vielen anderen, die ausschließlich mündlich tradiert werden, haben die alten Griechen ihre Mythen bereits niedergeschrieben.

Lévi-Strauss: Ich könnte Ihnen erwidern, daß alle gesammelten Mythen zwangsläufig niedergeschrieben sind. Das ist ein Umstand, der alle Arten von Problemen aufwirft. Es ist merkwürdig, daß in den griechischen Mythen, ob sie nun in einer oder in mehreren Versionen bekannt sind, ein mythologisches Problem jeweils eine ganz bestimmte Lösung findet. Darauf wurde ich aufmerksam, als ich Detiennes Buch *»Les Gardins d'Adonis«* (Die Gärten des Adonis) las. Er stellt dort eine Adonis-Mythologie zusammen, die mich an amerikanische Mythen erinnert, welche unbestreitbar dem Adonis-Typus angehören. Ich will damit nicht sagen, daß sie den gleichen Ursprung haben, denn darüber wissen wir absolut nichts, sondern nur, daß sie typologisch derselben Mythenfamilie angehören. Nun findet aber die Adonis-Problematik, das heißt die Problematik eines Vermittlers zwischen zwei Extremen, in diesem Fall zwischen einer himmlischen und einer chthonischen Göttin, Aphrodite und Persephone, in den uns bekannten griechischen Versionen nur *eine* Lösung: Adonis stirbt und wird dadurch von beiden Geliebten getrennt. Im Gegensatz dazu sehen die äquivalenten amerikanischen Mythen alle Möglichkeiten vor: Eine Vermittlung kann ja auf mehrere Arten scheitern, der Vermittler kann sich dem einen der beiden Pole anschließen und sich vom anderen völlig trennen (das braucht nicht immer derselbe zu sein), oder er kann sich von beiden lossagen. Die amerikanischen Mythen zeigen alle drei Lösungen.

Bellour: Die geschriebene Mythologie scheint also unter den Möglichkeiten eine Auswahl zu treffen.

Lévi-Strauss: Ja, nur ist es möglich, daß schon die griechische Volksmythologie, aus der die schriftliche Überlieferung hervorgegangen ist, so gearbeitet hat. Vernant, Detienne und Vidal-Naquet haben wiederholt – und meiner Meinung nach völlig zu Recht – bemerkt, daß die Griechen die strukturale Analyse ihrer Mythen schon selber vorgenommen haben: Die an den wilden Mythen vollzogene Analysearbeit ist den griechischen Mythen unmittelbar anzumerken. Man könnte sogar sagen, daß die Mythen selbst ihre eigene strukturale Analyse vornehmen: Schon die Namen der Helden und Götter beispielsweise drücken den strukturalen Gehalt der Mythen aus. In einem Sinn ist es also fast das gleiche, in einem anderen sind es sehr verschiedene Dinge.

Bellour: Die über sich selbst reflektierende Abschweifung des Mythos ist vielleicht nicht ohne Zusammenhang mit dem Phänomen der beginnenden Philosophie, das, wie Sie mehrmals bemerkt haben, aus unbekannten Gründen gerade in Griechenland aufgetreten ist, im Gegensatz zu den Kontinenten des wilden Denkens, wo es auch hätte auftreten können. Wie auch immer – wenn ich Sie richtig verstehe, wollen Sie sagen, wenngleich noch nicht definitiv, daß zwischen den einzelnen mythologischen Arten eine bestimmte Konvergenz besteht oder zumindest eine genügend enge Beziehung, daß man sie eher auf einer großen Tafel von Variationen als auf mehreren heterogenen Bildern darstellen könnte.

Lévi-Strauss: Ja, aber mit einem Vorbehalt, auf dem ich bestehen muß. Das mythische Denken ist wie ein Blätterteig: Die Schichten des mythischen Denkens liegen übereinander. Ich habe mich bemüht, einer Schicht zu folgen, und wenn ich sage, daß diese Schicht mit ihren bestimmten strukturalen Eigenschaften auch in anderen Mythenräumen zu finden ist, heißt das nicht, daß es in diesen anderen Mythenräumen nicht, ebenso wie in Amerika, auch noch andere Schichten gibt.

Bellour: Könnten Sie genauer sagen, was Sie unter einer *Schicht* oder *Ebene* des mythischen Denkens verstehen? Zum Beispiel, wie auf dem amerikanischen Kontinent die Schicht, die Sie zum Studium ausgewählt haben, sich von den anderen unterscheidet, die Sie aus diesem oder jenem Grund ausgeschieden haben (ohne vielleicht die Grenzen genau feststellen zu können). Und anderseits, ob diese Abgrenzung sich auf empirische, geographische, rassische, soziohistorische Kriterien bezieht oder ob sie rein begrifflich ist, das heißt die Trennung aufgrund ihrer eigenen Bedingungen der logischen Möglichkeit vornimmt.

Lévi-Strauss: Bestimmte Schichten sind leicht nach objektiven Kriterien zu unterscheiden. So kann es sogar schon bei den sogenannten wilden Völkern volkstümliche und esoterische Mythologien geben; es können auch Mythologien existieren, die relativ frei vom Ritual sind, und solche, die eng mit dem Ritual zusammenhängen. Aber beschränken wir uns auf eine fast homogene Mythologie und gehen wir aus von einem (zumindest vermeintlich) zufällig gewählten Mythos. Bei der Interpretation dieses Mythos ziehen wir andere heran, zu deren Erklärung wir auf weitere zurückgreifen müssen, und so fort, aber es ist zweifelhaft, daß wir dabei den ganzen Korpus ausschöpfen. Unter Schicht verstehe ich also die Gesamtheit der Mythen, die wir tatsächlich angetroffen oder verfolgt haben. Ein anderer Ausgangspunkt würde es uns ermöglichen, in eine andere Schicht vorzudringen und sie zu verfolgen, wobei zu bemerken ist, daß die Schichten oft zusammenstoßen und miteinander verschmelzen oder sich schneiden und in verschiedenen Richtungen verlaufen. Nach mehreren solchen Operationen wird man die Architektur des Systems besser verstehen. Im letzten Band der *»Mythologica«* habe ich (im Zusammenhang mit der Gruppe von Mythen über den »Kampf der Rehe gegen die Bären«) einen Kurs entlang einer anderen Schicht als der, die ich gerade entwickelte, skizziert. Ich stehe noch zu sehr am Anfang dieser Untersuchungen, um Ihnen genauer über das Wesen dieser

Schichten und ihren Wirklichkeitsgrad Auskunft geben zu können. An dem Punkt, den ich jetzt erreicht habe, scheinen sie mir zu zeigen, daß das Netz der Verbindungen zwischen den Mythen so komplex ist, daß es faktisch unmöglich ist, allen Bahnen zugleich zu folgen.

Bellour: Nun zu einer Gruppe von methodischen Fragen, die sich aus der *»Mythologica«* ergeben. Zunächst die Codes, deren Aufbau und Überschneidung den Lauf des Buches bestimmen. Glauben Sie, aus den von Ihnen untersuchten Mythen die Gesamtheit der dort vorkommenden Codes herausgefunden zu haben, um daraus jenen »Intercode« konstruieren zu können, als den Sie den Mythos definiert haben? Und ist anderseits die Unterscheidung zwischen den verschiedenen Codes, beispielsweise einem astronomischen, einem soziologischen, einem kulinarischen, einem akustischen Code usw., in Ihrem Sinn eine ganz strenge?

Lévi-Strauss: Nein, gewiß nicht; es ist durchaus vorstellbar, daß man noch andere Codes feststellen könnte.

Und dann sind diese Codes durch eine Anzahl von Kategorien bestimmt, die unsere eigenen Denkkategorien sind. Für die Mythen selbst existiert die Unterscheidung nicht, weil ihr Zweck ja darin besteht, alle diese Codes zu vereinigen oder zu transzendieren, und nicht, den einen oder anderen, diesen oder jenen zu verwenden, sondern einen aus allen zusammen gebildeten Supercode. Die Unterscheidungen sind nur für die Analyse notwendig, an sich entsprechen sie aber keiner Realität.

Bellour: Dann der Binarismus, auf den Sie besonders nachdrücklich im vierten Band zurückkommen: zuerst in dem Kapitel, wo der Abschluß der Untersuchung angekündigt wird, die *binären Operatoren,* sodann in mehr theoretischer Form im *»Finale«,* wo Sie mit Hilfe dieses Begriffs eine fragile, aber präzise Verbindung zwischen den Humanwissenschaften und den exakten, den Naturwissenschaften herstellen. Welche Schlußfolgerung ergibt sich Ihrer Meinung nach aus der Tatsache, daß der Binarismus ebenso im mikroskopischen Maßstab, wo gegensätzliche Elemente paarweise angeordnet sind, vorherrscht wie als allgemeines Prinzip, indem er die Kategorien der verschiedenen wissenschaftlichen Disziplinen transzendiert und in den Wissenschaften vom Leben eine Art objektiver Grundlage findet?

Lévi-Strauss: Beim Binarismus muß man mehrere Aspekte unterscheiden. Einerseits gibt es den Binarismus. Die Linguisten bedienen sich seiner, und wir finden ihn sehr oft objektiv bestätigt in den Denkweisen der Völker, die wir studieren. Man hat mir oft gesagt, der Gegensatz von Natur und Kultur beispielsweise, von dem ich so viel Gebrauch mache, sei eine Erfindung der Ethnologen und dürfe den Denksystemen, die sie untersuchen, nicht aufgeklebt werden: Ich glaube, nichts könnte falscher sein. Die Ethnologen konnten diesen Gegensatz nur deshalb formulieren, weil sie ihn in ihrem Untersuchungsobjekt vorfanden. Wohlgemerkt, er kommt nicht immer so direkt zum Ausdruck, er kann auch die Form des Gegensatzes zwischen Ortschaft und Busch, Urwald und gerodetem Land, Gekochtem und Rohem usw. annehmen, aber er ist uns immer durch den Gegenstand unserer Forschungen gegeben.

Andererseits bildet der Binarismus eine Art gemeinsamen Nenner oder kleinstes gemeinsames Vielfaches, wenn es darum geht, in der Sprache einer bestimmten geistigen Erfahrung die Produkte einer anderen geistigen Erfahrung zu formulieren. Das beweist nicht die objektive Existenz des Binarismus, sondern einfach seine Bequemlichkeit. Er ist ein Schlüssel, der es ermöglicht, eine Aussage aus einer Sprache in eine andere zu übertragen oder vielmehr in zwei Aussagen gemeinsame Elemente zu finden, auf einer Stufe, auf der sie füreinander Sinn annehmen.

Betrachten wir diese beiden Feststellungen, einerseits die objektive Existenz binärer Gegensätze, andrerseits ihre methodologische und praktische Nützlichkeit, dann muß man annehmen, daß sie auf einer fundamentaleren Ebene eine Entsprechung haben. Hier kann man sich an die Naturwissenschaften wenden und sie fragen, warum einerseits der Binarismus als Oberflächenstruktur erscheint, und andrerseits, ob er nicht deshalb ein bequemes Werkzeug ist, weil er bestimmten Funktionsweisen des Gehirns und der Sinnesorgane entspricht. Die Physiologen und die Anatomen haben uns diesbezüglich hochinteressante Dinge zu sagen. Sie zeigen uns, daß das Gehirn – nicht ausschließlich, aber zum großen Teil – wie eine binäre Maschine funktioniert, sie zeigen uns, daß schon die Verschlüsselung auf der Stufe der Empfindungen eine binäre Verschlüsselung ist und daß wir daher, wenn wir den Binarismus anwenden, vielleicht an dem Punkt angelangt sind, wo der Kontakt am besten zwischen den Grundlagen des Denkens und der Empfindungen und deren Anwendung hergestellt werden kann.

Bellour: Haben Sie nie den Eindruck, daß Sie der Regel des binären Gegensatzes zuliebe manchmal dem Originaltext des Mythos ein wenig Gewalt antun, vielleicht beim Resümee, aber mehr noch im Lauf der Analyse? Gelegentlich glaubt man es mit Operationen zu tun zuhaben, die an Taschenspielerei grenzen. Ich denke dabei zum Beispiel an eine Formulierung, die fast wie ein Wortwitz klingt: »Die Großmutter kopuliert umgekehrt, statt das Umgekehrte des Kopulierens zu tun.«

Lévi-Strauss: Wortwitze, wie auch Sprichwörter, Rätsel oder – für unsere Zivilisation spezifischer – Werbeslogans, sind ein konstanter Bestandteil der elementaren Prozesse, die wir im mythischen Denken am Werk sehen. Ihre Bemerkung erscheint mir daher sehr zutreffend. Die Formel, die Sie zitieren – könnte es eine gedrängtere (aber durch den Kontext erklärte) Art und Weise geben, zwei Dinge zugleich auszusagen? Nämlich erstens, daß man in einer Gesellschaft, die eine bestimmte Form des Kopulierens für normal hält, verkehrt kopulieren kann: von hinten statt von vorn, die Frau oben statt unten, usw. Zweitens, wenn, wie ich zu zeigen versucht habe, das primitive Denken eine Homologie zwischen Kopulation und Nahrungsaufnahme herstellt, dann empfindet sie das Gegenteil der Nahrungsaufnahme, nämlich die Ausscheidung, als Homologie zum Gegenteil des Kopulierens. Nun bin aber nicht ich es, sondern es sind die Mythenvarianten – die jedermann nachlesen kann –, welche alle Möglichkeiten solcher Kombinationen ausschöpfen. Aber ich beschränke mich keineswegs auf eine Analyse binärer Gegensätze. Der Index von *»Der nackte Mensch«* enthält rund zwanzig Hinweise auf *Triaden,* der Index von *»Der Ursprung der Tischsitten«* rund dreißig, und in einer Anmerkung in *»Vom Honig zur Asche«* führe ich viele Beispiele für die Anwendung eines nicht binären, sondern analogischen Modells an.

Bellour: Die binären Gegensätze manifestieren sich in Ihren Analysen in der Form eines Systems von Operationen, in der Form von Mechanismen, welche eine mit der strukturalen Analyse verbundene *Verarmung des Wirklichen* bewirken; am Ende von *»Der nackte Mensch«* sprechen Sie von *scharfen Verhältnissen wie Gegensätzlichkeit, Widerspruch, Umkehrung oder Symmetrie.* Es sind dieselben Operationen, über deren *sehr laxe Anwendung* Sie in *»Das Rohe und das Gekochte«* klagen. Haben Sie das Gefühl, daß diese Begriffe sich mit dem Fortschreiten der Bände präzisieren? Und welche Probleme ergeben sich Ihrer Meinung nach aus der relativen Unbestimmtheit Ihrer operativen Begriffe?

Lévi-Strauss: In meiner Sprache sind diese Begriffe nur Annäherungen und bleiben, fürchte ich, bis zum Ende ungenau und schwebend. Der Grund liegt darin, daß ich kein genügend guter Logiker bin, um den Sinn meiner an den Mythen vorgenommenen Operation vertiefen und klassifizieren zu können. Ich arbeite über die Mythen auf primitive Weise, davon ausgehend, was man tun kann und was man tun soll. Junge Mathematiker erzählen mir jetzt von neuen Entwicklungen der Logik, die es anscheinend überflüssig machen, sich um die Relationen zwischen den Begriffen zu kümmern. Man nennt es die Theorie der Kategorien: Sie beruht auf dem Begriff des Morphismus, d. h. auf Elementen oder Beziehungen, die man manipulieren kann, ohne sich die Frage nach dem logischen Wesen der einen oder der anderen zu stellen. Vielleicht wird sich eines Tages hier ein Mittel finden, die Schwierigkeit zu überwinden.

Bellour: Können Sie präzisieren, wie Sie das Verhältnis zwischen Ihrer Mythenanalyse und der *Mythenwissenschaft*, der *wahren Wissenschaft*, sehen, der gegenüber Sie sich in *»Das Rohe und das Gekochte«* so bescheiden einschätzen?

Lévi-Strauss: Ich glaube nicht, daß man zu diesem Problem eine mystische Haltung einzunehmen braucht. Man muß mehrere Aspekte unterscheiden. Beginnen wir mit der Verwendung von Rechenmaschinen und Computern. Es gibt enorme, ungeheuer komplizierte Mythologien, ein bißchen ähnlich den Jugendwerken der Geschwister Brontë: Die Handlungen sind verworren, die Personen wechseln im Lauf der Erzählung fortwährend die Namen. Die Konfusion ist so groß, daß man zunächst einmal informatische Mittel brauchen würde, um den Text zu entwirren. Ich glaube, Computer könnten uns hier sehr behilflich sein, große Register anzulegen und sehr schnell die Korrelationen anzugeben, die zwischen den ausgewählten Elementen in den Mythen bestehen. Dann könnte man zu arbeiten beginnen, unter ähnlichen Bedingungen wie ohne Computer, aber auf einer viel sichereren Grundlage; das ist eigentlich kein Problem.

Kommen wir nun zum eigentlichen mathematisch-logischen Verfahren, von dem ich gar nichts verstehe. Um zwischen den Mythen Transformationsbeziehungen herzustellen, führe ich eine Anzahl von Operationen durch, von denen ich in Wirklichkeit nicht weiß, was sie sind. Ich wäre sehr froh, wenn jemand, der mehr von Logik versteht als ich und auch die Zeit dazu hätte, sich meine Arbeit ansähe und das Wesen meiner Operationen zu bestimmen, sie zu klassifizieren versuchte. Tatsächlich weiß ich nicht, ob sie sehr zahlreich sind, da sie alle verschieden erscheinen, oder ob es immer die gleichen sind und sich auf ein kleines Ensemble von Operationen reduzieren lassen, die man je nach Bedarf immer wieder anwendet. Sind diese Operationen sehr zahlreich und gibt es, im Extremfall, ebensoviele Operationen wie Interpretationen, dann laufen sie auf bloße Beschreibung hinaus, und man braucht nicht mehr zu tun, als das Material in einer anderen Sprache als der ursprünglichen zu beschreiben; man entgeht jeder Möglichkeit eines logischen Verfahrens. Wenn jedoch die Operationen wesentlich weniger zahlreich sind als die Fälle, in denen man sie anwendet, dann kann man sagen, daß man es mit einer durch ein System von Regeln bestimmten Logik zu tun hat, und es gibt alle Arten von Fragen: Sind diese Operationen hierarchisiert? Bedingt die Anwendung einer Operation in einem gegebenen Augenblick die Anwendung einer anderen Operation in einem anderen Augenblick? Kann man die Regeln einer solchen Grammatik bestimmen? Wenn das möglich wäre, dann könnte man Mythen erfinden, indem man die Operationen nach den festgestellten Regeln vollzieht. All das wäre sehr interessant, aber es würde weit hinausgehen über das, wozu ich imstande bin.

Bellour: Wie dem auch sei, die *»Mythologica«* scheint mir auf diese Unmöglichkeit einer streng logischen Kategorisierung hinauszulaufen; diese Unmöglichkeit bildet geradezu die Triebkraft des Buches, seiner spiralenförmigen Entwicklung. Es ist da etwas, das mir völlig den Humanwissenschaften zu entsprechen scheint, insofern diese sich in der Perspektive einer Analyse von Zeichen und insbesondere von großen Bedeutungskomplexen bewegen. Da sie daneben über ihre eigenen Operationen nachdenken müssen, ergibt sich eine permanente Verdoppelung des Gegenstandes, die ein im strengen Sinn wissenschaftliches Ergebnis ausschließt, zugunsten eines Äquivalents in einer anderen Sprache, die natürlich logischer, begrifflicher ist, aber hier ein Wort, dort einen Text ohne richtigen Anfang und Schluß produziert, aber keine Wissenschaft von der Sprache im strengen Sinn.

Lévi-Strauss: Ich bin mit Ihnen ganz einverstanden. Und darum stehen die Humanwissenschaften zwar gleichberechtigt neben den exakten und Naturwissenschaften, sind aber schon wegen ihres Gegenstandes nicht mit ihnen zu vergleichen. Ich glaube, wir sind dazu verdammt, ewig zwischen zwei Polen umherzuirren, uns mit einer Hand an das Gefühl und mit der anderen an den Verstand zu klammern. Wir können nur darauf hoffen, daß es keinen allzu sichtbaren Bruch geben wird, daß es einen Augenblick gibt, in dem wir, die wissenschaftlich zu arbeiten trachten, die den Dichter, den Künstler oder den Wilden ablösen, und einen anderen Augenblick, in dem die exakten Wissenschaftler uns in unserer Tätigkeit ablösen werden.

Deshalb ist es so ärgerlich, wenn uns Logiker oder Naturwissenschaftler manchmal das Argument entgegenhalten, unsere Hypothesen seien, wie sie sagen, nicht falsifizierbar, in dem Sinn, wie man in der Biologie und in der Physik beweisen kann, ob eine Hypothese richtig oder falsch ist. Ich glaube, hier handelt es sich um eine Unmöglichkeit, die dem Wesen der Dinge, mit denen wir uns beschäftigen, immanent ist. Biologen oder Physiker können sich einigen über das Bezugssystem, in dem sie sich in einer gegebenen Entwicklungsetappe ihrer Wissenschaft bewegen wollen, während unser Bezugssystem immer fraglich ist. Unter uns gibt es da keine Übereinstimmung. Wir oszillieren gewissermaßen zwischen verschiedenen möglichen Bezugssystemen.

Bellour: Das nenne ich auf die Kritiken ohne die Schärfe wissenschaftlicher Ungeduld antworten. Aber im *»Finale«* von *»Der nackte Mensch«,* wo Sie auf Ihr ganzes Werk Rückschau halten und auf die verschiedenen Einwände, die es ausgelöst hat, eingehen, richten Sie, wir mir scheint, sehr viel heftigere Angriffe gegen jene, die Sie vielleicht etwas zu summarisch als *Philosophen* bezeichnen.

Lévi-Strauss: Sagen wir lieber Gegenschlag, nicht Angriff. Es sind Philosophen, die mich angegriffen haben und denen ich schließlich antworten wollte, nachdem ich allzu lange geschwiegen hatte. Aber wenn ich *Philosophen* sage, so meine ich nicht *alle Philosophen.*

Bellour: Was haben diese Philosophen an Ihnen kritisiert?

Lévi-Strauss: Es handelt sich im wesentlichen um zwei Arten von Kritik. Die einen werfen mir vor, daß meine Art der Analyse das Leben austrockne, sich auf rein intellektueller Ebene bewege, von allen sinnlichen und affektiven Gegebenheiten abstrahiere. Die anderen sagen, meine Analyse bewirke eine Verarmung der Mythen und beraube sie jeder Bedeutung.

Meiner Meinung nach hingegen ist das strukturalistische Denken fortwährend bemüht – und darin liegt wohl die Anziehung, die es zumindest eine Zeitlang ausgeübt hat –, Gefühl und Verstand miteinander zu versöhnen und den Menschen nicht zu zerlegen, wie es gewisse Philosophen tun, die eine Trennwand errichten zwischen der Domäne der Wissenschaft und einer anderen Domäne, die sie als ihre ureigene betrachten. Ich glaube, man kann den Menschen nur verstehen, wenn man eine Erklärung anstrebt, die darauf abzielt, Kunst und Logik, Leben und Denken, Gefühl und Verstand miteinander zu versöhnen. Wenn uns diese Begriffe getrennt, ja unvereinbar vorkommen, dann liegt das nur an der angeborenen Unvollkommenheit unseres Erkenntnisvermögens.

Andrerseits habe ich versucht, die Ergiebigkeit jener Art von Mythenanalyse zu demonstrieren, die ich vorschlage oder nach Plutarch, der sie erfunden hat, wieder zu Ehren bringe. Im Gegensatz zu dem, was man vermuten könnte, schält sie aus den Mythen unendlich mehr Sinn heraus als die Banalitäten, mit denen man sich allgemein zufriedengegeben hat. Wenn aus dem ganzen Unternehmen etwas hervorsticht, dann ist es das, was ich die Prägnanz des Details nennen möchte: im Mythos ist nichts, was man ignorieren kann, nichts, was man als bizarr oder absurd abtun darf, um einige große ewige Wahrheiten darin rein zu erhalten. Es gibt nichts, was nicht in Betracht zu ziehen wäre, alles hat einen Sinn. Ich habe mich gerade bemüht, zu zeigen, was dieser Sinn ist.

Bellour: Wenn Sie sagen: Im Mythos ist nichts ohne Bedeutung, dann kann man nicht umhin, an Barthes' »Alles hat Bedeutung« zu denken. Das gilt wahrscheinlich für die *»Mythologica«* insgesamt und besonders für den letzten Band, der alles wie in einem Knoten zusammenfassen möchte; denn während nur die fortwährende Rückführung des Details auf das Gesetz des Ganzen es ermöglicht, ihm die Gültigkeit einer dynamischen Realität zu verleihen, so wird diese Rückführung irreal unter dem zunehmenden Wuchern des Details; das ist also die besondere Tragik dieser Art von Büchern.

Lévi-Strauss: Die große Schwierigkeit kommt daher, daß der Leser, selbst wenn er ethnologisch gebildet ist, zwangsläufig von außen her an den Mythos herangeht. Ich habe drei Jahre gebraucht, um diesen letzten Band zu schreiben, aber natürlich wird niemand drei Jahre opfern, um ihn zu lesen. Und doch war diese lange Zeit nötig, um so in die Substanz der Mythen einzudringen, daß ich sie praktisch auswendig konnte.

Andrerseits sollte dieser letzte Band, der schon viel dicker ist als die vorhergehenden, drei oder vier weitere Bände ersetzen, die man eigentlich der Materie hätte widmen müssen. Aber ich war während der ganzen Arbeit besessen von dem, was Saussure mit den *»Nibelungen«* passiert ist. Er hat jahrelang daran gearbeitet und unzählige Notizbücher vollgeschrieben. Wenn man das Buch liest, merkt man sehr gut, daß er mit dem Fortschreiten seiner aufregenden Studie so stark in den Bann seines eigenen Materials geriet, daß er schließlich den Faden verlor. Diese Gefahr schreckte mich während der ganzen Arbeit an der *»Mythologica«*. Ich machte es mir zum unumstößlichen Prinzip, dieser Gefahr nicht zu erliegen und um jeden Preis, auch um den Preis, es dem Leser schwer zu machen, das Unternehmen zum Ziel zu führen.

Schließlich ist auch zu bedenken, daß ein Buch wie *»Der nackte Mensch«* und mehr noch die *»Mythologica«* insgesamt dutzende Forschungsthemen enthalten, die ich nur skizziert habe, so daß andere, wenn sie wollen, sich damit näher beschäftigen können.

Bellour: Sie sprechen hier, und das ist mir im Lauf dieses Gesprächs schon vorher aufgefallen, so, als wären diese Forschungen wirklich akkumulierbar. Wenn noch viele Bücher wie die *»Mythologica«* erscheinen sollen, muß man da nicht befürchten, daß diese Fülle verdunkelt, was sie erhellen soll? Man kann, scheint mir, sich das nur vorstellen unter der Bedingung jener mathematisch-logischen Verarbeitung, von der Sie gesprochen haben; sie könnte einerseits die Bücher vom Wiederholungszwang befreien, der aus ihnen eben Bücher macht, und andererseits nach und nach die unmögliche Anhäufung ersetzen.

Lévi-Strauss: Weder ausschließlich noch notwendigerweise. Die großen wissenschaftlichen Hypothesen beruhen auf einer ungeheuren Menge von Detailarbeiten, Versuchsprotokollen, und nur von Zeit zu Zeit – alle zwanzig, dreißig oder mehr Jahre – kommt einer, der die Fähigkeit hat, aus all dem die Synthese zu ziehen. Wenn wir eine große Anzahl von Mythen beschreiben, sind wir in keiner anderen Lage als in der Regel – im Bereich der Humanwissenschaften – Ethnographen, Linguisten, Historiker, die Beschreibungen von Gesellschaften, Sprachen, Epochen anhäufen; und dann, eines Tages, kommt ein Durkheim, ein Saussure, ein Febvre, der all dem einen Sinn gibt. Es klingt banal, aber der wissenschaftliche Fortschritt ist wie ein Eisberg: das gebildete Publikum sieht nur die Spitze und ahnt nichts von der Masse der Analysen und Dokumente, die darunter liegen. Das Unternehmen der *»Mythologica«* beruht auf Hunderten von Werken, die in den Literaturhinweisen der einzelnen Bände vermerkt sind, und eine vorläufig befriedigende Mythentheorie, wenn es sie einmal geben sollte, wird auf dutzenden der meinen vergleichbaren Unternehmungen beruhen. Man muß sich befreien von der philosophischen Illusion, daß es auf dem Weg zur Wahrheit breite Hauptstraßen oder Abkürzungen gibt.

Bellour: Zuletzt möchte ich noch auf einige Probleme zu sprechen kommen, die sich aus Ihrer Auffassung der strukturalen Analyse ergeben. Etwa die Frage nach dem Verhältnis zwischen Ihren Arbeiten und denen von Georges Dumézil. In einem Interview[1] haben Sie betont, was Sie Dumézil verdanken, zugleich aber zwei grundlegende Unterschiede hervorgehoben. Der eine ist praktischer Natur und besteht darin, daß Dumézil zum großen Teil über tote Sprachen arbeitet und daher der philologischen Arbeit einen überwiegenden Anteil einräumen muß. Der andere ist theoretischer Natur und bezieht sich auf zwei entgegengesetzte Ausrichtungen: Dumézil »demonstriert anhand der indogermanischen Mythen ein grundlegendes Charakteristikum der indogermanischen Völker und ihres Denkens, nämlich

1 Vergl. das Interview mit Georges Kukudjian in »Le Magazine Littéraire«, Dossier Lévi-Strauss, Nr. 58, November 1971.

das Vorherrschen einer dreiteiligen Struktur«, während Sie die Mythen als solche untersuchen, um bestimmte fundamentale Eigenschaften des mythischen Denkens herauszufinden. Bedingt die Verschiedenheit der Gegenstände Ihrer Meinung nach den Unterschied zwischen diesen beiden Typen des strukturalen Ansatzes, wobei sich der eine auf die Ähnlichkeit, der andere auf die Gegensätzlichkeit der Begriffe gründet? Oder meinen Sie, daß beide Methoden gleichermaßen auf alle Gegenstände anwendbar sind? Das würde nämlich bedeuten, daß der Mythos, in beiden Fällen nur im Licht seiner Geschichte betrachtet, auf zwei verschiedene Weisen ausgelegt werden könnte, wobei es darauf ankäme, deren komplementäres Verhältnis und deren Artikulationsformen festzustellen. Wäre es möglich, im wilden Denken und besonders im Denken der Indianer, so wie es sich in ihren Mythen ausdrückt, etwas zu finden, das der indogermanischen Dreiteilung vergleichbar ist, das heißt, ein Ensemble strukturaler Begriffe, die weniger ein Ausdruck logischer, durch die materiellen Bedingungen determinierter Denkoperationen sind als vielmehr eine globale Repräsentation der sozialen, ökonomischen, politischen, kurz, historischen Realität der jeweiligen Gesellschaft? Diese Frage stellen mit anderen Worten Pierre Smith und Dan Sperber am Ende ihrer Studie *»Die Mythologica Georges Dumézils«*[2]; sie sprechen von der Notwendigkeit, »festzustellen, inwieweit es erlaubt ist, das theoretische Schema der Symbolik von dem konkreten Gebilde, das die Ideologie darstellt, zu abstrahieren«.

2 Vgl. »Annales«, Nr. 3-4, Mai-August 1971.

Lévi-Strauss: Dumézil verwendet zu bestimmten Zwecken eine Methode, die er vielleicht nicht gern als struktural bezeichnet hören möchte, die mir aber als eine strukturale erscheint; und Saussure, von dem wir vorhin sprachen, bedient sich einer Methode, die dem Wesen nach schon strukturalistisch ist, für eine in viel engerem Sinn historische Beweisführung: nämlich, daß die *»Nibelungen«* eine Chronik des ersten Königreiches Burgund sind. Es handelt sich also nicht, wie Sie anscheinend glauben, um zwei verschiedene Methoden, sondern um ein und dieselbe Methode, zu verschiedenen Zwecken angewandt: einmal, wie Sie sagen, um bestimmte Eigenschaften des mythischen Denkens sichtbar zumachen, das andere Mal, um die Weltanschauung einer oder mehrerer Gesellschaften herauszuarbeiten. Tatsächlich habe ich den Eindruck, zwei Dinge zugleich zu tun. Wenn die Mythenanalyse es mir ermöglicht, den Sinn des Gegensatzes zwischen Kontinuität und Diskontinuität im Denken der amerikanischen Gesellschaft zu erklären, die besondere Rolle, die darin der von mir so genannte Chromatismus spielt, dann handelt es sich um ideologische Faktoren, die in formaler Hinsicht dem Prinzip der Dreiteiligkeit im indogermanischen Denken vergleichbar sind. Umgekehrt arbeiten Vernant, Detienne und Vidal-Naquet über griechisches, also indogermanisches Material, um bestimmte unterschiedliche Eigenschaften der griechischen Gesellschaft im indogermanischen Ensemble herauszufinden (eine engere Aufgabe als die, welche Dumézil sich gestellt hat), aber auf der Ebene der Mythenanalyse bestätigen ihre Ergebnisse diejenigen, die ich in einem viel größeren Rahmen erzielt zu haben glaube. Um ein anderes Beispiel zu nehmen: Die Zuñi-Indianer *historisieren* ihre Mythen auf eine Art und Weise, die der von Dumézil bei den Römern nachgewiesenen ziemlich analog ist. Versuchen wir also nicht, in Materien, die wir noch so wenig kennen, *a priori* prinzipielle Unterscheidungen zu treffen wie etwa zwischen Symbolik und Ideologie. Wenden wir, die einen wie die anderen, uns lieber Aufgaben zu, die uns liegen und zu denen wir uns berufen fühlen; mit der Zeit werden wir merken, daß sie konvergieren.

Bellour: Sie haben schon vor einigen Jahren Beispiele von *Vorstößen* genannt, die zeigen, daß es möglich ist, Ihre Methode der Mythenanalyse auf kulturelle Objekte anderer Ordnung anzuwenden. Andererseits haben Sie vor vier Jahren in einer Sendung über Michel Tréguer gesagt: »Die Politik, der Sinn für Geschichte, unsere Einstellung zu unserer Zukunft oder unserer Vergangenheit, das alles scheint mir offenkundig mit Mythologie beladen zu sein, einer Mythologie, die sehr ähnlich ist und wahrscheinlich mit den gleichen Methoden untersucht werden kann wie die Mythologie primitiver Völker . . . Wenn wir die Massenmedien und ihre Entwicklung studieren, finden wir *in statu nascendi* Erscheinungen, die gar nicht so verschieden sind von denen, welche wir bei den exotischsten Volksstämmen vorfinden.«

Wie sehen Sie die hier empfohlene Möglichkeit, eine Mythologie unserer Zeit aufzustellen und zu studieren?

Lévi-Strauss: Das habe ich keineswegs empfohlen. Ich wollte nur sagen, daß es vorstellbar wäre, wenngleich ganz gewiß sehr viel schwieriger als im Fall des wilden Denkens. Nehmen Sie die Geschichte: Ich stimme überein mit Evans-Pritchard, wenn er betont, daß wir unter *Geschichte* zwei völlig verschiedene Dinge verstehen. Geschichte sind einerseits die Ereignisse, so wie sie sich abgespielt haben, andrerseits ist Geschichte die Art und Weise, wie wir diese Ereignisse darstellen, und das ist unser einziger möglicher Zugang zu ihnen. Es gibt unendlich viele Ereignisse, denn jede Minute, jede Sekunde geschieht etwas; folglich müssen wir unter den Ereignissen eine Auswahl treffen, aber wir wählen nicht alle auf gleiche Weise, wir stellen nicht die gleichen Zusammenhänge zwischen den Ereignissen her, wir messen ihnen nicht die gleiche Bedeutung zu. Die Geschichte ist eine kollektive Darstellung oder eine Darstellung für einen bestimmten Teil der Gesamtheit (denn es gibt in einer Gesellschaft mehrere kollektive Darstellungen derselben Geschichte), und diese kollektive Darstellung der Ereignisse scheint mir ihrem Wesen und ihrer Funktion nach dem nahezukommen, was wir bei schriftlosen Gesellschaften Mythos nennen. Deshalb glaube ich, daß es eine Möglichkeit geben müßte, auf die so verstandene Geschichte eine ähnliche Methode anzuwenden. Wohlgemerkt, es geht nicht darum, die Geschichte selbst als Mythos zu behandeln, sondern darum, ausgehend von der Geschichte und zusätzlich zu ihr eine mythische Geschichte zu konstituieren, zu untersuchen, wie zum Beispiel die Geschichte Frankreichs von den Rechten und von den Linken dargestellt wird, und unter den Linken von den Sozialisten und den Radikalsozialisten oder von den Kommunisten und den Ultralinken, und wie gewisse Verzerrungen in der Schilderung zustandekommen – damit meine ich nicht Verzerrungen der Wirklichkeit, sondern ein System methodischer Transformationen als Ensemble autonomer Varianten.

Bellour: Aber meinen Sie nicht, daß man einerseits zu sehr heterogenen Diskursen gelangen würde, d. h., zu einer viel weniger ausgeprägten Autonomie, als sie der Mythos sich selbst gegenüber behauptet, und daß man andererseits Gefahr liefe, nur Dinge zu entdecken, die man ohnehin schon gewußt hat? In diesem Zusammenhang denke ich an den amerikanischen Film, der diesen Denkansatz besonders zu bestätigen scheint: Man könnte sich kaum ein homogeneres Medium vorstellen. Nun fürchte ich, eine Untersuchung der einzelnen Filme auf die strukturalen Invarianten der amerikanischen Kinematographie hin würde letztlich – mit mehr oder minder geschickter Beschreibung, mehr oder minder genauer Information – nur eine bestimmte Anzahl von Gemeinplätzen oder genauer Evidenzen von Dingen ergeben, die man entweder schon gewußt oder zumindest starkt vermutet hat.

Lévi-Strauss: Was Sie da sagen, ist völlig richtig, und es ist mir schon oft aufgefallen, wenn ich sah, wie Kollegen von mir literarische oder andere Kunstwerke einer strukturalen Analyse zu unterziehen versuchten. Das erinnert an Mullers und Reboux' »In der Art von Racine«: dies ist nicht nur eine Nachahmung Racines, sondern zugleich so etwas wie ein Schulbuch mit einem Auszug aus einer Tragödie des Autors, versehen mit Erläuterungen von einem gewissen Herrn Libellule – einem Gymnasiallehrer, glaube ich –, und diese Erläuterungen sind nicht mehr als eine ziemlich groteske Paraphrase dessen, was bereits im Text steht. Solche Fehlschläge zeigen, wie schwierig derartige Untersuchungen sind, und Sie haben soeben einen Grund dafür angegeben, als Sie betonten, daß man es oft mit heterogenen Diskursen zu tun hat.

Doch das ist nicht der einzige Grund. Das, was gewöhnlich auf diesem Gebiet getan wird, ist erschreckend oberflächlich und daher wenig interessant, weil man nicht begreift, welch eine große Aufgabe eine ernsthafte, komplexe und zugleich umfassende strukturale Analyse literarischer Kunstwerke ist. Ich glaube nicht fehlzugehen, wenn ich sage, daß die Analyse eines Sonetts, also von vierzehn Verszeilen, bis zu hundert Seiten erfordern könnte. Nun stellen Sie sich vor, was es hieße, einen Roman nach diesen Prinzipien zu analysieren! Aber – und das ist eine weitere Schwierigkeit – wären die Prinzipien genau dieselben? Man hat sich diese Frage noch kaum gestellt; eine geologische Formation, die sich über dutzende Kilometer erstreckt und deren Struktur man analysieren kann, ist nicht auf gleiche Weise und im gleichen Grad strukturiert wie ein Kristall. Der Kristall ist in jeder Hinsicht streng determiniert, und seine geometrische Form drückt unmittelbar die Anordnung der Moleküle und damit der Atome aus. Die Entstehung des Kristalls verschmilzt mit seiner Form, und die diachronische Analyse verschmilzt mit der synchronischen. Bei der geologischen Formation hingegen bleiben diese beiden getrennt, die strukturierten Schichten sind miteinander vermischt, es herrschen Unordnung und Wahrscheinlichkeit. Vielleicht gibt es zwischen Gedicht und Prosaroman ähnliche

Unterschiede, und es ist nicht einmal auszuschließen, daß bestimmte literarische Formen ebenso dem Zufall und dem Spiel der Wahrscheinlichkeit unterliegen wie ein Steinhaufen oder eine Geröllhalde... Nicht alles ist strukturiert, es muß nicht unbedingt überall Strukturen geben. Die prinzipielle Frage, die man immer stellen muß, lautet: Angenommen, es gibt eine Struktur, wo liegt sie? Um etwas Neues zu entdecken, muß man sich auf dieser Ebene bewegen, und sie fällt nur selten mit der sichtbaren Ebene zusammen, mit der man sich allzu oft zufrieden gibt. Will man also beispielsweise ein Gedicht analysieren, beschränkt man sich nicht darauf, seinen Sinn zu erklären, sondern beginnt damit, es in seine Schichten zu zerlegen: die phonetische, die syntaktische, die prosodische usw.

Bellour: Das würde erklären, warum strukturale Analysen nach Ihren Grundsätzen an kulturellen Produkten unserer Gesellschaft nur dann mit Erfolg vorgenommen werden können, wenn die Auswahl des Materials eingeschränkt und die Analyse auf mehreren Ebenen vollzogen wird, im Gegensatz zu dem, was Sie in der *»Mythologica«* getan haben. Ob es sich nun um ein Kunstwerk handelt oder um ein Ensemble unmittelbar soziologischer Merkmale, für uns, die wir mehr oder minder Zeitgenossen sind, geht es darum, darin den unterschiedlichen Wert aufzufinden, das, was Segalen *das Exotische* nennen würde – der Mythos besitzt es offenkundig, als natürliches Produkt einer Gesellschaft, die sich von der unseren radikal unterscheidet. Daher die Notwendigkeit eng umgrenzter, polyvalenter Felder, damit die Aufdeckung einer latenten Funktion nicht bei der

Banalität der allgemeinen Idee stehenbleibt. Das hat zum Beispiel Barthes gut verstanden, als er in seinen *»Mythen des Alltags«* ein Element vertiefte (und durch die Arbeit des Schreibens hervorhob) und sein *»Système de la mode«* auf die Kleidermode, also einen ziemlich engen Teilbereich des sozialen Gefüges, beschränkte. Aber wie man es auch wendet, nichts reicht heran an die universale Bedeutung, die sich uns ohne jede Banalität durch die Mythenanalyse erschließt, insofern, als diese Produkte, wie Sie es in der schon klassischen Stelle Ihres Buches *»Der Ursprung der Tischsitten«* in bezug auf den Roman gezeigt haben, erst entstehen, wenn der Mythos zerfällt.

Darum sind Analysen, die der Ihren ähnlich sind, entweder stark in sich geschlossen oder können umgekehrt in Gesamtuntersuchungen, die sich nicht darauf reduzieren lassen, sozusagen als Verstärkung dienen. Ich denke da an Norman Wachtels Buch *»La Vision des vaincus«*. In dieser Globalstudie über das Bild, das die peruanischen Indianer sich von der spanischen Conquista machen – einer Untersuchung nach den Normen der historischen und ethnographischen Beschreibung –, enthält das zweite Kapitel, *»La danse de la conquête«,* die Analyse einer heute noch lebendigen peruanischen Volkssage über den Tod Atahualpas. Diese streng nach Ihrer Methode der binären Gegensätze und des Variantenvergleichs geführte Analyse macht die Elemente der historischen Untersuchung sichtbar, indem sie den Inhalt des primitiven Denkens enthüllt.

Lévi-Strauss: Sie verweisen völlig zu Recht auf das schöne Buch von Wachtel; es liegt in methodologischer Hinsicht – ich werde darauf gleich zurückkommen – in der Mitte zwischen Dumézils und meiner Verfahrensweise. Um auf Ihre ersten Bemerkungen zurückzukommen: Ich bin ebenfalls der Meinung, daß die Durchführung der Analyse auf mehreren Ebenen die übermäßige (übrigens in vielen Fällen nur scheinbare) Vertrautheit der obersten Ebenen bis zu einem gewissen Grad wettmachen kann. Warum? Weil die anderen Ebenen gewöhnlich der bewußten Wahrnehmung entgehen und wir bei ihnen die Distanz finden, die es uns ermöglicht, nur das Wesentliche zu sehen. Die Ethnologie studiert den Menschen stets *vom anderen Ende,* und indem wir die Dinge vom anderen Ende studieren – von dem wir keine fertigen Vorstellungen besitzen, weil wir meist gar nicht gewußt haben, daß es existiert –, können wir die Vorteile unserer Methode am besten nutzen. Nun, vergessen wir nicht, daß es sogar in der Gesellschaft des Beobachters *andere Sprachen* gibt, etwa die Musik, denen gegenüber wir am Anfang in einer ähnlichen Position sind wie beim Studium exotischer Mythologien.

Bellour: Im *»Finale«* von *»Der nackte Mensch«* stellen Sie die *Arbeitshypothese* auf, daß es auf dem Gebiet der strukturalen Untersuchungen vier große Familien gibt: die Mathematik, die natürlichen Sprachen, die Musik und die Mythen. Bei dieser Auswahl werden andere Ausdrucksformen offenkundig ausgelassen: die bildenden Künste, von der Malerei bis zum Film. Vielleicht deshalb, weil das Bild, die Gestalt sich schwerer auf Strukturen reduzieren läßt, beispielsweise auf der Ebene der Tönungen, der Farben, die Intensitäten ins Spiel bringen, welche sich schwer in verschiedene Elemente zerlegen lassen?

Liegt hier andrerseits nicht eine prinzipielle Begrenzung der strukturalen Analyse vor, wie Jean-François Lyotard sie ihr zuschreibt, wenn er vom Gegensatz zwischen Rede und Gestalt spricht und feststellt, daß die künstlerische Produktion nicht so wie die Sprache systematisierbar ist?

Lévi-Strauss: Ich spreche von *großen Familien,* aber das sind gewiß nicht die einzigen. Und mir scheint, daß ich Ihre Frage zum Teil schon beantwortet habe: Es sind die Bereiche, in denen sich am schwersten allgemeine Aussagen machen lassen. Unmöglich ist es allerdings nicht. Man macht viele allgemeine Aussagen über die Musik, aber ihre Unangemessenheit ist, glaube ich, augenfälliger als etwa im Fall von – oft ebenfalls unangemessenen – allgemeine Aussagen über Malerei. In der Musikwissenschaft sehe ich nichts, was dem Werk eines Panofsky oder auch nur den Werken seiner Vorläufer vergleichbar wäre. Das ändert nichts daran, daß Panofsky ein großer Strukturalist ist und daß daher auch die bildenden Künste strukturalen Analysen zugänglich sind. Wenn ich sie in dieser Hinsicht dennoch nicht ganz auf die gleiche Stufe stelle, dann aus Gründen, die ich nicht wiederholen will, weil sie in der *»Ouvertüre«* zu *»Das Rohe und das Gekochte«* dargelegt sind. Sie legen hier zweifellos den Finger auf eine zusätzliche Schwierigkeit, indem Sie darauf hinweisen, daß die verschiedenen ästhetischen – oder anderen – Ausdrucksformen nicht im gleichen Maße durch disparate Einheiten *verschlüsselbar* sind. Aber – wie schon gesagt –, die strukturale Analyse beschränkt sich nicht auf binäre Gegensätze. Sie arbeitet auch mit Analogie-Modellen, das heißt, mit solchen, bei denen die Beziehungen zwischen den

Elementen mehr oder minder variieren, im direkten oder im umgekehrten Sinn zueinander.

Bellour: Sie betonten schon oft, und jetzt wieder, die Prägnanz des Details, deren systematische Auswertung die Hauptstärke der strukturalen Analyse ist, weil sie es ermöglicht, das bisher Unerklärliche zu erklären, indem sie es in den Rahmen einer Logik vieler scheinbar disparater Elemente einordnet. Darum läßt Ihre Methode der Mythenanalyse sich – für Sie und viele andere – weit über ihren eigentlichen Gegenstand hinaus anwenden: daher Ihre – gewiß vorsichtigen und begrenzten – »Vorstöße«, die als Herausforderung und als Modell einen beträchtlichen Wert haben. Das ist nur mit der Psychoanalyse zu vergleichen: Freuds Werk beruht zur Gänze auf seiner Stärke in der Bestimmung der Details, und dank dieser Fähigkeit läßt es sich, von seinem Ursprung ausgehend, auf alle Arten von Phantasievorstellungen anwenden. Hier besteht eine Gemeinsamkeit, die einen um so mehr dazu drängt, zu fragen, warum Sie über die Psychoanalyse ein so absolutes Schweigen bewahren. Denn während Sie von ihr in Form der Idee des Unbewußten eine theoretische Inspiration empfangen haben und sie Ihnen später, in der *»Strukturalen Anthropologie«* und in *»Das Ende des Totemismus«*, als komparatives, oft kontrastierendes Bezugssystem gedient hat, fehlt – ausgenommen einige flüchtige Bemerkungen am Ende von *»Der nackte Mensch«* – jeder Hinweis auf sie in der *»Mythologica«*, also dort, wo diese Prägnanz des Details restlos triumphiert. (Hingegen findet sich, wenn ich nicht irre, eine ironische Erwähnung in *»Vom Honig zur Asche«*. Dort heißt es von einem der analysierten Mythen, er berichte von »der ersten psychoanalytischen Kur der Geschichte«.)

In diesem Sinn war ich sehr erstaunt über einige Bemerkungen, die Sie nach Ihrer Lektüre von »S/Z«[3] zu Barthes gemacht haben. Sie nennen mehrere Codes (Geschlecht, Namen, Verwandtschaft) und postulieren eine partielle Analogie zwischen Mythos und literarischem Text, die Sie am Ende von *»Der nackte Mensch«* folgendermaßen formulieren: »Man wird also ohne weiteres zugeben, daß zwischen individuellen Schöpfungen, Werken und Mythen, die von einer Gemeinschaft als solche anerkannt sind, kein natürlicher, sondern ein gradueller Unterschied besteht. In dieser Hinsicht läßt sich die strukturale Analyse legitim auf Mythen, die einer kollektiven Tradition entstammen, sowie auf Werke eines einzelnen Autors anwenden.« Hier handelt es sich um ein Ensemble paradoxer Beziehungen. Die Analyse Barthes', deren Hauptziel die restlose Erfassung aller Einzelheiten des Textes ist, bewegt sich zum größten Teil in einer psychoanalytischen Perspektive: Einerseits klassifiziert Barthes die Determinanten, nach denen der Code sich im Inneren strukturiert, anhand dessen, was er den »symbolischen Code« nennt, andererseits verwendet er in seiner Schrifttheorie konsequent die Terminologie Freuds und Lacans. Sie hingegen zeigen am Anfang Ihrer Analyse jener Balzac-Novelle, in der es – nicht ohne Ironie – um das Inzestverbot (ein Lieblingsthema der Psychoanalyti-

3 Vergl. den Brief von Claude Lévi-Strauss an Roland Barthes über »S/Z« in dem Sammelband »Lévi-Strauss«, herausgegeben von Raymond Bellour und Catherine Clément in der Reihe »Idées«, Gallimard, Paris 1978.

ker) geht, wie man einen solchen Text erklären kann, ohne die Freudschen Grundbegriffe Wunsch und Verdrängung ins Spiel zu bringen. Wie stellen Sie sich – wenn das überhaupt vorstellbar ist – eine Verbindung zwischen der strukturalen Analyse und der Freudschen Anschauungsweise vor? Ich denke weniger an die Semantik der eigentlichen Aussage, also die Ebene, die Sie für Ihre Analyse gewählt haben; Ihre Kritik wie auch die von Vernant hat den Psychoanalytikern mit Recht vorgeworfen, daß sie kulturelle Produkte von Gesellschaften, die von der unseren sehr verschieden sind, einer oft voreiligen Reduktion unterziehen. Aber sind Sie nicht der Meinung, daß die Freudsche Perspektive, insofern es der Psychoanalyse im Wesentlichen um das Verhältnis zwischen Aussage und Ausgesagtem geht, relevant ist für jede Theorie und jede Analyse des Mythos als Globalobjekt, das heißt, des Mythos, der durch seine Entstehungsbedingungen und seine Ausdrucksdichte individualisiert, historisiert ist, in dem Sinn, wie wir es vorhin formuliert haben?

Lévi-Strauss: Ich habe von Freud viel mehr übernommen als die Idee des Unbewußten: erstens die Bestätigungen dessen, was ich schon von Marx gelernt hatte, daß nämlich die Hauptfunktion des Bewußtseins die Selbsttäuschung ist; zweitens und vor allem, daß sich hinter der scheinbaren Willkürlichkeit und Irrationalität mancher Hervorbringungen des Gehirns ein Sinn finden läßt. Das sind intellektuelle und rationalistische Lehren, mit denen der von Ihnen erwähnte Wunsch nicht viel zu tun hat. Übrigens kann man nur vom Wunsch eines einzelnen sprechen, nicht aber vom Wunsch einer Gesellschaft, einer Institution oder eines Brauches; für den Ethnologen, der diese kollektiven Gebilde studiert, scheint der Begriff des Wunsches keinerlei operativen Wert zu haben.

Nehmen Sie zum Beispiel Róheim, den ich übrigens sehr schätze. (In seiner Eigenschaft als Psychoanalytiker war Róheim imstande, richtige ethnographische Fragen zu stellen, an die jedoch die Ethnographen, aufgrund ihrer ganz anderen Ausbildung, nie gedacht hätten.) Bei seinen Studien über die Yurok (einen kleinen Volksstamm an der kalifornischen Küste) stieß er auf deren Version eines Mythos, der mir in der ganzen *»Mythologica«* als Beispiel gedient hat. Nun glaubt er aber, diesen Mythos als Ganzes mit den spezifischen Eigenheiten der Yurok-Psychologie erklären zu können, und nicht nur – was legitim wäre – die Unterschiede zwischen dieser Version und den anderen. Keinen Augenblick hat Róheim sich darum gekümmert, daß er es mit einem panamerikanischen Mythos zu tun hatte, dessen besondere Yurok-Version nur dann Sinn gewinnt, wenn man sie mit anderen Versionen vergleicht. Er will ein Mythenensemble von riesiger Verbreitung auf ein eng lokalisiertes psychisches Ensemble zurückführen – eine typisch reduktionistisches Vorgehen –, während man nur die Unterschiede zwischen den Versionen, die jeweils die gesamte techno-ökonomische Basis der jweiligen Gesellschaft widerspiegeln, aufeinander zurückführen könnte. Aber nein, man hat einen Schlüssel oder glaubt einen zu haben und nimmt von vornherein an, daß dieser Schlüssel alle Schlösser öffne. Tatsächlich aber öffnet er keines, jedenfalls nicht allein.

Am Ausgangspunkt haben der Ethnologe und der

Psychoanalytiker etwas gemeinsam – deshalb kann Devereux sagen, daß sie einander ergänzen: Beide suchen bei einer Gesellschaft oder einem einzelnen eine verschlüsselte Botschaft zu entschlüsseln; und das kann ihnen nur gelingen, wenn sie die Botschaft und ihren Code auf einen Kontext beziehen – im einen Fall auf die Ethnographie der gegebenen Gesellschaft, im anderen Fall auf die Geschichte des betreffenden Individuums. Doch das sind eben verschiedene Kontexte. Außerdem wäre der Psychoanalytiker im Irrtum, wenn er glaubte, den ethnographischen Kontext ignorieren zu können, denn jeder Mensch ist von vornherein Teil eines sozialen Milieus in einer gegebenen Gesellschaft; hingegen gilt für den Ethnographen nicht das Umgekehrte, es sei denn, er spezialisiert sich auf ein Problem im Zusammenhang mit dem Verhältnis des einzelnen zur Gruppe in einer bestimmten Gesellschaft. Was jedoch die Analyse der Mythen betrifft, so existieren diese als solche nur insoweit, als sie von der Gruppe übernommen und weitergegeben werden, als von anderswo hergekommene Botschaften, aus denen die von einzelnen Erzählern eingefügten Besonderheiten nach und nach ausgemerzt worden sind.

Ich gebe gern zu, daß die Psychoanalytiker und wir im eigentlich intellektuellen Teil unserer Arbeit, wo es nur ums Verstehen geht, das gleiche tun; aber wir untersuchen nicht die gleichen Wesenheiten, oder besser (denn ich weiß natürlich, daß die Gesellschaften aus einzelnen Menschen zusammengesetzt sind), wir beschäftigen uns bei einer sehr komplexen Wesenheit nicht mit dem gleichen Netz von Artikulationen. Nichts wäre bequemer, zumindest für den Ethnologen, als die Lücken im eigenen Netz mit Elementen eines anderen Netzes zu füllen.

Damit ist nicht gesagt, daß in unseren Studien nicht auch Überlegungen psychoanalytischen Typs mitspielen. In einer meiner Vorlesungen, deren Thema nicht in die *»Mythologica«* aufgenommen wurde, die ich aber vielleicht einmal veröffentlichen werde, habe ich zu zeigen versucht, daß in bestimmten südamerikanischen Mythen Kategorien wie Oralität und Analität, die von der Psychoanalyse nur wiederentdeckt worden sind, eine große Rolle spielen. Aber in diesem Fall muß man sagen, daß es in den Mythen schon Psychoanalyse gibt, und das ist das Gegenteil einer Einbeziehung der Mythen in die Psychoanalyse.

Bellour: Vielleicht können alle diese Fragen auf eine einzige reduziert werden. Ist es nicht, allgemein gesehen, ein Widerspruch, da doch die Humanwissenschaften nicht den gleichen Rang wie die Naturwissenschaften einnehmen können, wenn man sie, so wie Sie es tun, auf die Grundlage eines strengen Strukturalismus stellen will, der nur um den Preis mehr oder minder kostspieliger Trennungen, einerseits zwischen den Gegenständen im weitestens Sinn, andererseits innerhalb der untersuchten Gegenstände selbst, möglich zu sein scheint?

Lévi-Strauss: Es könnte tatsächlich so aussehen, als würden wir das Wesentliche opfern; als würden wir, vollauf damit beschäftigt, die Knochen unserer Skelette zu registrieren und zu ordnen, vergessen, sie zum Leben zu erwecken; das Fleisch der Muskeln soll sich doch bewegen und das Blut zirkulieren. Ich könnte nur noch einmal sagen: Jeder möge tun, was ihm liegt; es gibt Physiologen und es gibt Anatomen, sie stehen nicht in Gegensatz, sondern ergänzen einander. Das hieße aber eine ernste Frage vernachlässigen; denn die Kritik, die gewöhnlich von den Philosophen kommt, läuft auf den Vorwurf hinaus, wir beschränkten uns auf jene Aspekte der Wirklichkeit, von denen wir glaubten, wir könnten sie ein wenig besser verständlich machen, anstatt – wie man uns empfiehlt – wahllos alles zu sammeln, was man beim gegenwärtigen Stand des Wissens zu verstehen hofft und was man vielleicht fühlt, aber nicht versteht. Mir scheint es klüger, stets nur die Probleme aufzuwerfen, die man lösen kann, und die anderen vorläufig beiseite zu lassen – mit ihnen mögen die Philosophen sich beschäftigen. Damit will ich nicht sagen, daß die Philosophen uns nicht einen Dienst damit leisten, daß sie rufen: Achtung, ihr erklärt nicht alles! Aber wir bewegen uns im Rahmen unserer Rolle, wenn wir ihnen antworten: Wir erklären das, was erkennbar ist, das heißt, woraus wir mehr gewinnen können als konfuse Vorstellungen.

Bellour: Ich habe nicht diese allzu allgemeinen Einwände gemeint oder, wie Sie sagen würden, diese allzu »philosophischen«. Ich wollte nur in allgemeinerer Form auf die vorangegangenen Fragen zurückkommen, besonders auf die Frage über die Psychoanalyse, die Sie, wie mir scheint, nur zur Hälfte beantwortet haben. Nämlich insofern, als die Unterscheidungen, die Sie machen, an der fundamentalen Dimension des Unbewußten als Quelle der Wünsche vorbeigehen.

Lévi-Strauss: Ist das denn die fundamentale Dimension des Unbewußten? Davon bin ich gar nicht so überzeugt. Um nur ein Beispiel zu geben: So revolutionär Freuds Erklärung der Träume auch war, so scheint mir doch, daß seine allgemeine Deutung des Traumes als symbolische Wunscherfüllung zu eng ist; sie gilt vielleicht für gewisse Träume, die weder die reichhaltigsten noch die interessantesten sind, und selbst da zweifle ich, ob die Deutung ausreicht. Das Grundlegende am Traum ist meiner Meinung nach die in ihm zutage tretende wesensmäßige Tendenz der Psyche – selbst wenn sie ihren Automatismen ausgeliefert ist –, heterogene Elemente zu integrieren, in diesem Fall Splitter von Erlebnissen in Form von Bildern und organischen Empfindungen ... Dieses Bedürfnis, dieses Streben nach Integration ist mehr intellektueller als affektiver Natur, und es wäre eine Verfälschung, dieses Streben unter die Rubrik des Wunsches zu fassen, eines Begriffs, der, ich wiederhole, vom Standpunkt meiner Forschungen keinen operativen Wert hat. Das existiert, gewiß, aber dahinter stecken dunkle Kräfte, von denen wir nicht einmal wissen, ob sie psychische oder organische sind; so oder so laufen sie auf ein und dasselbe hinaus: auf das Erscheinen des Lebens. Nun wissen wir aber nicht, was Leben ist, und wenn wir eines Tages etwas mehr darüber wissen werden, dann werden wir das den Biologen, den Chemikern, vielleicht auch den Physikern verdanken. Ich sehe keinen Nutzen darin, biologische Fakten, die uns unbekannt sind, unter psychologischen Formeln zu verstecken, die manchmal schön, stets aber unklar sind: bloße Etiketten für die mannigfaltigen Reaktionen des Bewußtseins auf Kräfte, denen es unterliegt, ohne sie zu kennen und zu verstehen.

Unsere Gegner fallen immer wieder auf romantische

Positionen zurück, deren getreuer Interpret der Existentialismus ist. Man muß das Erlebte fassen, so wie es sich, roh und blutig, im Bewußtsein von Peter, Paul, Hans, Karl oder Marie widerspiegelt ... Was im Bewußtsein der Menschen vorgeht, ist sehr interessant, aber nur insofern, als es uns bei kritischer Betrachtung Aufschluß darüber gibt, wie die Dinge sich außerhalb des Bewußtseins abspielen: nicht der subjektive Brei, sondern konkurrierende Ordnungen organischer, intellektueller oder sozialer Art, deren Affektcharakter nur ein Ausdruck von Zusammenstößen, Konflikten und Anpassungsschwierigkeiten im individuellen Bewußtsein ist.

Nehmen wir zum Beispiel die Ehe. Die bewußte Ideologie bestimmter Gesellschaften kann es so darstellen, als würden die Mädchen ohne Gegenleistung in die Ehe gegeben oder auch gekauft oder geraubt. Wenn aber die objektive Untersuchung der Heiraten Präferenzen enthüllt, ein System, das eine mehr oder minder homogene Verteilung der Frauen auf die Sippen oder Familien begünstigt, dann läßt sich daraus schließen, daß es in der Gesellschaft in Wirklichkeit einen Austauschmechanismus gibt und daß die Menschen wegen eines bestimmten Spannungszustandes zwischen den austauschenden Einheiten oder aus irgendeinem anderen Grund diesen Mechanismus vor sich selbst verbergen, indem sie einen täuschenden Deckmantel darüberwerfen.

Bellour: Auf diese Art von Bestimmungen zielen Sie, wie ich glaube, mit dem Satz, der ein wenig wie der Schlußsatz des *»Finales«* der *»Mythologica«* klingt: »Die Struktur ist das Primäre.«

Lévi-Strauss: Nicht der Schlußsatz, denn das *»Fi-*

nale« endet mit einer eher moralistischen Note, außerdem erweitern Sie die Bedeutung eines Satzes, der am Anfang einer Betrachtung über die Genese der Strukturen steht. Aber nehmen wir ihn in dem Sinn, wie Sie ihn verstehen. Vielleicht werde ich Ihnen szientistisch vorkommen: Sofern die Wissenschaft existiert und eine bestimmte Bedeutung hat – nicht in ihrer Anwendung, von der wir allmählich mehr zu befürchten als zu erhoffen haben, sondern weil sie uns *verstehen* hilft –, lehrt sie uns, daß die Welt aus Molekülen und Atomen besteht; das sind gewiß nur Approximationen, aber jedenfalls strukturale Anordnungen. Was wir Wunsch, Produktion, Trieb, Affekt und was weiß ich wie noch nennen, ist nur die konfuse und obskure Art und Weise, wie wir die Wirkungen komplexer, mit dem Leben selbst entstandener Gleichgewichtsstörungen in diesen strukturalen Anordnungen empfinden. Wenn man also sagt: »Die Struktur ist das Primäre«, so bedeutet dies, daß das Leben und das Denken, das nur eine Manifestation des Lebens ist, diese ihm zugrundeliegenden strukturalen Anordnungen ergänzen, komplizieren und weiterentwickeln. Von den Elementarteilchen bis zum genetischen Code, vom genetischen Code bis zur Sprache und zur Verständigung: Stets haben wir es mit Strukturen zu tun.

Denn ich glaube, zwischen Denken und Leben kann keine radikale Diskontinuität bestehen. Wir sind so beschaffen, daß wir Leben und Denken als verschiedene Kategorien begreifen, während es sich eher um die entgegengesetzten Enden einer Kette handelt, deren Zwischenglieder für uns unsichtbar bleiben, weil sie sich hinter unserem Rücken befinden. Wir betrachten die Enden und wissen nicht, wie sie miteinander verbunden sind. Wir können nur versuchen, uns von jedem der beiden Enden aus ein Stückchen weiterzutasten, um das Intervall, wo das Unerkennbare sitzt, zu verkleinern; was wir auf diese Weise gewinnen, wird die Form von Strukturen haben, doch der Verbindungspunkt – angenommen, er wäre eine konkrete Realität – wird uns immer verborgen bleiben. Das sind die Grenzen des Strukturalismus, gewiß, zugleich aber auch die Grenzen allen Wissens. Denn auch wir können in unseren viel enger umgrenzten Bereichen nicht mehr tun, als die Grenze jedesmal ein klein wenig zurückschieben; das heißt, das Gewonnene in den Rahmen einer strukturalen Interpretation einfügen, und so weiter, ohne daß es möglich oder auch nur vorstellbar wäre – darf ich sagen: zum Glück? –, daß das Unternehmen je sein Ziel erreicht.

Übersetzung von Peter Aschner

»Der Humanismus bedroht den Menschen«*

Ein SPIEGEL-Gespräch mit Dieter Brumm, Karla Fohrbeck, Gustave Stern und Wolfgang Gust

Spiegel: Herr Lévi-Strauss, man sagt, daß Sie sich mit der Erforschung primitiver Völker in eine heile Welt geflüchtet haben und daß Sie für die modernen Gesellschaften eine Art von Götterdämmerung voraussehen. Sind Sie Kulturpessimist?

Lévi-Strauss: Ich habe keine Angst, gleich zu Beginn zu sagen, daß ich sehr pessimistisch bin. Wenn ich mich dem Studium von exotischen Gesellschaften zugewendet habe, die sich am meisten von der unseren unterscheiden, so deshalb, weil ich für das Jahrhundert, in dem ich geboren bin, keine besondere Vorliebe empfinde.

Spiegel: Welches sind die Gründe für Ihren Pessimismus?

Lévi-Strauss: Sie bringen mich da etwas in Verlegenheit, weil Sie mich über Dinge befragen, für die ich keine besondere Kompetenz zu haben glaube. In der Tat bin ich nicht sehr optimistisch angesichts der Zukunft einer Menschheit, die sich so stark vermehrt, daß sie sich selbst in die Enge getrieben haben wird,

* Aus: *Der Spiegel*, Hamburg, Nr. 53/1971.

noch bevor ihr die wesentlichsten Güter wie Luft, Wasser und Raum zu fehlen beginnen.

Spiegel: Zeitgenössische Philosophen werfen Ihnen vor, daß Sie moderne Gesellschaftsordnungen für weniger human halten als die primitiven Gesellschaften.

Lévi-Strauss: Nun, ich bin kein Philosoph; Tatsache ist jedenfalls, daß die Zufälle meiner Laufbahn mich neben anderen Ethnologen zum Zeugen einer Lebensweise gemacht haben, die sich von der unseren zutiefst unterscheidet und überdies von uns großenteils beseitigt wurde. Ich habe mich moralisch verpflichtet gesehen, Zeugnis abzulegen: für diese Form von Gesellschaften, die der Menschheit jahrtausendelang gestattet haben, zu leben, sich zu entwickeln, und die nun verschwinden, weil wir es so gewollt haben.

Spiegel: Aber Sie vergleichen dennoch die primitiven Gesellschaften, die Sie studiert haben, mit der modernen Gesellschaft.

Lévi-Strauss: Diese Gesellschaftsordnungen können in Wirklichkeit nicht mehr miteinander verglichen werden, weil es absolut undenkbar ist, daß wir zu einem Zustand zurückkehren, oder ihn wiedererleben, der gerade jetzt auch den »exotischen« Gesellschaften unmöglich gemacht wird.

Spiegel: Man kann also nicht sagen, daß die primitiven Gesellschaften menschlicher und vielleicht sogar »progressiver« waren als die gegenwärtigen Gesellschaftsordnungen?

Lévi-Strauss: Daß diese Gesellschaften progressiv waren, erscheint mir als nicht zweifelhaft. Schließlich waren sie es ja, die eine Reihe zivilisatorischer Kunstformen entdeckt haben, auf die wir uns noch heute stützen. Letzten Endes ist die Verwendung des Feuers, die Töpferei, die Weberei, die Bearbeitung des Bodens, die Zähmung der Tiere von Menschen in einer Epoche geschaffen worden, die den noch existierenden »exotischen« Gesellschaften vergleichbar ist.

Spiegel: Da handelt es sich doch um eine technische Entwicklung. Aber die philosophische Diskussion zwischen Ihnen und einigen Marxisten, darunter auch Sartre, geht davon aus, daß Sie primitive und moderne Gesellschaften unter dem Gesichtspunkt verglichen haben, welche Rolle Humanität und Geschichtsbewußtsein darin spielen. Man wirft Ihnen Ihre konservative Einschätzung vor, Ihre Behauptung nämlich, es gäbe keinen Fortschritt an Humanität in der Geschichte.

Lévi-Strauss: Das sind viele Fragen auf einmal. Befassen wir uns mit der letzten, der Frage des Fortschritts. Daß es technologischen Fortschritt gibt, ist so klar, daß man darüber nicht zu sprechen braucht. Daß dieser technologische Fortschritt aber auch zum Verzicht auf eine Reihe von Werten geführt hat, mit denen die »exotischen« Gesellschaften verbunden bleiben, erscheint mir ebenfalls als gewiß. Und es gibt keine philosophischen oder moralischen Kriterien, die uns die Feststellung erlauben, dieses sei besser als jenes.

Spiegel: Können wir denn darauf verzichten, in der gegenwärtigen Gesellschaft humaneres Verhalten zu entwickeln?

Lévi-Strauss: Menschlichkeit besteht überall in erster Linie in den Beziehungen zwischen Personen, die sich gegenseitig kennen. Deshalb geht es auch in einer kleinen Gemeinde wie Lignerolles menschlicher zu als in einer großen Stadt, weil die Menschen füreinander nicht einfach Namen oder Nummern sind, sondern Individuen mit einem Charakter und einem Temperament, das alle kennen. Aber Sie stellen mich vor Probleme, die keineswegs meine sind, und zwar deswegen, weil die Gesellschaften, die ich studiere, nichts mit der unseren zu tun haben, und weil ich keine Rezepte für unsere eigene Gesellschaftsordnung vorzuschlagen habe. Es gibt Leute, die sich als Soziologen oder als Politiker bezeichnen und sich damit befassen; ich will weder Soziologe noch Politiker sein.

Spiegel: Sartre und einige Marxisten werfen Ihnen vor, der Strukturalismus sei eine Abkehr vom Humanismus. Sie kennen den Vorwurf, er ist nicht neu.

Lévi-Strauss: Ich meine, daß der Vorwurf auf einem doppelten Mißverständnis beruht, einem theoretischen und einem praktischen. Das theoretische Mißverständnis liegt darin, daß ich nie irgend jemand das Recht bestritten habe, den Menschen auf der von ihm gewählten Ebene zu studieren. Was ich hingegen bestritten habe, ist die sozusagen monopolistische Behauptung, daß der Mensch nur auf einer einzigen Ebene definiert und studiert werden kann.

Spiegel: Aber die Entscheidung für eine bestimmte Ebene ist auch schon eine Vorentscheidung über das Untersuchungsergebnis.

Lévi-Strauss: Wenn Sie einen Wassertropfen betrachten, sehen Sie mit bloßem Auge überhaupt nichts darin. Stellen Sie ihn aber unter ein Mikroskop mit 300facher Vergrößerung und dann noch einmal unter ein Elektronenmikroskop, das ihn 50 000fach vergrößert, dann sehen Sie in Wirklichkeit vollständig verschiedene Dinge. So ist es auch beim Studium des Menschen: Jene, die Sie als Humanisten bezeichnen, betrachten die Menschen unter dem gleichen Blickwinkel, unter dem im wenig vergrößerten Wassertropfen kleine Tiere sichtbar werden, die als Individuen existieren, sich bekämpfen und lieben. Wir wissen aber, daß die Wissenschaft nur existiert, weil man begriffen hat, daß eine Reihe von Phänomenen nicht bloß von einer einzigen Ebene aus zu beobachten ist. Starke Vergrößerungen lassen diese Lebewesen vollständig verschwinden; sichtbar bleiben dann nur noch Moleküle. Bei noch stärkerer Vergrößerung kann man hinter den Molekülen die Atome beobachten.

Spiegel: Interessiert sich der Strukturalist nicht für die Existenzprobleme der Menschen?

Lévi-Strauss: Der Strukturalismus versucht zu zeigen, daß auch für die Analyse menschlicher Phänomene nicht nur ein einziges Niveau der Beobachtung ausreicht, sondern daß es mehrere gibt. Wir stellen uns auf eine Ebene unbewußter oder unvollkommen bewußter Phänomene ein, auf der gewisse klassisch-traditionelle Probleme der Menschheit verschwinden. Damit will ich nicht sagen, daß diese Probleme nicht existieren. Es ist vollkommen gerechtfertigt, sie zu studieren. Aber es ist unerträglich, daß man uns verbieten will, etwas anderes zu tun, indem man behauptet, der Mensch könne nur auf einer einzigen Ebene definiert werden.

Spiegel: Dann ist der Strukturalismus also nur eine Untersuchungs- und Forschungsmethode und hat keine eigene Theorie?

Lévi-Strauss: Er ist kaum das. Im Grunde handelt es sich nur um eine bestimmte wissenschaftliche Einstellung. Soviel zum theoretischen Mißverständnis. Nun gibt es aber noch den zweiten, praktischen Aspekt. Man sollte sich doch endlich darüber Rechenschaft ablegen, daß die absolutistisch-humanistische Haltung, die bei uns seit der Renaissance vorherrscht und die ihren Ursprung wahrscheinlich in den großen Religionen der abendländischen Welt hat, äußerst katastrophale Konsequenzen hatte. Einige Jahrhunderte Humanismus haben zu den großen Kriegen, zu Ausrottungen, Konzentrationslagern und zur Zerstörung aller Arten von Lebewesen geführt; wir haben die Natur verarmen lassen. Es ist gerade die übertriebene Haltung des Menschen, die ihn selbst bedroht: wenn er nämlich glaubt, nach Belieben über alles verfügen zu können.

Spiegel: Wie müßte eine humanistische Haltung aussehen, die Sie nicht verwerfen?

Lévi-Strauss: Ein recht verstandener Humanismus müßte die gegenwärtige Menschheit paradoxerweise auffordern, ihren Humanismus zu mäßigen und von den großen Religionen des Fernen Ostens – zum Beispiel dem Buddhismus – zu lernen, daß der Mensch letzten Endes nur ein Lebewesen unter anderen ist, das nur unter der Voraussetzung weiterleben kann, daß es diese anderen respektiert.

Spiegel: Man hat dem Strukturalismus nicht nur vorgeworfen, ein Anti-Humanismus zu sein, sondern auch, die Geschichte auszuklammern und im Grunde sogar anti-historisch zu sein.

Lévi-Strauss: Dieser Vorwurf ist ebensowenig begründet wie der andere. Wir Ethnologen studieren

Gesellschaften, deren Geschichte ebenso lang ist wie unsere. Aber diese Gesellschaften haben sich selbst nicht für ihre Geschichte interessiert, und es existieren folglich keine Archive, in denen wir sie wiederfinden könnten. Um sie zu studieren, müssen wir also Methoden schaffen, die das Fehlen von Geschichte ersetzen können. Das ist die Situation, in der sich der Ethnologe findet; er ist sehr zufrieden, wenn er sich vorhandener geschichtlicher Elemente bedienen kann. Wogegen ich mich jedoch auflehne, ist, der Geschichte einen privilegierten Platz unter den Möglichkeiten der Erkenntnis zuzuweisen. Geschichte ist gewiß ein privilegiertes Mittel der Erkenntnis, solange es sich um Gesellschaftsordnungen wie die unsere handelt, die sich selbst gegenüber der Geschichte definieren. Aber ich glaube nicht, daß man sagen kann, das sei im allgemeinen so. Und auch hier kann es Streit nur mit Leuten geben, die ihre Methode für die allein legitime erklären.

Spiegel: Sie haben sich sehr für Marx interessiert. Ist für Sie der Marxismus eher ein Humanismus oder eine Forschungsmethode?

Lévi-Strauss: Als ich etwa 17 Jahre alt war, hat der Marxismus eine besondere Rolle in meiner Entwicklung gespielt; faktisch war Marx meine erste philosophische Lektüre, und indem ich Marx las, bin ich über ihn zu Hegel und Kant vorgestoßen. Das war eine Welt, die ich nicht kannte. Bei der Lektüre von Marx habe ich die grundlegende Lehre der Geisteswissenschaften aufgenommen: daß man den Menschen nicht auf der Ebene des Scheins studieren kann, weil der Schein täuscht.

Spiegel: Nun gibt es ja verschiedene Marx-Interpretationen. Stehen Sie der von Louis Althusser nahe?

Lévi-Strauss: Ich möchte diese Frage nicht beantworten, weil ich mich gewissermaßen nicht für die Marxisten interessiere.

Spiegel: Auch dann nicht, wenn es sich um Konsequenzen handelt, die aus dem Strukturalismus gezogen werden? Althusser, der ja einen Bruch zwischen dem jungen Marx und dem des *»Kapital«* konstatiert, hebt in seiner Arbeit über den Marx des *»Kapital«* Zwänge, Gesetze und Strukturen hervor und »vergißt« den Menschen dabei. Er hat sogar erklärt, im *»Kapital«* gebe es den Begriff »Mensch« nicht, sondern nur ökonomische Strukturen. Sind Sie mit dieser Interpretation einverstanden?

Lévi-Strauss: Ich bin kein Marxologe und kann auf diese Frage nicht antworten.

Spiegel: Marx hat immerhin die Infrastruktur studiert, und das tun Sie ja auch.

Lévi-Strauss: Ich versuche zu tun, was Marx als notwendig angesehen hat, wozu er aber nicht die Zeit hatte oder was er jedenfalls nicht selbst tun wollte: das heißt, den Überbau in seinem Zusammenhang mit dem Unterbau zu prüfen; ich halte mich dabei an ganz elementare Dinge. Mein marxistischer Katechismus besteht aus zwei oder drei Regeln, aber das befähigt mich keineswegs dazu, ein Urteil über das Werk von Marx abzugeben.

Spiegel: Der Strukturalismus ist also ein von Ihren Gegnern erfundener Mythos?

Lévi-Strauss: Manchmal auch ein von Freunden erfundener.

Spiegel: Die Schlußfolgerungen, die man aus Ihren

Forschungen gezogen hat, sind aber nicht so unbedenklich, wie Sie das jetzt darstellen. Sie haben als Philosoph viel mehr Wirkungen ausgelöst denn als Ethnologe. Viele, die in Deutschland über Lévi-Strauss diskutieren, befassen sich dabei nicht so sehr mit den primitiven Gesellschaften als mit der Idee einer heilen Welt, mit dem alten Traum vom Goldenen Zeitalter. Fühlen Sie sich nicht verantwortlich für diese konservativen Konsequenzen des Strukturalismus?

Lévi-Strauss: In Frankreich, wo in den Salons mit vielen Ideen jongliert wird, glaubten manche Leute, der Strukturalismus sei die Philosophie der modernen Welt. Aber das war nur eine Mode, die seit Mai 1968 wieder vorbei ist.

Spiegel: Für Deutschland gilt das nicht in gleicher Weise.

Lévi-Strauss: Vielleicht gibt es da eine Verzögerung; dennoch glaube ich nicht, daß es länger dauern wird. Als man bei uns entdeckt hatte, daß die protestierenden jungen Leute im Mai 1968 keineswegs Strukturalisten, sondern einfach gute alte Existentialisten nach der Mode von 1944/45 waren, hat man sich für diese Frage nicht mehr so interessiert, und das ist sehr gut so.

Spiegel: Einige Ihrer Schüler wenden die Methode des Strukturalismus beim soziologischen Studium moderner Gesellschaften an – halten Sie das für sinnvoll?

Lévi-Strauss: Strukturalismus will besagen, was lange vor uns Physiker und Naturwissenschaftler schon begriffen haben: daß wir die Realität nur erreichen, wenn wir vereinfachen. Innerhalb der Vielfalt der Phänomene müssen wir kleine Gebiete isolieren, in denen es wiederum möglich ist, eine geringe Anzahl von Variablen zu ergründen. Zuerst gelang das auf dem sehr gut abgrenzbaren Gebiet der Sprache. Ich habe dann versucht, dieselbe Forschungsmethode auf andere Gebiete auszudehnen wie die Phänomene der Verwandtschaft, die Analyse der Mythen oder des Rituals, die Phänomene der Klassifizierung in den exotischen Gesellschaftsordnungen oder ganz allgemein auf das Studium früher und sehr kleiner Gesellschaften.

Spiegel: Der Strukturalismus ist also eine Art Gesellschafts-Mikroskopie?

Lévi-Strauss: Ja. Wenn man aber nun die Methode des Strukturalismus auf zeitgenössische Gesellschaftsordnungen anwenden will, so frage ich, wie denn diese ungeheuren Gesamtheiten mit einer fast schon unendlichen Zahl inbegriffener Variablen untersucht werden sollen. Ich glaube, daß es keine mögliche Anwendung des Strukturalismus auf große Gedankensysteme oder auf große soziale Systeme gibt.

Spiegel: Aber vielleicht könnte er auf die Subkulturen angewandt werden?

Lévi-Strauss: Vielleicht kann man in gewissen Grenzen Beobachtungsebenen oder Typen von Phänomenen isolieren und so das Studium eines Dorfes oder gewisser Aspekte des Lebens in unseren Gesellschaftsordnungen in Angriff nehmen. Aber auch da kann es sich immer nur um ein klein wenig Strukturalismus neben vielem anderen handeln: Man kann nicht von all dem abstrahieren, was historisch und prähistorisch vor diesem Dorf existiert hat.

Spiegel: Herr Lévi-Strauss, in Ihrem Buch *»Trau-*

rige Tropen« haben Sie sich erstaunlicherweise auf Richard Wagner berufen. Interessieren Sie sich für ihn besonders unter dem Aspekt der *»Götterdämmerung«*?

Lévi-Strauss: Ich verbringe manchmal eine ganze Woche damit, Wagner in Direktübertragungen aus Bayreuth anzuhören. Im vierten und letzten Band meiner *»Mythologica«*, der unter dem Titel *»Der nackte Mensch«* soeben erschienen ist, sage ich mehr darüber. Ich behaupte, daß in dem Augenblick des Zerfalls der Mythologie als beherrschender literarischer Ausdrucksform die Strukturen des mythischen Denkens von der Musik übernommen wurden. Die Botschaft des Mythos ging auf den Roman über, aber von seiner Form nahm die Musik Besitz.

Spiegel: Wann war das?

Lévi-Strauss: Das ist ein Phänomen, das mit Bach anfängt, sich bei dessen Nachfolgern entwickelt und das bei Wagner seine bewußte Form erreicht. Es ist Wagner, der in einer genialen Intuition begriff, daß der Mythos und die Musik, wenn ich so sagen darf, aufeinander zuschritten und dazu bestimmt waren, sich zu vereinigen. Wagner hat diese Art von Verbundenheit in außergewöhnlicher Weise hergestellt.

Spiegel: Wagner ist also ein strukturalistischer Komponist?

Lévi-Strauss: Die gesamte Theorie des Leitmotivs ist in sich selbst strukturalistisch. Überhaupt stammt der Strukturalismus ja aus Deutschland.

Spiegel: Können Sie das näher begründen?

Lévi-Strauss: Man hat mir immer gesagt, daß es in Deutschland eine große Abneigung gegenüber dem Strukturalismus gebe. Wenn man aber versucht, dem

Strukturalismus so weit wie möglich auf den Grund zu gehen, wo beginnt er dann in der modernen Welt? In Europa, mit Dürer. Mit seinen *»Vier Büchern von menschlicher Proportion«* und der Idee, daß man von einer Gesichtsform zur anderen mittels geometrischer Transformation gelangen kann, setzt der Strukturalismus ein. Und dann bei Goethe in seiner Morphologie der Pflanzen: Der Gedanke, daß das Blatt und die Blüte auf gegenseitiger Transformation beruhen, ist strukturalistisch. Es ist also gar nicht so überraschend, daß Wagner sich in dieser Ahnenreihe befindet.

Spiegel: Wir finden es überraschend, daß Sie in Ihrer Ahnenreihe lauter große Künstler aufführen und gleichzeitig leugnen, daß der bewußt betriebene Strukturalismus irgendwelche Konsequenzen für die geistige Situation unserer Gesellschaft habe.

Lévi-Strauss: Ich mag keine Prophetie. Man hat sich vorgestellt, daß der Strukturalismus eine Botschaft zu überbringen hatte und daß die Strukturalisten die Weisen der modernen Zeit wären. Ich bedaure, aber das stimmt nicht – es ist, wie ich schon sagte, eine Phantasie, die zwischen 1958 und 1968 in den Salons ausgeheckt wurde.

Spiegel: Gleichwohl sind wir erstaunt, daß Sie sich weigern, als Philosoph zu sprechen. Früher haben Sie das zuweilen getan.

Lévi-Strauss: In meinem Werk *»Mythologica«*, das insgesamt 2000 Seiten hat, stelle ich auf den letzten 30 Seiten einige philosophische Betrachtungen über den Sinn meiner Forschungen an. Aber wie gesagt: auf 30 Seiten von insgesamt 2000.

Spiegel: So ungefähr also sehen Sie die Proportionen?

Lévi-Strauss: Ja. Die Philosophie ist in Frankreich eine Art gemeinsamer Sprache der Intellektuellen; um sich verständigen zu können, muß man sich ihrer von Zeit zu Zeit bedienen. Ich benutze sie auch, aber ohne an sie zu glauben.

Spiegel: Einige Philosophen – wie vor allem Husserl – haben mit ihrer »phänomenologischen« Methode ebenfalls versucht, so etwas wie Grundstrukturen des Menschen zu analysieren – allerdings des modernen Menschen. Halten Sie solche Analysen für sinnlos?

Lévi-Strauss: Wenn ich von der Philosophie zur Ethnologie übergegangen bin, so gerade deshalb, weil ich empirische Gesamtheiten studieren wollte, die in Zeit und Raum gegeben und also den Phänomenen vergleichbar sind, die der Naturwissenschaftler studiert. Was dem Philosophen als Phänomen erscheint, ergibt sich letzten Endes nur aus seinem eigenen Willen und seiner Laune.

Spiegel: Herr Lévi-Strauss, vielleicht ist Ihre Weigerung, die philosophischen Konsequenzen Ihrer Arbeit zu diskutieren, der Grund dafür, daß man Sie manchmal als den »Philosophen des Status quo« bezeichnet; Sie erklären ja selbst, daß der Strukturalismus die geschichtlichen Gegebenheiten nicht zu verändern vermag. Welche Erklärung haben Sie dann aber dafür, daß der Strukturalismus so etwas wie eine Faszination ausübt?

Lévi-Strauss: Das liegt daran, daß in unserer Gesellschaft Wissenschaft vollkommen von der Kunst getrennt wird, das heißt also von allem, was in uns noch mit Sensibilität zusammenhängt. Der Strukturalismus trennt die beiden Pole nicht voneinander; im Studium sehr konkreter Phänomene, die die Sensibilität berühren, praktiziert er das, was ich als die »Theorie des wilden Denkens« bezeichnet habe. Diese »Theorie des wilden Denkens« kann eine gewisse Ausstrahlungskraft für den zeitgenössischen Menschen gewinnen, der sich zwischen Wissenschaft und Sensibilität zerrissen fühlt.

Spiegel: Wir möchten noch einmal auf Ihren Pessimismus zu sprechen kommen. In Frankreich ist es eine alte Tradition, daß sich Intellektuelle »engagieren«, um einen Begriff von Sartre zu gebrauchen. Halten Sie etwas vom intellektuellen Protest?

Lévi-Strauss: Ich habe einige Male Stellung genommen, beispielsweise sehr aktiv vor zwei oder drei Jahren, als die Berichte über Massaker und Ausbeutung der Indianer in Brasilien bekannt wurden. Damals konnte ich in Kenntnis der Ursachen und mit einer Autorität handeln, die auf meine Arbeiten zurückgeht.

Spiegel: Hatten Sie das Gefühl, etwas bewirken zu können?

Lévi-Strauss: Nein. Ich war von vornherein von der Wirkungslosigkeit überzeugt, und die Aktion hat sich im übrigen auch als wirkungslos erwiesen. Aber als man mich ersuchte, es zu tun, habe ich sofort eingewilligt. In dem, was man als das »Engagement« der Intellektuellen bezeichnet, liegt ein Mißverständnis, das mir absolut unerträglich ist, denn meine Unterschrift hat nur einen Wert durch die Arbeiten, die ich veröffentlicht habe. Wenn ich also zu Geschehnissen Stellung nehmen soll, die ich nicht kenne, so verspiele ich damit nur den Kredit, den ich wegen meiner Arbeit genieße.

Spiegel: Aber es ist nicht immer erforderlich, ausgiebige Studien anzustellen, um zu wissen, was gerecht oder was ungerecht ist.

Lévi-Strauss: Man muß in allen Fällen die Dinge kennen, von denen man spricht.

Spiegel: Und welche Gefühle ruft in Ihnen der Vietnam-Krieg hervor?

Lévi-Strauss: Gefühle sehr tiefen Abscheus, aber auf einer Grundlage, die genau die gleiche ist wie die meiner Concierge, meiner Putzfrau oder die des Kleinhändlers an der Ecke. Ich glaube nicht, daß in diesem Falle mein Urteil mehr wert ist als das ihre.

Spiegel: Fällen Sie damit nicht ein zu strenges Urteil über alle engagierten Intellektuellen, die ja genau wie Sie wegen ihrer Studien und Veröffentlichungen und nicht durch die Kenntnis der Probleme bekannt geworden sind, zu denen sie Stellung beziehen?

Lévi-Strauss: Keineswegs.

Spiegel: Sie glauben also nicht, daß ein so bekannter Intellektueller wie Sie auf politischem Gebiet mehr Verantwortung hat als eine Concierge?

Lévi-Strauss: Ein bekannter Intellektueller hat Verantwortung auf dem Gebiet, das ihm seinen Ruf eingebracht hat. Wenn er sich damit befassen will, alle Fälle zu prüfen, auf die er angesprochen wird, so brauchte er ungeheuer viel Zeit, um wirklich mit der notwendigen Autorität zu sprechen, und dann würde er keine Wissenschaft mehr betreiben und würde auch seinen Ruf nicht mehr verdienen.

Spiegel: Würden Sie sagen, daß Sartre zu viele Manifeste unterschrieben hat?

Lévi-Strauss: Keineswegs. Ich vergleiche mich überhaupt nicht mit Sartre. Sartre konnte sich auf den verschiedensten Gebieten ausdrücken – wie dem des

Romans, des Theaters, der Philosophie und der Politik. Ich fühle mich dazu außerstande. Ich habe mich auch nicht, wie der englische Anthropologe Edmund Leach behauptet hat, als enger Freund Sartres bei der Arbeit am *»Wilden Denken«* mit ihm zerstritten. Tatsächlich bin ich Sartre vielleicht viermal in meinem Leben begegnet.

Spiegel: In einer Rede, die Sie kürzlich vor der Unesco hielten, haben Sie politische Konsequenzen aus Ihren Konzeptionen gezogen. Sie haben gesagt: »Es kann nicht angenommen werden, daß die Rassenvorurteile im Abnehmen begriffen sind.«

Lévi-Strauss: Das ist eine Feststellung, die nicht sehr weit geht, und jedenfalls erscheint sie mir genügend klar.

Spiegel: Sie haben auch gesagt, daß es zur Verminderung von Intoleranz nicht ausreichend sei, Ideen zu verändern. Man müßte auch die natürlichen Bedingungen in den Beziehungen zwischen den modernen Menschen und der Natur verändern.

Lévi-Strauss: Ich habe nicht gesagt, daß man sie verändern müßte, ich habe gesagt, daß sie sich ändern müßten, was nicht ganz dasselbe ist. Und das bedeutet nicht, daß ich glaube, sie würden sich ändern. Wie gesagt: Der Strukturalismus befaßt sich mit Dingen, die keine praktischen Auswirkungen haben. Was man als Rassismus oder Intoleranz bezeichnet, hat in den menschlichen Gesellschaften immer existiert. Schon die einfache Tatsache, daß viele Völker, die wir als primitiv bezeichnen, sich Namen geben wie: »die Guten«, »die Ausgezeichneten«, »die Menschen«, und daß damit anderen Gruppen geradezu die menschliche Qualität abgesprochen wird, ist eine

Form der Intoleranz und des Rassismus. Katastrophal wirkte sich das aber erst aus, als eine der zunächst relativ weit voneinander entfernten Gesellschaften, unsere abendländische Zivilisation, in einer ungeheuren Expansion viel größer und zahlreicher wurde als die anderen. Damit sich das ändert, müßte die Menschheit wieder an Zahl abnehmen.

Spiegel: Mehr Kenntnisse würden dem also nicht abhelfen können?

Lévi-Strauss: Nein. Ich glaube im Gegenteil, daß das völlig illusorisch ist.

Spiegel: Und wie sehen Sie die Zukunft der noch vereinzelt bestehenden primitiven Gesellschaften?

Lévi-Strauss: Sie sind alle zum Untergang verurteilt, und ich bin tief traurig darüber.

Spiegel: Herr Lévi-Strauss, wir danken Ihnen für dieses Gespräch.

Von der Irrationalität der Geschichte*

Ein Gespräch mit Jean-Marie Benoist

Benoist: In verschiedenen Büchern und Artikeln haben Sie gesagt, daß die heutige Ethnologie und besonders Sie selbst sich nicht mehr an Ihre Zeitgenossen wenden. Mir ist jedoch aufgefallen, daß Sie in einem vor kurzem erschienenen Artikel über die Freiheiten sowie auch in Ihren Arbeiten *»Rasse und Geschichte«* und *»Rasse und Kultur«*, ohne sich als Philosoph zu geben, in Form von Frage- und Problemstellungen überaus aktuelle Gedanken entwickeln, Gedanken, die den Hauptsorgen unserer Epoche überaus nahekommen. Wie bringen Sie diese beiden Positionen heute in Einklang?

Lévi-Strauss: Weder *»Rasse und Geschichte«* noch der jüngere Text über die Freiheiten geht auf eine Initiative meinerseits zurück. In dem einen Fall handelte es sich um einen Auftrag der UNESCO, im zweiten um eine Aufforderung des Präsidenten der Nationalversammlung, vor der Kommission für die Freiheiten eine Stellungnahme abzugeben. Ich gebe zu, daß ich in beiden Fällen ohne Begeisterung getan habe, was ich konnte, um zu sagen, was man von mir erwartete.

Benoist: Dennoch, diese Texte und Stellungnahmen

* Aus: *Le Monde* vom 21./22. Januar 1979.

sind vom Inhalt her sehr bedeutsam, vielleicht um so mehr, als Sie sich bewußt von der etwas belehrenden Konvention der heutigen Philosophen distanzieren wollten. Sie lehnen eine abstrakte, allgemeine Definition der Freiheit ab und ziehen konkrete Definitionen vor; Sie schlagen vor, die Menschenrechte nicht als Rechte einer moralischen Person zu verstehen, sondern im Gegenteil als Rechte und Pflichten eines lebendigen Wesens im Schoße des Lebendigen.

Lévi-Strauss: Ich halte das erste nicht für paradox; ich habe einfach einen ethnologischen Standpunkt bezogen. Mit anderen Worten, die Freiheiten, an denen die Mitglieder einer jeden Gesellschaft besonders hartnäckig festhalten, bestehen im wesentlichen aus einer bestimmten Anzahl von konkreten Möglichkeiten, Handlungen, Verhaltensweisen, die in der Vergangenheit einer gegebenen Gesellschaft verwurzelt sind und daher nicht abstrakt definiert werden können.

Sie lassen sich im Rahmen dieser oder jener gesellschaftlichen Erfahrung feststellen. So gesehen, handelt es sich tatsächlich um eine ethnologische Erkenntnis.

Benoist: Mehr als auf die Vernunft und die menschliche Natur vertrauen Sie auf Geschichte und Tradition, und das entspricht der ethnologischen Anschauungsweise. Sie beschreiben Gesellschaften, die aus historisch entstandenen, kleinen solidarischen Einheiten bestehen, und verbinden diesen Ansatz mit einer politisch-philosophischen Auffassung, die dem Standpunkt Montesquieus nahekommt. Man könnte also sagen, daß Ihre Berufung auf Geschichte und Tradition einerseits und auf Montesquieu andererseits dem französischen Denken nicht ganz fremd ist.

Lévi-Strauss: Gewiß nicht. Aber diese Richtung wurde sehr schnell von einer anderen verdrängt, von der Strömung, die von Rousseau und seinem *»Gesellschaftsvertrag«* ausging und sich in der politischen Philosophie der französischen Revolution entfaltete; diese Philosophie knüpft, abseits von Montesquieu, an den Cartesianismus an. Und diese zweite Strömung ist die vorherrschende, sie formt immer noch das Denken unserer Zeitgenossen. Es ist, sagen wir, ein fertiges System, das auf die politische und soziale Realität projiziert wird. Und ich glaube, es gibt nichts Gefährlicheres als das.

Benoist: Sie rebellieren also gegen dieses Systemdenken, auch in seinen heutigen totalitären Formen, nicht im Namen einer Art Pessimismus oder Nihilismus der Unterwerfung oder der nutzlosen Revolte, sondern im Namen von recht handfesten *Werten,* nämlich der Gewaltentrennung im Sinne Montesquieus und der kleinen solidarischen Einheiten.

Lévi-Straus: Die Idee der kleinen Gegenmächte scheint mir der tiefste Gedanke Burkes zu sein. In meinem Fall aber handelt es sich um eine Art Konvergenz, eine Art Zusammentreffen, vielleicht zufällig, vielleicht nicht, das kann ich nicht sagen, zwischen meinem Beruf als Ethnologe, der mich für die konkreten Gegebenheiten im Leben der Gesellschaft sensibilisiert hat, und einer persönlichen Erfahrung: der weit zurückliegenden Erfahrung meiner politischen Tätigkeit.

Als Student, ja schon als Gymnasiast war ich Mitglied der Sozialistischen Partei, die sich damals SFIO nannte. Ich hatte sogar verantwortliche Funktionen: ich war Generalsekretär des sozialistischen Studentenverbandes. Wie alle meine Genossen war ich in den Jahren 1930-1935 Pazifist; dann kamen Krieg und Niederlage, und ich begriff, daß es ein großer Fehler war, die politische Wirklichkeit in den Rahmen formaler Ideen zu zwängen. Das war vielleicht möglich in einer relativ kurzen Periode unserer Gesellschaft, als das intellektuelle Denken und die politisch-soziale Entwicklung einander so nahe kamen, daß das Volk sich von den Ideologen hinreichend vertreten fühlte, während die Ideologen selbst unter dem Eindruck standen, an einer bestimmten, zeitlich begrenzten Realität zu *kleben*.

Aus vielen Gründen fürchte ich, daß die heutige Welt wegen ihrer Dichte, ihrer Kompliziertheit, der unglaublich großen Zahl der Variablen nicht mehr denkbar ist, zumindest nicht auf globale Weise.

Wie die meisten von uns reagiere ich weiterhin politisch auf die Ereignisse, aber mir ist bewußt geworden, daß meine Reaktionen oberflächlich – oder, wenn Sie wollen, gefühlsmäßig – sind; daß ich ein Intellektueller bin, verleiht ihnen keine besondere Autorität, und ich habe daher kein Recht, sie zur Erbauung meiner Zeitgenossen lauthals öffentlich zu verkünden. Außerdem glaube ich nicht, daß man das Leben der Gesellschaft, die Aspirationen der Männer und Frauen einer gegebenen Gesellschaft mit Hilfe eines allgemein anwendbaren Rasters interpretieren kann.

Benoist: Das bedeutet gewissermaßen einen Umsturz der Vorstellung, die man sich von einer aus Ihrer Methode der ethnologischen Analyse abgeleiteten Ideologie, dem Strukturalismus, gemacht hat. Sie bleiben bei dem, was Sie in theoretischer Hinsicht mit dieser Methode unternommen und abgelehnt haben; aber man muß verstehen, wenn ich so sagen darf, daß diese Methode Sie zu einer politisch-ideologischen Schlußfolgerung führt, die dem System, als dessen Garantin oder Bewahrerin man Ihre Methode angeklagt hat, genau entgegengesetzt ist.

Lévi-Strauss: Man hat mich völlig mißverstanden, wenn man mir so oft vorgeworfen hat, die Geschichte zu ignorieren, mich nicht dafür zu interessieren. Ich lese historische Werke mit viel mehr Interesse als philosophische Bücher oder Romane. Denn die Geschichte scheint mir die ethnographischen Erfahrungen zu bestätigen. Wenn ich historische Werke über eine bestimmte Periode unserer eigenen Geschichte lese oder über die Geschichte anderer Länder – jetzt gerade über Japan, von wo ich eben zurückgekommen bin – , dann merke ich: Jeder Abschnitt des historischen Werdens hat etwas Ursprüngliches, Unreduzierbares, vergleichbar dem, was der Ethnologe in sehr fernen Gesellschaften sucht. Nur: die Geschichte, die mich interessiert, ist die konkrete Geschichte, bestehend aus einer Menge kleiner Ereignisse, deren Ursachen wir im nachhinein verstehen können; es wäre aber unmöglich gewesen, vorherzusehen, warum es so und nicht anders kommen mußte. Die Anmaßung, gegen die ich mich aufgelehnt habe, war nicht die der Historiker, sondern jene gewisser Geschichtsphilosophen, die die fluktuierende, ungreifbare, unvorhersehbare Realität des historischen Werdens durch ein System und eine Ideologie ersetzen.

Benoist: Und aus dieser diffusen Geschichte, die nicht gerade der reinen Zufälligkeit, aber jedenfalls der Kontingenz der Ereignisse Rechnung trägt, deduzieren Sie keine *Theorie der Freiheit,* sondern eine Einstellung zu den Freiheiten ...

Lévi-Strauss: Ich glaube, nichts wäre gefährlicher als der Versuch, die westlichen Gesellschaften oder gar alle menschlichen Gesellschaften einschließlich derer, mit denen sich die Ethnologen befassen, nach einer Art Code abstrakter Freiheiten zu definieren; diese Freiheiten würden wahrscheinlich für viele dieser Gesellschaften gar nichts bedeuten und für andere im Widerspruch zu ihrer gelebten Erfahrung stehen.

Freiheitsrechte werden nicht im luftleeren Raum ausgeübt, sondern im Rahmen traditioneller Bindungen, die meist historisch verwurzelt sind. Aus diesen Bindungen besteht bei uns wie anderswo das gesellschaftliche Gewebe.

Die Geschichte ist irrational, alle Gesellschaften sind irrational oder enthalten eine Menge Irrationales, und es wäre ebenso absurd wie gefährlich, das zu ignorieren und auf dem Papier das Schema einer völlig rationalen Gesellschaft zu entwerfen. Die Gesellschaft kann nicht völlig rational sein, sie ist es nie gewesen und wird es nicht sein, und damit muß man sich abfinden.

Benoist: Wenn Sie in allgemeiner Form diese Vielzahl von *kleinen Zugehörigkeiten,* von kleinen Solidaritäten beschreiben, die den einzelnen davor bewahren, von der Gesamtgesellschaft zerrieben zu werden, und die Gesellschaft davor schützen, sich in austauschbare, anonyme Atome zu pulverisieren, dann enthält die Definition dieser kleinen Zugehörigkeiten und Solidaritäten, deren jede diese Freiheiten und kulturellen Codes integriert, die Definition eines Gleichgewichts.

Lévi-Strauss: Ich bin nicht der erste und wahrscheinlich auch nicht der letzte, der feststellt, daß die Entwicklung unserer großen modernen Gesellschaften die Tendenz hat, die Zwischenglieder zu pulverisieren, die Individuen zu austauschbaren Atomen zu reduzieren, sie zugunsten einer anonymen Zentralgewalt zu enteignen.

Das scheint mir selbstverständlich; etwas theoretischer gefaßt, beziehen sich diese praktischen Überlegungen auf das, was ich seinerzeit – in dem Bemühen, den Gegenstand der Ethnologie zum Unterschied von der allgemeinen Soziologie zu bestimmen – die Bereiche der Authentizität genannt habe: Die kleinen, sogar noch in unserer Gesellschaft erkennbaren Bereiche, in denen die Beziehungen zwischen den Menschen auf konkreten Grundlagen ruhen. Der kommunale Bereich beispielsweise, wo es nicht so sehr um abstrakte Entscheidungen geht, sondern um Entscheidungen in bezug auf Peter, Paul oder Hans, die einander kennen mit ihren Idiosynkrasien, ihren Interessen und Vorurteilen, und wo folglich das Gemeinschaftsleben auf einer authentischen Wahrnehmung seiner Realität und seiner Wahrheit beruht. Das gibt es noch auf der Ebene des kommunalen Lebens, die meiner Meinung nach den größten Reichtum unserer heutigen Gesellschaft birgt, und es ist bedauerlich, daß es das auf anderen Ebenen nicht mehr gibt.

Benoist: Sie bedauern das Verschwinden jener *winzigen Privilegien,* der vielleicht lächerlichen Ungleichheiten, die, ohne zur allgemeinen Gleichheit im Widerspruch zu stehen, es den einzelnen noch am ehesten ermöglichen, festen Halt zu finden.

Lévi-Strauss: Ich meine folgendes: In den traditionellen Gesellschaften gehört jeder einzelne einer Vielzahl von Gemeinschaften an, familiären, beruflichen, örtlichen, religiösen, ständischen Gemeinschaften, und das gibt (oder gab) einem jeden das Gefühl, eine wichtige Rolle zu spielen, weil er sich dadurch von anderen unterscheidet; er hat das Gefühl, eine unersetzliche Funktion zu erfüllen und seine eigene Originalität zu haben. Vielleicht hält ein jeder seine Position für höher als die der anderen, nicht, weil sie ihm Macht und Ausbeutungsgewalt verleiht, sondern weil sie geringfügige Unterschiede impliziert, mit denen ein – ich möchte fast sagen: ästhetischer – Wert verbunden ist.

Zur Illustration möchte ich von meinem Aufenthalt in dem kleinen Dorf Wajima am Japanischen Meer erzählen. Dieses Dorf ist eines der Hauptzentren der Lackindustrie, genauer gesagt, des Lackiererhandwerks. Vier Tage lang habe ich regelrecht mit den Handwerkern gelebt; sie waren zum Großteil sehr jung. Am Vorabend meiner Abreise veranstalteten sie mir zu Ehren ein Festessen, bei dem alle Spezialisten zugegen waren, von den Drechslern, die den Stücken die Form geben, über jene, die sie anstreichen, bis zu den veritablen Künstlern, die die letzten Verzierungen anbringen – auch sie zerfallen wieder in verschiedene Spezialisten, die nicht alle die gleiche Virtuosität besitzen. Als ich sie fragte, ob bestimmte Kategorien sich anderen überlegen fühlten, versicherten sie zuerst, sie seien alle unentbehrlich und fühlten sich alle gleich. Also fragte ich nach Redensarten, Sprichwörtern oder Maximen über den Berufsstolz einer jeden Gruppe zum Nachteil der anderen, und sogleich wurden mir Dutzende von Beispielen genannt. Auch wenn die offizielle Haltung eine gewisse egalitäre Ideologie ausdrückte, war doch klar, daß jede Gruppe traditionsgemäß auf ihre spezifische, unersetzliche Rolle in der Gemeinschaft festgelegt blieb.

Benoist: Dieser Begriff des Individuums, den Sie der Globalgesellschaft entgegenstellen, ist also gewissermaßen durch die vielfältigen Unterschiede überdeterminiert.

Lévi-Strauss: Nichts ist, glaube ich, tragischer als eine Globalgesellschaft, die nur aus Menschenstaub besteht. Allein schon zum Schutz des einzelnen scheinen mir vermittelnde Zwischenglieder unerläßlich zu sein.

Benoist: Damit kommem Sie sehr in die Nähe von Montesquieu, dessen politische Philosophie eine von vermittelnden Zwischengliedern bevölkerte Landschaft ist. Sie sind da Ihrem Rousseau ein wenig untreu?

Lévi-Strauss: Es ist eine Art Paradox: Rousseau, für den ich fast Verehrung empfinde, dem ich mich so nahe fühle, daß er mir wie ein Vertrauter vorkommt, hat sich meiner Meinung nach in der politischen Theorie zutiefst getäuscht. Aber vielleicht fühle ich mich ihm gerade deshalb so nahe: Er lehrt mich durch sein Beispiel, daß der Intellektuelle als solcher, wenn er Probleme dieser Art in Angriff nimmt, sehr wachsam gegenüber sich selbst sein muß.

Benoist: Es ist sehr großmütig von Ihnen, das zu bedenken, im Zusammenhang mit den starken Bindungen zu Ihren Quellen, großmütig und bescheiden, möchte ich sagen.

Lévi-Strauss: Dazu möchte ich ein Geständnis machen: Eine ebenso innige Beziehung wie zu Rousseau habe ich auch zu Chateaubriand, der das Gegenteil von Rousseau und doch auch wieder das gleiche ist. Der Denker, dem ich mich so nahe fühle, ist also weder Rousseau noch Chateaubriand, sondern eine Art Chimäre, ein Janus aus der Zweiheit Rousseau–Chateaubriand; sie sind für mich zwei Aspekte ein und desselben Menschen, obwohl sie diametral entgegengesetzte Dinge getan haben.

Benoist: Was beispielsweise die ideale Größe für eine freie, demokratische Gesellschaft betrifft, spricht Rousseau von kleinen Gemeinschaften, in der die Verständigung sich noch auf Hörweite vollzieht.

Lévi-Strauss: Da sind wir wieder bei den Authentizitätsbereichen, von denen wir vorhin gesprochen haben.

Eine Gesellschaft von der Größenordnung einer Gemeinde ist gewiß nicht das gleiche wie die riesigen modernen Staaten. Das ist die Tragik unseres politischen Denkens: wir bewegen uns immer noch in einem ideologischen Rahmen, der in der Vergangenheit im Hinblick auf teils theoretische, teils reale Gesellschaften entwickelt wurde, welche weder an Kompliziertheit noch an Größe mit unseren heutigen Gesellschaften vergleichbar waren.

Benoist: Ihre auf die konkrete Situation bezogene Auffassung von den Freiheiten, die Ihrer Definition des Strukturalismus als Versöhnung von Gefühl und Verstand entspricht, führt Sie dazu, die allzu universalistischen und letztlich ethnozentrischen Auffassungen der Menschenrechte zu kritisieren, weil sie an eine abendländische Konzeption der menschlichen Natur gebunden seien; Ihr entschiedener und recht pragmatischer Vorschlag geht dahin, an die Stelle der Reflexion über die Menschenrechte die menschliche Person, verstanden als Lebewesen, zu setzen . . .

Lévi-Strauss: Das habe ich oft gesagt. In unserer Gesellschaft frappiert mich etwas: Wir verehren bestimmte Synthesen von hoher Komplexität, die in ihrer Art einzig dastehen. Ich meine die Werke der großen Künstler: Maler, Bildhauer, Musiker. Wir bauen Museen, die ein wenig den Tempeln in anderen Gesellschaften vergleichbar sind, und es erschiene uns als ein Desaster, eine Weltkatastrophe, wenn alle Werke Rembrandts oder Michelangelos vernichtet würden. Wir hätten, und zwar mit Recht, das Gefühl, etwas absolut Unersetzliches verloren zu haben.

Wenn es sich aber um noch unendlich komplexere und unersetzlichere Synthesen handelt, nämlich um Arten von Lebewesen, Tiere oder Pflanzen, dann handeln wir mit völliger Gleichgültigkeit und Verantwortungsloskeit. Man könnte sich zur Not vorstellen, daß, würden die Werke Rembrandts verloren gehen, ein anderer Maler käme, dessen Werk mit anderen Mitteln die Lücke füllen würde – eine rein theoretische Hypothese, gewiß, und eine mehr als unwahrscheinliche. Hingegen ist es völlig ausgeschlossen – metaphysisch ausgeschlossen, möchte ich sagen –, daß eine ausgestorbene Tier- oder Pflanzenart während der Existenzdauer der Menschheit durch eine gleichwertige ersetzt würde.

Davon gehen die Überlegungen aus, auf die Sie angespielt haben.

Die Rechte, die man dem Menschen zuerkennen kann und soll, sind nur ein Sonderfall jener Rechte, die wir der Schöpferkraft des Lebens zugestehen müssen. Denn der Mensch besitzt Rechte nur insofern, als er im individuellen Maßstab zu verwirklichen vermag, was die Natur in Form der Arten von Lebewesen verwirklicht.

Benoist: Damit stehen Sie in der Nähe gewisser philosophischer oder religiöser Lehren aus dem Fernen Osten. Wenn Sie den Menschen als Teil und nicht als Herren der Schöpfung definieren, setzen Sie sich einer Kritik im Sinn der klassischen cartesianischen Auffassung aus, wonach der Mensch der Herr der Schöpfung sei und ein unbezähmbares Verlangen habe, diese Schöpfung fortwährend zu verändern.

Lévi-Strauss: Man hat mir oft vorgeworfen, ein Antihumanist zu sein. Ich glaube nicht, daß das stimmt. Aber wogegen ich rebelliere und was ich für schädlich halte, das ist jener schamlose Humanismus, der teils aus der jüdisch-christlichen Tradition, teils aus der Renaissance und dem Cartesianismus stammt und den Menschen zum Gebieter, zum absoluten Herrn der Schöpfung macht.

Ich glaube, all die Tragödien, die wir erlebt haben, erst mit dem Kolonialismus, dann mit dem Faschismus und zuletzt mit den Vernichtungslagern, stehen nicht im Gegensatz oder im Widerspruch zu dem angeblichen Humanismus in der Form, wie wir ihn seit mehreren Jahrhunderten praktizieren, sondern sie sind, möchte ich sagen, fast seine natürliche Folge. Denn es läuft ja auf ein und dasselbe hinaus, wenn der Mensch erst die Grenze seiner Vorrechte zwischen sich und den anderen Arten zieht und dann diese

Grenze ins Innere der eigenen Spezies verschiebt, bestimmte Kategorien als allein wahrhaft menschlich anerkennt, im Unterschied zu anderen Kategorien, die als minderwertig eingestuft werden, nach demselben Schema wie bei der Unterscheidung zwischen dem Menschen und den anderen Lebewesen. Das ist die wahre Erbsünde; sie treibt die Menschheit zur Selbstzerstörung.

Die Achtung des Menschen vor dem Menschen kann sich nicht auf eine besondere Würde gründen, die die Menschheit sich selbst zuschreibt, denn dann kann stets ein Teil der Menschheit behaupten, diese Würde in höherem Maß zu besitzen als die übrigen. Man müßte vielmehr von einer prinzipiellen Demut ausgehen: Wenn der Mensch alle anderen Lebensformen achtet, schützt er sich vor der Gefahr, nicht alle menschlichen Lebensformen gleichermaßen zu achten.

Benoist: Das ist also die Definition einer Ethik, die ihre Quelle nicht im Menschen als dem universell vernunftbegabten Subjekt sieht, sondern im Gegenteil in jener prinzipiellen Demut, die zuerst dazu führt . . .

Lévi-Strauss: Demut vor dem Leben, denn das Leben bietet uns die seltensten und überraschendsten Schöpfungen im ganzen Universum. Das große Vorbild ist die Welt, die Natur; und wenn ich Vorbild sage, so meine ich damit nicht nur ein repräsentatives, sondern zugleich auch ein ästhetisches und moralisches Vorbild.

Anstelle eines Konzepts der Menschenrechte, das erst in der jüngeren Vergangenheit im Westen entstanden ist, könnte man, glaube ich, versuchen, sich etwas näher mit den expliziten oder impliziten Vorstellungen zu befassen, die andere Zivilisationen von dem Problem haben; als Ethnologe kann ich nicht übersehen, daß – wie Sie vorhin bemerkt haben – die großen Zivilisationen des Ostens oder des Fernen Ostens, der Buddhismus und andere Geistesströmungen, für solche Überlegungen nicht nur aufgeschlossen sind, sondern schon vor Jahrhunderten und sogar vor Jahrtausenden damit angefangen haben.

Auch die sogenannten *primitiven* Völker, mit denen die Ethnologen sich befassen, haben tiefe Achtung vor dem tierischen und pflanzlichen Leben. Diese Achtung drückt sich bei ihnen in Formen aus, die wir für Aberglauben halten; es sind aber in Wirklichkeit sehr wirksame Bremsen zur Erhaltung eines natürlichen Gleichgewichts zwischen dem Menschen und der von ihm ausgebeuteten Umwelt. Mit einer solchen Auffassung könnten wir zu einem philosophischen Konsens gelangen, und zwar leichter als durch den Versuch, uns – aufgrund einer recht naiven Illusion – das Vorrecht auf angebliche Wahrheiten westlichen Ursprungs anzumaßen und die sich daraus ergebenden Rechte dann anderen aufzuoktroyieren.

Benoist: Ja, aber manche dieser asiatischen Kulturen oder auch andere, die die menschliche Natur als Teil der allgemeinen Natur auffassen, zeichnen sich durch einen politischen Despotismus aus, dem gegenüber der westliche Begriff der Menschenrechte nicht als Abstraktum erscheint, sondern als ein einzigartiger konkreter Gedanke von universeller Bedeutung, in der Form einer Forderung und eines Wertes.

Lévi-Strauss: Mir scheint, mit dem von mir vorgeschlagenen Wechsel der Perspektive wäre man in einer viel stärkeren Position, um solche Mißbräuche zu bekämpfen und den Völkern, an die Sie denken, im Kampf gegen den Despotismus zu helfen.

Sorge um den Menschen ohne gleichzeitige solidarische Sorge um alle anderen Lebensformen, das bedeutet, ob man es will oder nicht, die Menschheit zur Selbstunterdrückung und Selbstausbeutung zu führen. Übrigens beherrscht die Vorstellung vom Menschen als Herrn und Eigentümer der Natur die despotischen Diktaturen, von denen Sie gesprochen haben, heute noch viel mehr als die liberalen Gesellschaften – oder zumindest ebensosehr.

Benoist: Insofern wir in vielen Fällen diese Vorstellung den Diktaturen vererbt haben, sind wir ihre Propagandisten.

Lévi-Strauss: Ich glaube, die marxistisch-kommunistische totalitäre Ideologie ist nur eine List der Geschichte, um die Verwestlichung der bis vor kurzem abseits gebliebenen Völker zu beschleunigen.

Die Menschheit besitzt spezifische Eigenschaften als Gründerin des Reichs der Kultur im Gegensatz zu einer rein biologischen Ordnung, und der Beweis – einer der Beweise – dafür besteht darin, daß nur die Menschheit jene einzigartigen, unersetzlichen Synthesen, welche die Natur in der Form der Arten erschafft, in Form von Personen zu realisieren vermag.

Folglich gelten die Rechte, die in der Natur den Arten zustehen, in der Kultur für die Individuen. Poussin, Rembrandt, Rousseau, Kant sind ebensoviel wert wie eine Tier- oder Pflanzenart, aber nicht mehr. Daher haben die Menschenrechte – die Rechte jedes Menschen – ihre Grenze dort, wo ihre Ausübung die Ausrottung einer Tier- oder Pflanzenart nach sich zieht oder nach sich zu ziehen droht. Ich meine nicht einzelne Exemplare, denn ich weiß selbstverständlich, daß wir Karotten essen, daß wir Getreide brauchen, daß wir Tiere töten müssen, um uns zu ernähren.

Aber wir dürfen nicht im Namen der Rechte, welche wir als Menschen fordern, den Bestand einer Art gefährden, die *sub specie naturae* ebensoviel wert ist wie *sub specie culturae* eine menschliche Person. Ich halte die hier vorgeschlagene Formulierung für ein besseres Mittel der Kommunikation, für einen wirksameren Kompromiß zwischen verschiedenen Zivilisations- oder Kulturtypen als unsere traditionellen Prinzipien.

Benoist: Sie vertreten also gewissermaßen einen vernünftigen Optimismus.

Lévi-Strauss: Ich glaube nicht, daß ich ein Optimist bin. Ich lasse es mir gern gefallen, daß man mir Pessimismus vorwirft, wenn man ihn als gelassen qualifiziert: einen gelassenen Pessimismus. Den Optimisten, die es ja gibt, möchte ich sagen: Eure einzige Chance ist ein bescheidener, nicht übermütiger Optimismus. Alles, was ich bisher gesagt habe, bezieht sich auf die Voraussetzung, daß die Menschheit noch die Chance hat, einen neuen Start zu versuchen – ohne allzu viel Hoffnung auf Erfolg.

Übersetzung von Peter Aschner

Die strukturalistische Tätigkeit*

Ein Gespräch mit Marco d'Eramo

d'Eramo: Ein Gespräch mit Ihnen muß wohl vom Strukturalismus ausgehen. Zuerst einmal ist festzustellen, daß seit einigen Jahren keine Denker oder Forscher mehr sichtbar werden, die sich Strukturalisten nennen könnten.

Lévi-Strauss: Sagen wir, er ist aus der Mode gekommen. Zumindest in Frankreich gab es eine Mode des Strukturalismus, weil die gebildeten Kreise sich dort auf alles Neue stürzen und alle fünf Jahre eine neue Doktrin brauchen. Der Strukturalismus vermochte ihren Hunger fünf Jahre lang zu stillen, und jetzt suchen sie etwas anderes.

d'Eramo: Ich sehe nicht, was dieses *Andere* sein soll.

Lévi-Strauss: Ich auch nicht. Aber mit Sicherheit gibt es seit 1968 eine Rückkehr zu den traditionellen Positionen des Existentialismus.

d'Eramo: In den letzten Jahren wurden viele Bücher gegen den Strukturalismus veröffentlicht. Eine Manifestation des Ödipus?

Lévi-Strauss: Ich bin nicht sicher, ob ich Ihnen eine gute Antwort darauf geben kann, denn ich habe diese Bücher kaum gelesen. Es gab jedoch das Zusammentreffen zweier intellektueller Tendenzen: Die erste war eine Art Bedürfnis, auf das Subjekt zurückzukommen; auf das, was in jedem von uns das Persön-

* Aus: *»mondoperaio«*, Nr. 2, Februar 1979

lichste ist, eine Art Revolte gegen das, was man als *körperlose* Erforschung des Menschen betrachtete – was mir absolut falsch erscheint; zweitens gab es politisch einen Versuch, den Strukturalismus mit der Technokratie zu verbinden. Die Tatsache, daß wir Techniken zu Hilfe nahmen, die ich nicht als mathematische bezeichnen würde, das wäre zu anmaßend, aber zumindest Techniken der Formalisierung von Phänomenen, und auch den Einsatz von Computern, diese Tatsache hat einige Leute zu dem Glauben verleitet, was wir machten, geschehe in Übereinstimmung mit der Einführung wissenschaftlicher Techniken in die Verwaltung menschlicher Angelegenheiten.

d'Eramo: Wurden Sie als Modernist betrachtet?

Lévi-Strauss: Nicht als Modernist, sondern als Technokrat der Humanwissenschaften.

d'Eramo: In welchem Sinne verwenden Sie heute, da die Mode abgeklungen ist, das Wort Strukturalismus? So wie Saussure, oder so wie Sie selbst es vor zwanzig Jahren in der *»Strukturalen Anthropologie«* gebrauchten, oder anders?

Lévi-Strauss: Ich bin fast versucht, es überhaupt nicht mehr zu gebrauchen, weil es in allen möglichen Zusammenhängen benutzt wurde. Ich glaube auch nicht, daß man heute noch von einem Strukturalismus sprechen kann. Es gab eine ganze Menge von Richtungen, die sich als strukturalistisch ausgaben, und andere, die man von außen her als strukturalistisch bezeichnete, obwohl sie es nach Ansicht ihrer Vertreter selber gar nicht waren. Ich denke an Michel Foucault, der weiterhin als Strukturalist gilt, während er selber mit Recht gesagt hat, daß er es in keiner Weise ist.

d'Eramo: Kann man Michel Foucault nicht deshalb für einen Strukturalisten halten, weil er die Geschichte nicht als zeitliche Abfolge, sondern als eine Struktur behandelt, die von vier oder fünf großen Konfigurationen konstituiert wird, von denen jede die andere nach dem Prinzip der logischen Eigenkonsistenz von Systemen rechtfertigt, das den Strukturalisten so teuer ist?

Lévi-Strauss: Ja, aber es stimmt nicht, wenn der Strukturalismus sich entwickelt hat, wenn er sich vielmehr in die Ethnologie verlagert hat, wo uns die historische Dimension fehlt oder wir zumindest nur einen äußerst beschränkten Gebrauch von ihr machen können, weil die von uns untersuchten Gesellschaften solche ohne Archive sind. Das ist der erste große Unterschied zu dem, was Foucault macht: Er untersucht geschichtliche Gesellschaften. Zum andern ist eines der wesentlichen Kriterien für den strukturalistischen Ansatz die Wahl von Untersuchungsgebieten, wo die Zahl der Variablen äußerst beschränkt ist oder wo sie künstlich verkleinert werden kann. Die heutigen Gesellschaften sind äußerst komplex. Damit will ich nicht sagen, daß man in den heutigen Gesellschaften nichts erforschen könne. Man kann Randgebiete abgrenzen, in denen der strukturalistische Ansatz möglich ist. Wenn wir sie jedoch global, in ihrer Totalität untersuchen wollen, stehen wir einer enormen Zahl von Variablen gegenüber, synchronischen und diachronischen. Das macht einen strukturalistischen Ansatz zumindest unbequem.

d'Eramo: Sie haben den Ausdruck »zumindest in Frankreich« gebraucht: Tatsächlich ist der Strukturalismus in starkem Maße ein französisches Phänomen geblieben.

Lévi-Strauss: Das scheint mir ein Irrtum zu sein. In erster Linie ist der Strukturalismus gar nichts Neues. Er ist sehr alt. Wenn man eine Art Genealogie des Strukturalismus aufstellen wollte, würde ich sagen, daß man, zumindest in Westeuropa, bis auf die Renaissance zurückgehen müßte.

d'Eramo: Ich hätte an das Problem der Form und des *synholon* bei Aristoteles gedacht.

Lévi-Strauss: Ja vielleicht, wenn man noch weiter zurückgehen will. Jedenfalls ist Plutarch in einigen mythologischen Überlegungen ein reiner Strukturalist. Man braucht jedoch nicht so weit zu suchen, weil es dort keine Kontinuität gibt. Kontinuität läßt sich mit dem Beginn der Renaissance festellen. Der erste Strukturalist in jener Zeit ist Albrecht Dürer mit seiner Abhandlung über die Proportionen des menschlichen Körpers, wo er zeigt, daß man mittels einer Transformationsmethode aus einem menschlichen Umriß einen anderen menschlichen Umriß erhalten kann, und so weiter.

d'Eramo: Eine Art generative Grammatik des Körpers?

Lévi-Strauss: Ja. Wenn man sehr schematische Etappen festlegen will, so geht es von Dürer weiter zu Goethe mit seiner Naturphilosophie . . .

d'Eramo: Die Farbenlehre?

Lévi-Strauss: Nein, vor allem die Botanik, die Idee, daß die Formen der Pflanzen eine Transformation der einen in die andere sind. Dann geht es weiter mit Wilhelm von Humboldt und über einige Vermittler bis hin zu Saussure. Dies in den Humanwissenschaften. Aus allgemeinerer Sicht ist jedoch das, was man Strukturalismus getauft und für etwas ganz Neues gehalten hat, die wissenschaftliche Methode. Alle Wissenschaften sind strukturalistisch, aber sie brauchen kein Etikett, um dies zu bestätigen.

d'Eramo: Hängt dies nicht mit dem zweideutigen Status der Human-*Wissenschaften* zusammen?

Lévi-Strauss: Selbstverständlich. Die Humanwissenschaften sind vorgebliche Wissenschaften, eigentlich überhaupt keine Wissenschaften.

d'Eramo: Auch wenn der Strukturalismus sehr alte Wurzeln hat, so scheint er doch in der kurzen Zeit der Geschichte des Westens, die uns angeht, in einer Art *Viererbande* verkörpert zu sein: Lévi-Strauss, Barthes, Foucault und Lacan.

Lévi-Strauss: Die anderen drei sind keine Strukturalisten. Barthes war es einmal, ist es aber nicht mehr, wie er selber gesagt hat. Was Lacan betrifft, so hat er einen Weg eingeschlagen, der dem meinen entgegengesetzt ist: Wir wurden beide von Jakobson beeinflußt, aber ich komme von der Philosophie her und habe die Philosophie aufgegeben, um Forschungen durchzuführen, die zumindest einen kleinen Aspekt des Konkreten aufweisen. Lacan ist von konkreten Untersuchungen ausgegangen, von der Psychoanalyse, ist dann zu einer Philosophie und schließlich zu einer Metaphysik übergegangen. Nun, ich gebe zu, daß sich unsere Wege in einem bestimmten Augenblick gekreuzt haben, aber wir sind in zwei völlig verschiedene Richtungen auseinandergegangen. Die einzigen wahren französischen Strukturalisten sind in Wirklichkeit Benveniste und Dumézil, auch wenn Dumézil dieses Etikett ablehnt und dagegen protestiert hat, und auch wenn er gesagt hat, er wolle nichts davon hören. Dafür gibt es jedoch besondere Gründe, auf die ich in einigen Monaten in meiner Rede in der Académie Française zu sprechen kommen werde. Ich werde nämlich die Ehre haben, die Aufnahmerede für Dumézil zu halten. Die übrigen Strukturalisten schließlich sind Vernant und seine Gruppe, das heißt Vidal-Nacquet, Marcel Detienne: damit haben wir die französischen Strukturalisten beisammen.

d'Eramo: Strukturalisten sind also diejenigen, die einfache Gesellschaften untersuchen; die ursprüngliche indoeuropäische Gesellschaft (Benveniste) und die griechische Zivilisation (Vernant, Vidal-Nacquet, Detienne)?

Lévi-Strauss: Nicht die indoeuropäische Gesellschaft im allgemeinen. Die Linguisten waren die ersten Strukturalisten, und sie haben den Strukturalismus geschaffen, weil unter den gesellschaftlichen Phänomenen die Sprache das am leichtesten isolierbare ist und weil es deshalb möglich ist, dort mit einer reduzierten Zahl von Variablen zu arbeiten, auch wenn sie sehr viel größer ist als in den Naturwissenschaften; kurz gesagt, man kann die Zahl der Variablen reduzieren. Was die antiken Gesellschaften betrifft, so lassen sie sich leichter untersuchen als die modernen Gesellschaften, aber aus einem anderen Grund, weil wir von ihnen nämlich eine unvermeidlich verarmte Auffassung haben. Die Reduktion erfolgte durch die Geschichte selber.

d'Eramo: Die Geschichte: die strukturalistische Analyse ist von ihrer Natur her praktisch ausschließlich synchronisch . . .

Lévi-Strauss: Sie ist dies notwendigerweise, aber in einer absolut vorläufigen und provisorischen Weise. Wir mußten von dort ausgehen, was nicht heißt, daß wir die Einführung der Diachronie nicht anstreben können. Das muß immer dann getan werden, wenn es möglich ist. Heute arbeiten die Linguisten doch diachronisch. Übrigens hat Jakobson dies wiederholt gesagt, er hat die radikale Entgegensetzung von Synchronie und Diachronie kritisiert und gezeigt, daß es in jeder Synchronie Elemente der Diachronie gibt. Wir mußten nur deshalb von der Synchronie ausgehen, weil es einfacher war.

d'Eramo: Ich dachte, es hinge von einem anderen Grund ab: Wenn jedes Element in einer synchronischen Struktur von den anderen Elementen und deren Zusammenhängen gerechtfertigt wird, und wenn die Rechtfertigung vollständig ist, ist die Struktur um so eher selbstexplikativ und umso weniger Raum läßt sie für Veränderung und Diachronie.

Lévi-Strauss: Ich verstehe den Einwand, aber ich glaube nicht, daß er zutrifft. In einer Synchronie stehen wir niemals einer einzigen Struktur gegenüber, sondern einer Vielzahl von Strukturen, die nebeneinander bestehen. Wenn Sie als Beispiel eine Sprache nehmen, so gibt es in einem bestimmten Zeitpunkt niemals nur eine einzige Sprache, es sind viele, die sich gegenseitig durchdringen: es gibt die Bildungssprache, die Volkssprache, den Dialekt, den Jargon usw. Und obwohl jede dieser Strukturen isoliert interpretiert und analysiert werden kann, für sich allein, tönt doch die eine durch die andere hindurch, und sie beeinflussen sich wechselseitig. Und weil sie sich beeinflussen, kommt ein Moment, da eine Struktur instabil wird.

d'Eramo: Sind Sie der Auffassung, daß der übliche Gegensatz zwischen Historismus und Strukturalismus kein prinzipieller Widerspruch ist?

Lévi-Strauss: Absolut nicht. Es ist ein Gegensatz, der aus den Umständen hervorgeht, weil es zu Beginn unserer Untersuchungen ökonomischer und ertragreicher war, in der Synchronie zu arbeiten, und weil schließlich nicht die Historiker, sondern die Geschichtsphilosophen immer eine Art Hegemonie behauptet haben, auf die man reagieren mußte.

d'Eramo: Damit kommen wir zum Problem des Sartrismus.

Lévi-Strauss: Ich habe tatsächlich an Sartre gedacht. Sartre wollte die menschlichen Phänomene anhand eines Begriffsmodells untersuchen, das unseren Gesellschaften entspricht, das heißt Gesellschaften, die sich an die Geschichte gebunden haben, sich in der Geschichte fortbewegen. Alle Gesellschaften sind an die Geschichte gebunden, aber die unsrigen haben sich freiwillig und bewußt an sie gebunden und versuchen, aus der Geschichte den Motor des eigenen Fortschritts und der eigenen Veränderung zu machen; während andere Gesellschaften, wie die von den Ethnologen untersuchten, die sicherlich ebenso in der Geschichte angesiedelt sind wie alle anderen und eine ebenso lange Vergangenheit haben, der Geschichte gegenüber dennoch nicht die gleiche Einstellung haben. Sie übernehmen sie nicht, sondern versuchen vielmehr so zu tun, als ob die Geschichte nicht existierte, obwohl sie existiert. Sartres Engagement zwang ihn unvermeidlich dazu, bestimmte Formen der Neuheit auf Kosten anderer Formen zu bevorzugen. Aus ethnologischer Sicht war dies unzulässig.

d'Eramo: Wie steht es denn mit dem Verhältnis zur Geschichte bei Lévi-Strauss?

Lévi-Strauss: Im Gegensatz zu dem, was behauptet wird, bin ich leidenschaftlich an der Geschichte interessiert. In Wirklichkeit lese ich nur Geschichtsbücher. Die Geschichte bringt mir ebensoviel, praktisch das gleiche wie die Ethnologie, nämlich ein ganzes Spektrum menschlicher Erfahrungen, nur mit dem Unterschied, daß die von den Ethnologen untersuchten Erfahrungen im großen und ganzen zeitgenössische, im Raum verteilte Erfahrungen sind, während die Erfahrungen des Historikers in der Zeit gesammelt sind.

d'Eramo: Und mit dem Unterschied, daß die Verteilung im Raum jede Kausalitätsrelation ausschaltet, während die Ansammlung in der Zeit die Ereignisse miteinander verbindet.

Lévi-Strauss: Das stimmt nicht ganz, weil die Ethnologie bereits seit hundertfünfzig oder zweihundert Jahren besteht und weil es kaum noch Gesellschaften gibt, die nicht mehrmals von Ethnologen bereist und untersucht worden sind. Deshalb verfügen wir nach und nach bei jeder einzelnen über eine kleine historische Dimension. Ich habe 1935 bei den Bororo gearbeitet, aber mir war um 1885 von den Steinen zuvorgekommen, der sie sehr gut beschrieben hat, und nach mir kamen junge Ethnologen, die um 1950 und 1960 dort gearbeitet haben. Für eine Gesellschaft wie die der Bororo besitzen wir praktisch eine hundertjährige Geschichte. Margaret Mead hatte um 1930 auf den Admiralitätsinseln zu arbeiten begonnen, und sie hat die Arbeit dort bis zu ihrem Tod fortgesetzt.

d'Eramo: Kann man aufgrund eines Jahrhunderts von Beobachtungen wirklich sagen, welche Beziehung die Bororo zur Geschichte haben?

Lévi-Strauss: Leider glaube ich, daß sie am Ende ist, daß die Bororo-Gesellschaft der Vergangenheit angehört. Den letzten Beobachtern zufolge sind die Bororo praktisch eine tote Gesellschaft, mit der merkwürdigen Ausnahme jenes Teils, der von den salesianischen Missionaren, von Italienern, kontrolliert wird. Bei den Salesianern wie auch bei anderen Missionaren hat sich etwas Merkwürdiges ereignet: Sie haben eine Art Kopernikanischer Wende vollzogen, sie haben gemerkt, daß das, was sie am Anfang getan haben, als sie die lokalen Glaubensformen und Institutionen zerstörten, verheerend war, und nun sind sie es, die seit zwanzig oder dreißig Jahren die eingeborenen Glaubensformen aufrechterhalten.

d'Eramo: Bororisieren sie sich?

Lévi-Strauss: Ein Mann, den ich sehr gern hatte und der vor einem oder vor zwei Jahren gestorben ist, der Pater Albisetti, hat sein Leben lang die Bororo-Kultur mit ganzer Kraft gefördert. Er war es, der die Indianer praktisch dazu zwang, ihre Zeremonien zu feiern und sogar solche Zeremonien wieder einzuführen, die sie unter dem Einfluß der früheren Salesianer seit Jahren nicht mehr gefeiert hatten.

d'Eramo: Um auf den Sartrismus zurückzukommen: Sie haben zu Beginn auf das Problem des Subjekts hingewiesen. Die Strukturalisten wurden stets als Antihumanisten betrachtet.

Lévi-Strauss: Wir sind keineswegs Antihumanisten. Wir sind zutiefst humanistisch, nur bin ich der Auffassung, daß der Humanismus seinem Untergang entgegeneilt, wenn er weiterhin ein Humanismus der maßlosen Überheblichkeit ist. Wenn er sich retten will, muß er bereit sein, ein bescheidener Humanismus zu werden und eingestehen, daß der Wert des Menschen nicht darin besteht, ein Wesen außerhalb der Schöpfung zu sein, sondern ein Lebewesen wie alle anderen. Wenn er heute jede Art vernichtet, die ihm nicht gefällt, setzt er sich dem selbstverschuldeten Schicksal aus, zu dem er den Rest der Schöpfung verurteilt. Mit anderen Worten: wenn wir keine Menschen mehr ins Konzentrationslager schicken wollen, müssen wir damit beginnen, die Wale nicht dorthin zu schicken.

d'Eramo: Es gibt den Aspekt der maßlosen Überheblichkeit, aber es gibt auch den Aspekt des Subjekts. Damit eine Struktur so beschaffen sein kann, ist es notwendig, die Rolle der *tätigen Kraft* – um den Ausdruck von Leibniz zu gebrauchen – der Subjekte, die sie konstituieren, zu reduzieren.

Lévi-Strauss: Also, was man *nicht* machen sollte, ist, sich einzubilden, es gebe eine bestimmte Ebene der Beobachtung, die auf Kosten aller anderen Beobachtungsebenen absoluten Vorrang genießt. Wenn Sie einen Wassertropfen durch ein Mikroskop betrachten und den Vergrößerungsmaßstab variieren, so sehen Sie entweder äußerst aktive Tierchen, die unablässig damit beschäftigt sind, sich gegenseitig zu verschlingen oder zu kopulieren, oder Sie beobachten die Zellen und nicht mehr die Tierchen, und so weiter. Ebensowenig kann man behaupten, es gebe nur eine einzige Beobachtungsebene, um den Menschen zu beobachten. Wenn die Naturwissenschaften so gedacht und behauptet hätten, es gebe nur eine einzige

Ebene, die Natur zu beobachten, nämlich so, wie wir sie mit unseren Sinnesorganen wahrnehmen, dann hätten die Wissenschaften niemals existiert. Das Problem ist also, zu erkennen, welche Beobachtungsebene zu einem gegebenen Zeitpunkt die fruchtbarste ist. Man hat sich jahrhunderte- und jahrtausendelang ausführlich mit dem Subjekt beschäftigt, und im Hinblick auf die Kenntnis vom Menschen ist nicht sehr viel dabei herausgekommen. Deshalb sage ich nun, daß man auf anderen Ebenen beobachten muß und daß diejenigen, die das tun, völlig im Recht sind, daß man sie deswegen nicht anzuklagen braucht. Ich klage niemanden an, der sich weiterhin mit dem Subjekt beschäftigt. Die Wissenschaft schreitet nur aufgrund der Aneinanderreihung und der Zusammenarbeit einer Vielzahl von Ebenen fort.

d'Eramo: Man hat von Antihumanismus und von der Negation des Subjekts gesprochen, weil es in einem bestimmten Augenblick schien, als könne der Strukturalismus einen Ausweg aus der Romantik, einen Bruch mit ihr zeigen.

Lévi-Strauss: Ich würde nicht sagen, um aus ihr herauszukommen, sondern um sie wieder zu integrieren, um darauf hinzuarbeiten, daß es keinen Gegensatz mehr gibt zwischen dem, was Sie einerseits Romantik und andererseits Positivismus nennen würden; um beides zu integrieren zu versuchen. Und wenn der Strukturalismus zu einer bestimmten Zeit eine große Anziehungskraft gehabt hat, dann gerade deswegen und nicht wegen der Theorien über die Struktur der Verwandtschaft oder der Mythologie. Und weil einige Leute gespürt haben, daß er ein Mittel war, um Sinnlichkeit und Verstand, Affektivität und Vernunft, Dichtung und Kunst auf der einen Seite und wissenschaftliche Forschung auf der anderen miteinander zu verbinden.

d'Eramo: Heute gibt es aber unter den ehemaligen Strukturalisten einen, der *»Fragmente des Liebesdiskurses«* schreibt und einen anderen, der als *neuer Philosoph* eine romantische Sprache spricht, und er gehört auch zu Ihren Schülern.

Lévi-Strauss: Er ist kein Schüler von mir.

d'Eramo: Hat nicht Benoist mit Ihnen ein Seminar über Identität veranstaltet?

Lévi-Strauss: Er ist ein Mitarbeiter, kein Schüler. Kurz und gut, wenn Sie dies Romantik nennen, ja, es gibt ein *Revival* der Romantik, aber nach meiner Ansicht ist es eine oberflächliche und nicht sehr tiefreichende Romantik. Ich lese jedoch nicht viel über die Vorgänge auf diesem Gebiet.

d'Eramo: Außer dem Positivismus gibt es das Problem des Marxismus. Sartre hat einmal gesagt, der Strukturalismus sei die letzte Barrikade der Bourgeoisie.

Lévi-Strauss: Ein von der Geschichte etwas überholter Ausspruch.

d'Eramo: Dennoch gibt es marxistische Denker, die den Strukturalismus zu integrieren versuchten. Ich denke an Althusser.

Lévi-Strauss: Eher Godelier, vor allem er. Was mich betrifft, so hat der Marxismus einen enormen Einfluß auf mich ausgeübt. Ich war siebzehn Jahre alt, als ich Marx zu lesen begann, für mich war das tatsächlich eine intellektuelle Revolution. In meinen jungen Jahren habe ich Politik betrieben. Ich war sehr aktiv in der sozialistischen Partei, die damals noch SFIO hieß, und deshalb bin ich eindeutig Marxist geblieben, in jedem Sinn des Wortes. Später habe ich mich von der Politik distanziert. Geblieben ist mir jedoch der tiefe Eindruck, daß die Marxsche Methode für die Wissenschaften vom Menschen eine wesentliche Methode ist, in dem Sinne, daß Marx der erste war, der in äußerst klarer Weise erkannte, daß man die Ebene des Bewußtseins überwinden muß, wenn man die menschlichen Phänomene verstehen will – er ist sich darüber klar geworden, daß das Bewußtsein trügerisch ist, daß das grobe Bild, das wir von der gesellschaftlichen Realität haben, ein wenig den sekundären Eigenschaften Lockes oder Descartes' gleicht und daß es notwendig ist, das *Dahinterliegende* zu suchen.

d'Eramo: Die Variabeln wechseln?

Lévi-Strauss: Den Vergrößerungsmaßstab wechseln. Im Grunde war Marx der erste, der systematisch und bewußt die Methode der Modellbildung anwandte.

d'Eramo: Neben dem Positivismus und dem Marxismus erschien der Strukturalismus noch stärker als ein auf die Spitze getriebener Rationalismus, eine Art *Aufklärung der Humanwissenschaften.* Seit einigen Jahren scheinen wir hingegen einem Aufstieg des Irrationalen beizuwohnen.

Lévi-Strauss: Man muß hier stark differenzieren. Ich als Hyperrationalist bin überzeugt, daß es keine lebensfähigen Gesellschaften gibt, die nicht auf irrationalen Grundlagen beruhen. Denn die irrationalen Werte sind die einzigen, die nicht von einer gesellschaftlichen Gruppe zur Diskussion gestellt werden können. Wenn sie als rational ausgegeben werden, können sie diskutiert werden. Ein Aspekt der Krise in der westlichen Welt ist der Verlust der irrationalen Werte. Heute ist gewiß, daß auch gegenüber dem Irrationalen – das habe ich von Marx und von Freud gelernt – unsere Arbeit, unsere Arbeit als Forscher, darin besteht, eine Erklärung dafür geben zu können, es zu interpretieren.

d'Eramo: Sie arbeiten also daran, die Gesellschaft zu unterminieren, indem Sie den Rand des Irrationalen eingrenzen, auf den sie sich stützen muß.

Lévi-Strauss: Zweifellos. Es ist ein Paradox, eine Alternative, aus der wir nicht herauskommen können.

d'Eramo: Und wer soll den unentbehrlichen Anteil an Irrationalem wieder einführen, neu erfinden?

Lévi-Strauss: Die soziale Gruppe insgesamt, soweit sie dazu fähig ist.

d'Eramo: Der *»Strukturalen Anthropologie«* zufolge ist der Mythos die Versöhnung des in der Vernunft und in der Kultur Unversöhnlichen in der Erzählung; eine Befriedung dessen, was sich synchronisch bekämpft, im Diachronischen. Welches sind nun die wichtigsten Veränderungen, die Sie im Laufe Ihres Lebens in der westlichen Mythologie beobachtet haben?

Lévi-Strauss: Wir sollten nicht mit Wörtern spielen. Was in den schriftlosen Gesellschaften Mythologie war, ist in der westlichen Welt zerfallen. Eine große Anzahl von Funktionen der Mythologie ist von der Wissenschaft übernommen worden, und das, womit wir es zu tun haben, sind verstreute Bruchstücke des mythischen Denkens in der Kunst und in dem, was von der Religion übriggeblieben ist. Was ihr noch am meisten gleicht, die letzte Frontstellung der Mythologie in der westlichen Welt, das ist die Geschichte, und zwar nicht als objektive Wiederherstellung tatsächlicher Ereignisse und unmöglicher Operationen, sondern der Gebrauch, den wir von der Geschichte machen. Das heißt, unsere Art, die Vergangenheit zu interpretieren, um die Gegenwart zu erklären und zu kritisieren und eine Zukunft zu formulieren, die sich im übrigen je nach den sozialen Gruppen und den Individuen, die sie formulieren, ändert.

d'Eramo: Sprechen wir von der Geschichte: in den fünziger Jahren gab es zwei französische Denkrichtungen, die sich international ausbreiteten, den Strukturalismus und die historiographische Schule der *Annales*. Welches sind die Verbindungen zwischen beiden Strömungen?

Lévi-Strauss: Es bestehen immer mehr Verbindungen. Während die Ethnologen der historischen Dimension einen immer größeren Raum zuweisen, bezieht die Schule der *Annales* einen immer stärker ethnologischen Standpunkt. Im übrigen sprechen sie sehr häufig von historischer Anthropologie. Es ist offenkundig, daß eine Arbeit wie die von Le Roy Ladurie über Montaillou eine ausgezeichnete Ethnologie eines Abschnitts der Vergangenheit darstellt. Außerdem werden in Paris heute viele Seminare von Ethnologen und von Historikern der *Annales* gemeinsam organisiert. Duby hat im letzten Jahr eines über Verwandtschaft im Mittelalter durchgeführt. Die Zusammenarbeit wird immer enger.

d'Eramo: Ich hatte eher den Eindruck, daß der Grund für die gleichzeitige Verbreitung beider Schulen in der gemeinsamen Beendigung des Eurozentrismus lag.

Lévi-Strauss: Das stimmt zwar, aber es gibt Gründe mehr methodologischer Art. Es ist seit langem die Spezialität der Ethnologen, sich für winzige Tatsachen zu interessieren, die die Historiker verachteten, weil sie für sie nicht wichtig genug waren. Wir waren die Lumpensammler der Historiker, wir stöberten in ihren Abfällen herum und entdeckten eine Menge kleiner Dinge, mit denen sie sich nicht beschäftigten und die für uns wesentlich waren. Es ist uns gelungen, die Historiker von der Wichtigkeit dieser Phänomene zu überzeugen, und heute arbeiten wir immer enger zusammen.

d'Eramo: Neben der Geschichte ist es die Kunst, die die mythische Funktion im Westen sichert. Sie lieben die Musik und spielen auch gern. Es scheint aber, daß auch die Musik ihrem Ende zugeht.

Lévi-Strauss: Für ein solches Urteil ist es etwas früh. Fest steht jedoch, daß mit dem Aufkommen der Zwölftonmusik ein Bruch eingetreten ist. Welches ist die Natur dieses Bruches? Es ist noch zu früh, um dies sagen zu können. Im Schlußteil des vierten Bandes der *»Mythologica«* habe ich zwar eine Hypothese formuliert: die große musikalische Form, die um 1600 entstand und im 19. Jahrhundert zum Abschluß kam, ist genau zu dem Zeitpunkt entstanden, da der Mythos aufhörte, in der westlichen Gesellschaft seine traditionellen Funktionen zu erfüllen. Die Musik machte damals nichts anderes, als Struktur und Funktion des Mythos für sich zu übernehmen. Und nun frage ich mich, ob wir nicht selbst ein Phänomen gleichen Typs erleben: wenn der Roman die bevorzugte Funktion, die er in der westlichen Welt eingenommen hat, tendenziell verliert, erleben wir vielleicht mit der seriellen Musik ein ähnliches Phänomen, so als ob die Musik die mythischen Funktionen, die der Roman allmählich verliert, nicht mehr übernehmen wollte oder könnte.

d'Eramo: Hängt dies von der Eigenart der Musik ab oder von der unterschiedlichen Eigenart der sozialen Gruppe, an die diese Musik sich wendet?

Lévi-Strauss: Es gibt hier einen doppelten Determinismus, beide Elemente sind notwendig. Ich denke, daß der Anspruch auf neue Musik von jungen Generationen kommt, die in einem Zustand geistiger Verzweiflung sind und Ausdrucksformen suchen, die eine kollektive Kommunikation ermöglichen. Das kürzlich in Paris organisierte Herbstfestival war Japan gewidmet. Ich interessierte mich dafür besonders, weil ich im vergangenen Jahr längere Zeit dort gewesen war. So hörte ich in Paris klassische japanische Musik. Das Konzert fand in der Kapelle der Sorbonne statt. Für westliche Ohren, die die Regeln und Kompositionsgesetze überhaupt nicht kennen, ist es eine äußerst schwierige Musik. Es gab unglaublich viele Besucher, hauptsächlich Jugendliche, Jungen und Mädchen. Diese Musik wurde von Leuten, die sie zum ersten Mal vernahmen, in einem wahrhaft religiösen Schweigen angehört. Ich habe noch nie eine so stumme, aufmerksame und respektvolle Zuhörerschaft erlebt.

Ich denke, daß darin ein tiefes Bedürfnis zum Ausdruck kommt, ein kollektives Kommunikationsmittel zu finden. Vielleicht ergibt sich das alles ein wenig zufällig, in jedem Sinne. Es war ein Publikum da, das von vornherein bereit war, alles aufzunehmen. Weil ein Vakuum besteht, und zwar nicht der musikalischen Funktion, sondern der geistigen Funktion. Ich bin ganz bestürzt angesichts der Kluft, die sich zwischen einem Mann meiner Generation und einem jungen Menschen gegenüber der seriellen Musik auftun kann. Ich kann nur sagen, daß es mich schockiert. Ganz tief. Es betäubt mich. Und nun sehe ich junge Zuhörer, die diese Musik mit Leidenschaft anhören.

d'Eramo: Der Abstand der Generationen schließt viel mehr ein als nur die Musik. Vor allem scheint es, daß die junge Generation die alte Frage nach dem Verhältnis zwischen den Intellektuellen und der Macht auf eine ganz andere Weise betrachtet.

Lévi-Strauss: Mir scheint vor allem, daß »Macht« ein Begriff ist, der in der Pariser *Intelligenzija* vor zehn Jahren aufgetaucht ist, und ich weiß nicht, was er bedeuten soll. Ich weiß, was der Staat ist, ich weiß, was die politische Macht ist, aber ich weiß nicht, was die Macht im allgemeinen ist.

d'Eramo: Sagen wir die politisch-ökonomische Macht.

Lévi-Strauss: Ich sehe wohl die Verhältnisse, die in der UdSSR bestehen, habe aber nicht den Eindruck, daß in den westlichen Gesellschaften genau die gleichen Verhältnisse herrschen.

d'Eramo: Ich spreche nicht von den offiziellen, rechtlichen und institutionellen Verhältnissen, sondern von der gemeinsamen Sphäre der politischen und der intellektuellen Tätigkeit, die beide mit Worten, mit Begriffen, mit einer bestimmten Vorstellung von der Gesellschaft arbeiten.

Lévi-Strauss: Wenn Sie eine persönliche, gleichsam biographische Antwort haben wollen: Ich bin im Alter von etwa siebzehn Jahren zum Sozialismus bekehrt worden, von einem jungen belgischen Studenten, der jetzt tot ist und der eine glänzende Karriere machte. Ich war aktives Mitglied, Generalsekretär der sozialistischen Studenten bis zu meiner Abreise nach Brasilien, als ich vierundzwanzig war. Von da an war ich aufgrund der Umstände politisch nicht mehr aktiv: Ich hatte weder Mittel noch Gelegenheit, eine politische Tätigkeit zu entfalten, denn zuerst habe ich in Brasilien gelebt, dann bin ich am Vorabend des Krieges nach Frankreich zurückgekehrt und wurde eingezogen; nach dem Waffenstillstand bin ich in die USA entkommen und habe dort ein paar Jahre verbracht. Es hat also eine lange Unterbrechung in meinem Leben gegeben, aufgrund derer ich objektiv, selbst wenn ich gewollt hätte, keine Politik treiben konnte. Das ist aber nicht der eigentliche Grund. Es gibt zwei wahre Gründe. Der erste ist der, daß ich Ethnograph geworden bin, d. h. daß ich eine ganz andere Ansicht von den Gesellschaften und von meiner Gesellschaft gewonnen habe. Ich habe angefangen die Dinge eher im Maßstab von Jahrtausenden, statt von Jahren oder Jahrzehnten zu betrachten.

Zum zweiten habe ich den tiefen Eindruck, daß jene Bindung, wie sie zwischen 1700 und dem Anfang des 19. Jahrhunderts zwischen dem politischen Handeln und der intellektuellen und wissenschaftlichen Reflexion bestehen konnte, kurz gesagt, die Tatsache, daß die Intellektuellen in der Mehrzahl engagierte Personen waren, einem bestimmten Gesellschaftszustand entsprach, in dem man das Gefühl hatte – ob es nun wahr oder falsch oder eine bloße Täuschung war –, daß die soziale Welt *gedanklich faßbar* war. Nun glaube ich eben, daß die Welt heute nicht mehr gedanklich faßbar ist. Denn die Gesellschaften sind zu kompliziert, zu umfangreich geworden, weil – und damit kommen wir auf den Anfang unseres Gesprächs zurück – die Zahl der Variablen viel zu groß geworden ist. Deshalb kann sich das politische Handeln nur als Zug und Gegenzug, Schlag auf Schlag, Tag für Tag abspielen.

d'Eramo: Auf biographischer Ebene gibt es ein paar unerläßliche Fragen: Zuerst die nach den Jahren in Brasilien, den Jahren der *»Traurigen Tropen«*; sie sind in Ihrem Leben sehr ferngerückt. Wie erinnern Sie sich daran?

Lévi-Strauss: Die Jahre in Brasilien, die Erfahrungen auf dem Feld, sind für mich eine großartige und bewegende Erinnerung, aber das geht in erster Linie auf den Zustand zurück, in dem die Welt sich damals befand: eine Welt, in der es noch Türen gab, die sich zum Unbekannten, zum Unerforschten hin öffnen konnten. Es gibt in Brasilien Regionen, für die ich sechs Monate brauchte, um sie zu Pferd, im Einbaum und zu Fuß zu durchqueren; heute fährt man mit Lastwagen auf Straßen und durchquert sie in ein paar Tagen. Das Heimweh ist nicht die schmerzliche Erinnerung an die Bororo, es ist das Heimweh nach einem bestimmten Zustand des Universums, der *Bewohnbarkeit der Erde.*

d'Eramo: Diese nunmehr begrenzte Erde, ohne Unbekanntes, mit endlichen Grenzen, ist sie nicht strukturalistischer als der alte, unbegrenzte Planet?

Lévi-Strauss: Nein, und zwar immer noch wegen des Problems der Variablen. Der Strukturalismus hat nie behauptet, alles sei struktural: einige Ebenen lassen eine strukturale Analyse zu, andere würde ich aleatorisch nennen; auf ihnen geschieht alles nach Wahrscheinlichkeiten. Die strukturalistische Arbeit besteht darin, die strukturierbaren Ebenen zu identifizieren und an ihnen zu arbeiten, weil man nur dort vorankommen kann. Heute jedoch sind die probabilistischen Ebenen sehr viel zahlreicher geworden als die strukturierbaren Ebenen, und je größer die *Bewohnbarkeit* wird, desto mehr werden die Strukturen von Kontingenzen übertroffen.

d'Eramo: Die zweite biographische Frage ist die nach der Zeit der Zusammenarbeit mit Jakobson und damit nach Ihrem Aufenthalt in den USA.

Lévi-Strauss: Es war aus zwei Gründen eine einzigartige Zeit. Vor allem, weil ich in völliger Ungewißheit über den morgigen Tag lebte, denn ich war von meiner Familie abgeschnitten und wußte nicht, wie es ihr ergangen war. Das war eine Hauptsorge, eine dauernde Angst. Gleichzeitig war es die fruchtbarste Zeit meines Lebens. Alles was ich weiß, habe ich damals in den USA gelernt, als ich jeden Tag die Hälfte meiner Zeit in der New York Public Library verbrachte und bei Jakobson entdeckte, was Linguistik ist und somit auch, was strukturale Analyse ist. Es ist ein Abschnitt in meinem Leben, dem ich alles verdanke.

d'Eramo: Es ist merkwürdig, daß ein gebildeter Europäer alles in den USA gelernt hat.

Lévi-Strauss: Sie wissen, daß ich früher nie Ethnologie betrieben hatte. Meine Bildung war eine philosophische, ich war Philosophielehrer gewesen und ging nach Brasilien, ohne eine Ahnung von Ethnologie zu haben und ohne jemals eine Ethnologievorlesung besucht zu haben. Ich habe nie eine Vorlesung von Mauss gehört. Alles was ich von der Ethnologie weiß, habe ich in den USA gelernt. Die wunderbaren amerikanischen Bibliotheken, die wir uns in Europa nicht einmal vorstellen können, wo ich alles zu meiner Verfügung hatte – dort habe ich Tausende von Büchern gelesen.

Übersetzung von Max Looser

Die religiöse Dimension der Gesellschaften*

Ein Gespräch mit Jean-Claude Escaffit

Escaffit: In der Öffentlichkeit gelten Sie als ein *Entdecker,* der der westlichen Kultur bewußt den Rücken gekehrt hat. Haben Sie sich dem Studium von Gesellschaften, die von der unseren sehr weit entfernt sind, deshalb zugewandt, um die für die Ethnologie notwendige Distanz zu wahren?

Lévi-Strauss: Zuerst möchte ich feststellen, daß zwischen dem Ethnologen und dem Entdecker ein beträchtlicher Unterschied besteht. Der Entdecker – den es seit fast einem halben Jahrhundert nicht mehr gibt – hat unerforschte Gebiete erschlossen. Heute, glaube ich, ist auf der ganzen Erde kein vom Menschen unberührtes Gebiet mehr zu finden.

Die Methode der Ethnologie hingegen scheint mir nicht grundlegend verschieden zu sein von der sehr alten Neigung des Menschen, sich um der Selbsterkenntnis willen in dem Spiegel zu betrachten, den ihm andere Kulturen, Gesellschaften, Zivilisationen vorhalten. Das ist eine Entdeckung, die in der Renaissance gemacht wurde, zusammen mit der Entwicklung der großen Kommunikationsmittel. Die Entdeckung Amerikas Ende des 15. und Anfang des 16. Jahrhunderts hat im Abendland eine große geistige

* Aus: *La Croix,* vom 24. Januar 1979.

Krise ausgelöst. Solche Krisen sind jedesmal eingetreten, wenn wir Zugang zu einem uns fremden Kulturerbe gefunden haben; so war es schon mit der Entdeckung der arabischen Welt und dann mit der Entdeckung des Fernen Ostens.

Die Ethnologie ist alles in allem nur die letzte Stufe eines großen Gedankenexperiments unserer Zivilisation. Statt gesellschaftliche Erscheinungen, die denen des Beobachters geographisch, geistig und moralisch am nächsten stehen, zum Ausgangspunkt zu nehmen, wählt der Ethnologe die entferntesten menschlichen Erfahrungen.

Die von uns untersuchten Gesellschaften bieten uns die Möglichkeit zu kleinen Experimenten, deren Ansammlung es ermöglicht, eine Art Ideallaboratorium einzurichten, in dem wir unsere Hypothesen formulieren und verifizieren können. Wir müssen sie allerdings dort suchen, wo sie zu finden sind.

Escaffit: Aber ist die Ethnologie nicht gezwungen, sich mehr und mehr unserer eigenen Gesellschaft zuzuwenden, in dem Maße, wie ihr ursprüngliches und bevorzugtes Studienobjekt – die schriftlosen Gesellschaft – verschwindet?

Lévi-Strauss: Ja, diese Gesellschaften verschwinden, nicht unbedingt physisch, aber in ihrer Eigenschaft als Schöpferinnen originärer Institutionen. Das stellt die Ethnologen vor ein sehr schweres Problem; es ist jedoch nicht neu. Schon Frazer, der Inhaber des ersten Lehrstuhls für Sozialanthropologie, hat in seiner Antrittsvorlesung an der Universität Liverpool auf diese Gefahr hingewiesen. Das war vor einem dreiviertel Jahrhundert. Heute ist die Zeit noch viel knapper geworden. Die letzten *primitiven* Gesellschaften (übrigens ist keine von ihnen primitiv, sie alle haben eine lange Geschichte) werden in einigen Jahren verschwunden sein.

Escaffit: Wird dann die Ethnologie auf die westlichen Gesellschaften sozusagen »umschalten« können?

Lévi-Strauss: Das wirft das Problem der *Rentabilität* (ein häßliches Wort!) des Studiums dieser Gesellschaften auf. Die Ethnologie studiert kleine Gesellschaften, in denen jedes Mitglied (im günstigsten Fall) Beziehungen zur Gesamtheit des Sozialkörpers anknüpfen kann. Gewiß, es sind Gesellschaften, die sich entwickeln, aber wider Willen, denn sie sehen in der Geschichte keine Triebkraft ihres eigenen Fortschritts. Und es sind schließlich Gesellschaften, die uns wegen der Distanz, die uns von ihnen trennt, zu großen Vereinfachungen zwingen. Wenn die Astronomie die erste Wissenschaft der Menschheitsgeschichte war, so deshalb, weil die Himmelskörper extrem weit von uns entfernt sind, so daß wir nur einen sehr kleinen Teil ihrer Eigenschaften wahrnehmen können.

Mit unseren Gesellschaften verhält es sich anders. Sie sind riesengroß, weisen eine beträchtliche Anzahl von Variablen (vor allem historischen) auf und verändern sich sehr schnell. Außerdem sind wir in diesen Gesellschaften selber aufs stärkste engagiert. Wenn man vulkanische Erscheinungen studieren will, darf man nicht sein Haus oder seine Familie am Fuß des Vulkans haben, denn dann hat man ganz andere Sorgen, als den Ablauf einer Eruption zu beobachten!

Während es jedoch für einen Ethnologen, der nicht

zugleich auch Historiker, Geograph, Ökonom, Psychologe usw. ist, vermessen wäre, eine Gesamtuntersuchung etwa der französischen Gesellschaft zu wagen, kann er sehr wohl kleine Sektoren studieren, die sich für eine ethnologische Analyse eignen. In dem Laboratorium, von dem ich vorhin gesprochen habe, widmet sich ein Team seit fast zehn Jahren der monographischen Untersuchung eines burgundischen Dorfes. Das bringt uns wichtige Erkenntnisse über das französische Landleben.

Escaffit: Welchen Beitrag könnte Ihrer Meinung nach die *traditionelle* Ethnologie zur Erkenntnis des westlichen Menschen leisten?

Lévi-Strauss: Die Ethnologie lehrt uns vor allem, daß Menschen mit bestimmten Sitten, Überzeugungen und Institutionen, die ganz anders sind als die unseren – und uns nur allzu oft absurd vorkommen –, Menschen sind wie alle anderen. Es gibt eine gemeinsame Grundlage, die ich *menschliche Natur* nennen möchte. Wir sollten – das ist eine alte Einsicht – unseren eigenen Überzeugungen und Institutionen einen weniger imperativen Wert beimessen. Die Ethnologie lehrt uns einen gewissen Relativismus.

Escaffit: Weil Sie von der *menschlichen Natur* sprechen: Man hat Ihnen vorgeworfen, den Geschichtssinn nicht zu berücksichtigen. Ist das darauf zurückzuführen, daß Sie sich vor allem mit *kalten,* auf Tradition und Wiederholung beruhenden Zivilisationen (den schriftlosen Völkern) beschäftigt haben, im Gegensatz zu unserer sogenannten *heißen* Zivilisation, die eine historische Entwicklung kennt?

Lévi-Strauss: *Kalte* und *heiße* Zivilisationen: das sind Begriffe, die ich früher verwendet habe. Man hat sie mißverstanden. Ich habe nie sagen wollen, daß es absolut *heiße* und absolut *kalte* Gesellschaften gebe. In unserer Gesellschaft gibt es kältere und wärmere Teile. In meinen Analysen habe ich die historische Dimension stets in größtem Maße berücksichtigt. Aber wir kennen die Geschichte der Völker nicht, mit denen die Ethnologen sich befassen. Wir sind also gezwungen, ohne sie auszukommen.

Wenn ich gelegentlich polemisieren mußte (übrigens nie mit Historikern, sondern nur mit Geschichtsphilosophen), so deshalb, weil ich es nie akzeptiert habe, daß man der Geschichte gegenüber den anderen Disziplinen, die sich mit dem Menschen beschäftigen, eine Vorzugsstellung einräumt.

Escaffit: »Die Mythen sagen nichts über die Weltordnung«, schreiben Sie in *»Der nackte Mensch«*. »Sie sind keine Hilfe für geschwächte Ideologien. Hingegen lehren sie uns viel über die Gesellschaften, aus denen sie stammen.« Sie haben gewissermaßen Ihre kopernikanische Wende vollzogen: Der Mythos handelt nicht mehr von Gott, sondern vom Menschen. Wo bleibt die religiöse Dimension? Ist sie nur eine Kulturkomponente neben anderen?

Lévi-Strauss: Sie ist eine universelle Kategorie des menschlichen Denkens. Die Ethnologie kennt keine einzige Gesellschaft ohne religiöse Dimension. Seit Descartes nehmen wir eine völlige Trennung zwischen rationaler Erkenntnis und Glauben vor, aber in jenen Gesellschaften gibt es so etwas nicht. Die Religion durchdringt alle Aspekte des gesellschaftlichen Lebens und umgekehrt.

Escaffit: Die Religion ist also ein konstitutiver Bestandteil aller Kulturen?

Lévi-Strauss: Jedenfalls glaube ich, daß sie es in der Vergangenheit immer gewesen ist.

Escaffit: Und heute?

Lévi-Strauss: Ich glaube, es gibt eine Dimension, die ich nicht direkt religiös nennen möchte, weil das vielleicht eine zu enge Definition wäre, aber sagen wir: eine allgemeine Bindung an irrationale Werte. Daß diese Werte heute in Frage gestellt werden, scheint mir ein Aspekt der Zivilisationskrise zu sein, von der man so viel redet. Ich glaube nicht, daß irgendeine Gesellschaft auf streng rationalen Grundlagen ruhen kann. Um zusammenleben zu können, brauchen die Menschen etwas mehr, ein Wertsystem, das für sie unanfechtbar ist und ein lebendiges Band zwischen ihnen bildet.

Escaffit: Beziehen Sie da auch den Marxismus gewisser sozialistischer Gesellschaften ein, der eine messianische Dimension beansprucht?

Lévi-Strauss: Ich würde mir diese Frage stellen, wenn es sich um Gesellschaften handelt, die den Eindruck erwecken, erfolgreich zu sein. Das scheint mir jedoch nicht der Fall zu sein. China zum Beispiel schien einen solchen Mystizismus geschaffen zu haben, aber wir sehen jetzt, daß er zusammenbricht.

Escaffit: Wie beurteilen Sie das religiöse Phänomen im Westen oder vielleicht spezieller die katholische Kirche im Licht der jüngsten Ereignisse in Rom?

Lévi-Strauss: Da ich ohne Glauben aufgewachsen bin und mich zu keiner Religion bekenne, wäre es geradezu impertinent von mir, eine so ehrwürdige und komplexe Institution wie die katholische Kirche beurteilen zu wollen.

Escaffit: Aber als Ethnologe haben Sie doch sicherlich eine spezifische Ansicht zu dieser Frage?

Lévi-Strauss: Wenn Sie meine Meinung als Ethnologe hören wollen, dann sage ich Ihnen, daß mich die Vorgänge in der Kirche seit dem letzten Konzil beunruhigen. Von außen gesehen scheint es mir, daß man den religiösen Glauben (oder seine Ausübung) eines großen Teils jener Werte beraubt, die das Gefühl ansprechen, das nicht weniger wichtig ist als die Vernunft.

Escaffit: Zum Beispiel?

Lévi-Strauss: Was mir auffällt, ist die Verarmung des Rituals. Ein Ethnologe hat vor dem Ritual stets den größten Respekt. Um so mehr, als die Wurzeln des Rituals in ferner Vergangenheit liegen. Er sieht darin ein Mittel, bestimmte Werte unmittelbar sichtbar zu machen; sie würden die *Seele* weniger unmittelbar berühren, wenn man versuchte, sie mit rein rationalen Mitteln durchzusetzen. Ludwig XIV. hat in seinem Testament, in dem er das Hofzeremoniell zu rechtfertigen versuchte, eine recht tiefsinnige Bemerkung gemacht: man könne nicht von jedermann verlangen, den Dingen auf den Grund zu gehen. Es muß sinnliche Ausdrucksformen geben, die nicht durch den Filter der diskursiven Erkenntnis hindurchgehen.

Escaffit: Halten Sie die Verkümmerung des Rituals einer sozialen Gruppe für das Symptom einer Krise ihres Wertsystems?

Lévi-Strauss: Ich weiß sehr wohl, daß jedes Ritual sich entwickeln muß. Eine religiös lebendige Gesellschaft ist fähig, ihr Ritual zu bereichern. Doch die Erneuerungsversuche – soweit ich das nach Begräbnis- und Hochzeitsmessen beurteilen kann – erscheinen mir nicht sehr überzeugend.

Escaffit: Glauben Sie, daß die in einem bestimmten Kontext entstandene katholische Religion in die Dritte Welt exportiert werden kann?

Lévi-Strauss: In der Vergangenheit waren Ethnologen und Missionare nicht immer in bestem Einvernehmen. Aber ich bin sehr beeindruckt von der Entwicklung, die in den letzten Jahren bei einer großen Anzahl von Missionaren festzustellen ist: sie sehen ein, daß die recht brutalen Methoden, mit denen man früher die traditionellen Religionen ausrotten wollte, verheerende Folgen hatten.

Escaffit: Sie haben vorhin gesagt: »Die Ethnologie lehrt uns einen gewissen Relativismus.« Ist das eine Lehre, die Sie für Ihr persönliches Leben ziehen?

Lévi-Strauss: Der Anblick der außerordentlichen Mannigfaltigkeit, des großen Reichtums der Kulturen hat in mir die Sorge erweckt, die Unterschiede zwischen den Menschen, in denen ihre geistige, ästhetische und moralische Fruchtbarkeit liegt, könnten zu schnell und zu brutal ausgelöscht werden.

Im Grunde sind alle großen Zivilisationen Kreuzungsprodukte, in denen heterogene Einflüsse verschmolzen sind. Sollte diese Mannigfaltigkeit in einer homogen, uniform gewordenen Zeit verschwinden, dann müßte man fürchten, daß die Menschheit in eine Periode eintritt, in der es kaum mehr eine Beziehung gibt zu all dem, was uns traditionsgemäß lieb und wert ist.

Escaffit: Sie sind in vielen Gesellschaften dem Glauben an verschiedene Götter begegnet. Wie stehen Sie persönlich zur Gottesfrage?

Lévi-Strauss: Die Gottesfrage hat sich für mich nie gestellt, nicht einmal in der Kindheit. Gott ist kein

Wort, das mir Angst einjagt. Ich habe das sehr tiefe Gefühl, daß es keinen völligen Bruch zwischen Denken und Leben geben kann. Ich hätte nichts dagegen, mit *Gott* eine Art diffuses Denken zu bezeichnen, das man sich über das ganze Universum verbreitet vorstellen könnte; es würde sich in verschiedenen Graden bei den höheren und den niederen Tieren, ja sogar bei den Pflanzen, bis hinunter zu den einfachsten, manifestieren. Aber die Vorstellung eines persönlichen Gottes ist mir immer fremd gewesen und wird mir höchstwahrscheinlich bis zum Ende fremd bleiben.

Übersetzung von Peter Aschner

edition suhrkamp. Neue Folge.

Als „nicht wegzudenkender Bestandteil des geistigen Lebens der Bundesrepublik Deutschland" wurde die edition suhrkamp bezeichnet. Diese Funktion möchte auch die Neue Folge übernehmen. Auch sie möchte Strömungen widerspiegeln und Impulse für neue Entwicklungen geben, Chronik und Anregung sein, Widersprüche zeigen und Widersprüche provozieren. Sie möchte eine Reihe sein, in der der Alltag differenziert betrachtet wird, in der der Mensch der Gegenwart sich erkennt, in seinen Problemen und Ängsten, in seinen Möglichkeiten und seiner Hoffnung. Die edition suhrkamp möchte, mit einem Wort, Forum sein für eine lebendige Literatur.

1
Gertrud Leutenegger: Lebewohl, Gute Reise
Ein dramatisches Poem

2
Hans Georg Bulla: Weitergehen
Gedichte

3
Von nun an: Neue deutsche Erzähler
Herausgegeben von Hans-Ulrich Müller-Schwefe

4
Franz Böni: Hospiz
Erzählung

5
Bodo Kirchhoff: Body-Building
Erzählung, Schauspiel, Essay

6
Thomas Bernhard: Die Billigesser

7
Sinclair: Der Fremde
Erzählung

8
Octavio Paz: Suche nach einer Mitte
Die großen Gedichte. Spanisch und Deutsch

9
Tove Ditlevsen: Sucht
Erinnerungen